O Poder dos Estranhos

CB034261

O Poder dos Estranhos

Os benefícios do diálogo em um mundo desconfiado

Joe Keohane

ALTA BOOKS
GRUPO EDITORIAL

Rio de Janeiro, 2022

O Poder dos Estranhos

Copyright © 2022 da Starlin Alta Editora e Consultoria Eireli.

ISBN: 978-65-5520-868-9

Translated from original The Power of Strangers. Copyright © 2021 by Joe Keohane. ISBN 9781984855770. This translation is published and sold by permission of Penguin Random House LLC, the owner of all rights to publish and sell the same. PORTUGUESE language edition published by Starlin Alta Editora e Consultoria Eireli, Copyright © 2022 by Starlin Alta Editora e Consultoria Eireli.

Impresso no Brasil — 1ª Edição, 2022 — Edição revisada conforme o Acordo Ortográfico da Língua Portuguesa de 2009.

Dados Internacionais de Catalogação na Publicação (CIP) de acordo com ISBD

K37p   Keohane, Joe
        O Poder dos Estranhos: Os benefícios do diálogo em
        um mundo desconfiado / Joe Keohane; traduzido por Rafael Surgek. –
        Rio de Janeiro : Alta Books, 2022.
        352 p. : 16cm x 23cm.

        Tradução de: The Power of Strangers
        Inclui índice.
        ISBN: 978-65-5520-868-9

        1. Comunicação. 2. Interação. I. Surgek, Rafael. II. Título.

                                    CDD 302.2
                                    CDU 316.77
2022-1393

Elaborado por Vagner Rodolfo da Silva - CRB-8/9410

Índice para catálogo sistemático:
    1.   Comunicação 302.2
    2.   Comunicação 316.77

Produção Editorial
Editora Alta Books

Diretor Editorial
Anderson Vieira
anderson.vieira@altabooks.com.br

Editor
José Ruggeri
j.ruggeri@altabooks.com.br

Gerência Comercial
Claudio Lima
claudio@altabooks.com.br

Gerência Marketing
Andrea Guatiello
andrea@altabooks.com.br

Coordenação Comercial
Thiago Biaggi

Coordenação de Eventos
Viviane Paiva
comercial@altabooks.com.br

Coordenação ADM/Finc.
Solange Souza

Direitos Autorais
Raquel Porto
rights@altabooks.com.br

Produtor Editorial
Thales Silva

Produtores Editoriais
Illysabelle Trajano
Maria de Lourdes Borges
Paulo Gomes
Thiê Alves

Equipe Comercial
Adriana Baricelli
Ana Carolina Marinho
Daiana Costa
Fillipe Amorim
Heber Garcia
Kaique Luiz
Maira Conceição

Equipe Editorial
Beatriz de Assis
Betânia Santos
Brenda Rodrigues
Caroline David
Gabriela Paiva
Henrique Waldez
Kelry Oliveira
Marcelli Ferreira
Mariana Portugal
Matheus Mello

Marketing Editorial
Jessica Nogueira
Livia Carvalho
Pedro Guimarães
Thiago Brito

Atuaram na edição desta obra:

Revisão Gramatical
Hellen Suzuki
Thais Pol

Tradução
Rafael Surgek

Copidesque
Wendy Campos

Diagramação
Joyce Matos

Capa
Marcelli Ferreira

Editora afiliada à:

ASSOCIADO
Câmara Brasileira do Livro

ALTA BOOKS
GRUPO EDITORIAL

Rua Viúva Cláudio, 291 – Bairro Industrial do Jacaré
CEP: 20.970-031 – Rio de Janeiro (RJ)
Tels.: (21) 3278-8069 / 3278-8419
www.altabooks.com.br — altabooks@altabooks.com.br
Ouvidoria: ouvidoria@altabooks.com.br

Para June

A única viagem verdadeira de descoberta, a única Fonte da Juventude Eterna, seria não visitar terras estrangeiras, mas possuir outros olhos, observar o universo pelos olhos de outro, de uma centena de outros, ver as centenas de universos que cada um deles vê, que cada um deles é.

— MARCEL PROUST

Aprendi, por experiência própria, com um estranho que conheci ao acaso, que pode surgir um desejo irresistível, que joga por terra as perspectivas costumeiras, assim como uma rajada de vento pode derrubar os painéis de um cenário — o que parecia próximo torna-se infinitamente remoto e o que parecia distante agora parece estar perto.

— GABRIEL MARCEL

Pessoas são estranhas quando você é um estranho.

— JIM MORRISON

SUMÁRIO

PARTE II: POR QUE *NÃO* FALAMOS COM ESTRANHOS?

PARTE III: COMO FALAR COM ESTRANHOS

AGRADECIMENTOS

Livros. Descobri que são difíceis de escrever. Por lê-los há anos, caí na armadilha de acreditar que eles deveriam ser tão fáceis de se escrever quanto de ler. Tudo bem, estou brincando, mas desenvolver, vender a ideia, fazer relatórios, escrever e editar este livro enquanto faço malabares com os deveres de pai e tento sobreviver a um transtorno de sono que acompanha minha filha há um ano, a uma pandemia e ao quase colapso de meu país dificultaram ainda mais uma empreitada já desafiadora. A primeira pessoa a quem preciso agradecer, com toda a minha força e de todo o meu coração, é minha esposa, Jean, por aguentar minha loucura durante todo esse processo, e por todo o seu amor e apoio ao longo dos anos. Sou imensamente afortunado por ter encontrado essa estranha há vinte anos em Cambridge, Massachusetts, e por ela ter dado uma oportunidade a alguém que, até então, era um homem barulhento, obstinado e desempregado que calhou de um dia estar no lugar certo e na hora certa.

Agradeço especialmente à nossa filha, June, que tentou me matar com seus problemas de sono, mas aprendeu que eu não morro assim tão facilmente. Garota: você é uma fonte inesgotável de momentos hilários, alegria, esquisitice e inspiração. Apesar de você proibir elogios, eu tenho orgulho e amo você. Goste ou não disso, você é meu docinho.

E eu tenho uma dívida de gratidão enorme com os meus pais, Joan e Ed Keohane. Ver vocês vivendo suas vidas desta forma — sempre em movimento, sempre falantes, sempre fazendo novos amigos — é um exemplo que considero um modelo para uma vida bem-sucedida, e pretendo segui-lo até o fim. Obrigado. Este livro é, em grande parte, para vocês. O mesmo vale para meus irmãos: Kris, John e Den: vocês três são inteligentes e infinitamente divertidos, e são um grande motivo para eu ser quem sou, se isso vale algo.

Este livro começou a engatinhar em uma manhã na Eisenberg's Sandwich Shop, em Manhattan, em um café da manhã com meu ex-chefe na *Esquire,* David Granger, também conhecido como o maior editor de revistas de todos os tempos. Estava lhe contando a história da taxista que conheci em Nantucket, que abre esta obra, e começamos a imaginar se o tema daria um livro. Escrevi uma breve proposta e ele adorou. Então, revisei essa proposta, e ele desapareceu e começou a ignorar minhas ligações, porque ficou horrível. Por sorte, ele ressurgiu e a ajustamos, graças a suas habilidades ímpares como editor e, mais importante, a seu entusiasmo e seu apoio. Este livro nunca teria acontecido sem seu envolvimento, e eu devo demais a ele por isso. É um editor gigante, um cara gigante, e um astro em ascensão no já estrelado ramo dos agentes literários.

Conheci Mark Warren há muitos anos, também quando eu trabalhava na *Esquire,* e soube no momento em que ele ficou revoltado comigo — por ter reduzido um dos seus textos para dar espaço a um dos meus — que estávamos destinados a trabalhar em um grande projeto juntos. Seus conselhos sábios, sua boa companhia e seus ajustes precisos contribuíram de forma incomensurável para este livro. Ele é um grande editor e um literato legítimo, com o mix perfeito entre bom humor e seriedade moral. Além disso, ele é detentor do título de autor da melhor nota de edição que eu já recebi de um editor. A saber: "Aconteceu algo no fim deste capítulo — estávamos no mesmo compasso, construindo um argumento, e então perdemos o foco, e começamos a falar de forma solta e amorfa sobre estranhos, dando voltas, perdendo tempo e sentido… por favor, tente de novo, com mais robustez e foco. Obrigado." Cirúrgico. Todos os escritores deveriam ter essa sorte. Obrigado, Mark. Vá dormir um pouco!

Também na Random House, agradeço a Andy Ward, Tom Perry, Chayenne Skeete e Dennis Ambrose pelo carinho enorme que tiveram com estas páginas, e por sua paciência nas negociações.

Ao longo deste processo, Kevin Alexander foi fonte de ideias, distrações, insights, mensagens de texto estranhas e dicas sobre o mercado literário, ajudando a explicar o inexplicável a mim, e me mantendo são quando eu estava em meu momento mais insano — mesmo enquanto cinzas de queimadas florestais choviam sobre sua casa. Seus comentários ao manuscrito foram, como sempre, no alvo — inteligentes, engraçados, implacáveis e enérgicos. Ele é um de meus escritores favoritos, meu colaborador preferido, e agora estou em dívida com ele, coisa que odeio. Quando isso tudo acabar, a bebida é por minha conta no Raoul's.

Nate Hopper — amigo, companheiro de trabalho e cúmplice ocasional — também me deu um feedback excepcionalmente inteligente e útil sobre o manuscrito. Ele é um editor incrivelmente talentoso, que nasceu para isso, com um ódio genuíno à escrita ruim, clichês e argumentos mal elaborados, e este livro não seria o que é sem seus insights. Nate: obrigado por todo o seu auxílio e por sua companhia ao longo dos anos. Sinto muito por Nizza e eu termos sido tão maus com você quando era novato, mas os negócios são assim.

Ao falecido Dr. Robert Wilkinson, da Villanova University. O senhor foi o melhor professor que tive na vida, sem exceções, e eu não estaria fazendo isto como ganha-pão se não fosse por seu encorajamento, entusiasmo, tolerância e sábio aconselhamento. Espero que, onde quer que esteja, haja boas companhias, boa música, bons livros e uma excelente garrafa de uísque. Obrigado.

Não é preciso dizer que este livro não teria existido se não fosse pelas pessoas brilhantes e muito ocupadas que, de forma generosa, e talvez irracional, passaram um tempo comigo e responderam a todas as minhas perguntas idiotas. Em especial: Gillian Sandstrom, Georgie Nightingall, Nic, Juliana Schroeder, Polly Akhurst, Ron Gross, Joyce Cohen, Michael Tomasello, Douglas Fry, Joe Henrich, Polly Wiessner, Gabriel Kahane, Andrew Shyrock, Ben Mathes, Sarah Tracy, Nikki Truscelli, Cris Tietsort, Larry Young, Hunter Franks, Cliff Adler, Joaquín Simó, Judah Berger, Cynthia Nitkin, Jae Quinn, "L", Ronald Inglehart, Nairán Ramírez-Esparza, Ceyda Berk-Soderblom, Theodore Zeldin, Laura Kolbe, Aleksi Neuvonen, Cal Walsh, Muhammad Karkoutli, Uli Beutter Cohen, Thomas Knox, Danielle Allen, "Holly", Bill Doherty, Ciaran O'Connor, Earle Ikeda, imã Khalid Latif, rabino Ethan Tucker, padre Thomas Reese, Mat McDermott, Steven Angle, a Universidade de Yale, por me permitir usar o HRAF*, assim como as dúzias de outras pessoas que responderam aos meus e-mails e, em geral, me orientaram em direção às coisas boas e me afastaram das ruins. E agradeço a Linda Rost e a Nick Thomas por me hospedarem em sua linda casa em Londres.

Este livro começou em um táxi que peguei no meio da noite em Nantucket. Eu estava lá graças a uma bolsa da Screenwriters Colony, e sem ela nunca teria a ideia que deu vida a este livro. Então, à Lydia Cavallo Zasa e a Eric Gilliland: sinto muito por, até agora, não ter conseguido vender uma série ou um roteiro, ou garantir um trabalho sério em Hollywood, mas espero que este livro seja um pequeno alento por terem gastado tanto dinheiro comigo. E aos três outros escritores do programa deste ano: Meg Favreau, Kaitlin Fontana e Jai Jamison — vocês três foram o relacionamento por mensagens de texto mais intenso da minha vida. Vocês todos me matam de rir, são extremamente talentosos e prestativos de uma forma surreal e, além disso, são pessoas gigantes.

Agradeço a Jenn Johnson — o ser humano mais competente que já conheci — e a Emma Whitford — ás da reportagem — por me ajudar a sair de algumas encruzilhadas nas pesquisas. E agradeço aos outrora estranhos Stevie, da Brooklyn Central Library, e Jen, do Café Martin, por serem pessoas tão amigáveis e fornecedores do café que me foi tão necessário enquanto trabalhava neste livro.

Por fim — este livro foi editado, revisado e finalizado durante a crise da Covid-19 na cidade de Nova York. Vi esta grande e malvada cidade de estranhos se unir de uma forma que nunca esquecerei (mantendo uma distância segura uns dos outros). Os Estados Unidos lidaram com essa crise tão mal quanto qualquer um lidaria, mas Nova York foi uma inspiração. Nunca me esquecerei dos nova-iorquinos se projetando para fora das janelas no pior dos momentos, batendo em potes e panelas e cantando "New York, New York". Nunca me esquecerei do esforço que as pessoas fizeram para dizer "olá" a estranhos na rua e perguntar se estavam bem. Foram bravos, ternos, tenazes e acolhedores. Foram maravilhosos. Então, à grande cidade de Nova York, e a todos que nela vivem, e a todos que nela morreram nesses tempos terríveis: obrigado. Eu amo vocês. Este livro é dedicado a vocês.

---

* N. da T.: Human Relations Area Files [Arquivos da Área de Relações Humanas] é um conjunto de dados sobre vida cultural e social mantido pela ONG homônima.

NOTA SOBRE AS FONTES

O Poder dos Estranhos é produto de uma grande quantidade de leitura e pesquisa. Isso inclui dezenas e dezenas de livros e estudos que dariam para compor uma biblioteca. Para economizar papel e poupar leitores de ter que carregar mais folhas do que o necessário enquanto curtem este livro em seus trajetos, optei por não incluir notas de fim. Encorajo a todos que estejam muito interessados a acessá-las em joekeohane.net/strangersnotes [conteúdo em inglês]. Também incluí uma bibliografia estendida no site. Nela estão todos os trabalhos citados neste livro, assim como uma quantidade de coisas incríveis que não consegui incluir aqui, a fim de manter este livro com menos de 8 mil páginas. Para todos que se interessarem em se aprofundar nos assuntos abordados neste livro, há muito material útil nesse site que os auxiliará a começar.

Agora, por favor: vá conversar com um estranho.

SOBRE O AUTOR

Joe Keohane é um jornalista veterano que ocupou altos cargos editoriais no *Medium,* na *Esquire,* na *Entrepreneur* e na *Hemispheres.* Seus artigos — de temas que variam de política, viagens, ciências sociais, negócios e tecnologia — foram publicados na revista *New York,* no *The Boston Globe,* na *New Yorker,* na *Wired,* na *Boston,* na *The New Republic* e em inúmeros manuais acadêmicos. Excelente em fazer balizas e músico profissional nas horas vagas, ele também ganhou uma prestigiada bolsa de mérito da Screenwriter's Colony em 2017 por um piloto de série de comédia para a TV que até agora, infelizmente, não foi produzida.

PRÓLOGO

Estranhos em um Táxi

Eu tenho uma história para você. É sobre um estranho.

Há alguns anos, eu tive a imensa boa sorte de passar duas semanas na ilha de Nantucket como parte de uma bolsa de mérito para roteiristas: três outros escritores e eu vivendo em uma casa, aprimorando nosso ofício e conhecendo pessoas do ramo enquanto frequentávamos festas e metodicamente despojávamos nosso anfitrião de bebida alcoólica e comida. De madrugada, após uma festa, nós quatro estávamos na rua, ainda no escuro, esperando um táxi. Eu dizia a eles que, mesmo que meu ramo de atuação — jornalismo impresso — pudesse estar efetivamente precipitando-se em direção ao esquecimento, levando consigo muitas de minhas perspectivas, esperanças, sonhos etc., eu não trocaria essa experiência por nada, pois ela me dava a chance de ganhar a vida conversando com estranhos. E quando você fala com pessoas que não conhece, eu lhes dizia, você aprende que todo mundo tem algo de precioso; todos têm pelo menos uma coisa a dizer que irá surpreendê-lo, diverti-lo, horrorizá-lo, edificá-lo. Eles lhe contam coisas, normalmente com o mínimo incentivo, e às vezes essas coisas podem torná-lo mais profundo e despertá-lo para a riqueza, a graça e até mesmo a dor da experiência humana. Eles se revelam mundos independentes. Quando lhe permitem entrar, você pode internalizar um pedacinho daquela pessoa e, dessa forma, você cresce um pouco. Ganha um pouco de empatia, sabedoria ou compreensão.

Finalmente o táxi aparece. Está sendo guiado por uma senhora. Nós entramos juntos, e eu decidi demonstrar aos meus amigos o que acabara de lhes dizer (como você perceberá, tenho um apreço real por taxistas.) Eu pergunto a ela como é viver em Nantucket. Ela responde. Pergunto outra coisa. Ela responde. A taxista se sente confortável e, ao longo do trajeto de vinte minutos, nos conta sua história de vida. Ela nasceu em berço de ouro, no Upper East Side, em Manhattan. Quando era pequena, havia uma espécie de moda desvairada entre as socialites — na qual seus pais embarcaram — que envolvia amarrar as panturrilhas das crianças. Ela explicou que isso servia para poupar as ditas socialites da humilhação de serem vistas com filhos que tinham panturrilhas deselegantes.

Seus pais a mutilaram com essa prática. Ela tinha dificuldades para andar. Eu lhe pergunto o que eles fizeram quando perceberam o que tinha acontecido. Consultaram um cirurgião ou um fisioterapeuta? Tentaram reparar o dano que causaram e devolver à filha a locomoção adequada? Pediram desculpas, pelo menos?

A taxista diz que não.

"Então, o que eles fizeram?"

"Me fizeram ter aulas de dança."

"Meu Deus. Por que eles a fizeram ter aulas de dança?"

"Porque queriam me ensinar a cair de um jeito mais gracioso", responde ela.

Leitor, sou neto, filho e irmão de irlandeses católicos que trabalhavam como agentes funerários em Boston, Massachusetts. Minha vivência moldou minha visão de mundo, meu senso de humor, toda a minha sensibilidade. Então, acredite quando digo que em nenhum outro momento da minha vida ouvi uma síntese tão perfeita da condição humana quanto a que aquela estranha aleatória me contou, naquela hora da madrugada, naquela abastada ilha no Atlântico com um formato que lembra um bumerangue.

Após aquela interação, comecei a pensar muito sobre estranhos. *Por que não falamos com estranhos?,* pensei. *Quando falaremos com eles? E o que acontece quando falamos?* Porque na verdade, exceto em meu trabalho, eu não conversava com estranhos. Não naturalmente, pelo menos. As exigências conflitantes do trabalho e de uma filha pequena — o suposto equilíbrio que tão comumente parece uma guerra de exaustão — fazem sobrar pouco tempo livre para ir a lugares onde pessoas de fato falam com estranhos, e pouca disposição para fazê-lo. Mesmo quando eu conseguia espremer meia hora da agenda para uma passada em um bar ou um café, não falava com ninguém. Quando o fazia, dava errado. Acredito que isso ocorria porque — como qualquer pai de crianças muito pequenas pode confirmar — meu cérebro já não funciona direito. Acabava me retraindo — lendo algo no meu celular ou, de uma forma mais vergonhosa, encarando-o, consumindo de maneira automática um "conteúdo" que eu esqueceria completamente em questão de minutos, mas que ainda me deixaria com um leve mal-estar. Com o tempo, parei de falar com todos. Mal fazia contato visual. E até isso parecia uma tarefa forçada.

O que me impressionou foi a facilidade com que me retrai, com que me ausentei da maioria das interações humanas. Ao longo de sua carreira estudando cidades, o sociólogo Richard Sennett prezou pela ideia de *fricção* na vida: as pequenas ineficiências que nos forçam a interagir com estranhos — como pedir dicas de churrasco a um açougueiro, informações de trajeto ou simplesmente pedir uma pizza pelo telefone. Com a marcha do progresso tecnológico, essas interações se tornaram cada vez mais desnecessárias. E desconfio que esse é o motivo da erosão de nossas habilidades sociais. Eu era evidência disso. Por que eu sempre optava pelo atendimento automático na farmácia, mesmo quando não havia ninguém nas outras filas? Por que me irritava com o caixa quando ele me perguntava quais eram meus planos para aquele dia? Por que parei de bater papo com estranhos e me afundava em meu celular quando sabia, por experiência própria, que o que eles diriam seria muito mais interessante do que qualquer chorume tóxico despejado no Twitter naquele momento? Não sei. Mas o fato é que parei. E não me senti bem por isso.

Mesmo assim, houve momentos — como aquele em Nantucket — em que acabei conversando com um estranho e foi muito bom, um pequeno mundo se abriu. Ganhei algo: um insight, uma piada, um modo diferente de pensar as coisas, uma boa história. Porém, mais que isso, me senti, por mais estranho que possa parecer, *aliviado*. E quis entender o porquê.

Essas dúvidas se infiltraram em meu trabalho. Quando estava entrevistando o ator Alan Alda sobre seu trabalho ensinando habilidades de comunicação para cientistas, mencionei a curiosa sensação de alívio que sinto após falar com um estranho. Ele ficou empolgado. "Essa sensação de alívio é uma coisa palpável para mim", afirmou. "Tão palpável que eu me pergunto por que a interação com outras pessoas não é algo que se autorreforça. Por que não tendemos naturalmente a isso?"

Por que não?

Bem, para começar, estranhos têm uma reputação bem ruim. Merle Haggard, o grande cantor country, não chamou sua banda de The Strangers [Os Estranhos, em tradução livre] porque queria que acreditássemos que eram cidadãos de bem. Fez isso querendo que acreditássemos que eram perigosos. O filme de Hitchcock, *Strangers on a Train** [Estranhos em um Trem, em tradução livre] não trata da possibilidade de encontrar um par romântico, um cliente ou um novo amigo em um trem, nem das conversas aleatórias e intensas — que expandem nossa mente — que normalmente acontecem em viagens. Ele mostra como um psicopata charmoso o enredará em um plano para assassinar a sua esposa e o pai dele se você não tomar cuidado. O livro de William Golding, *O Senhor das Moscas*, não foi intitulado originalmente *Strangers from Within* [Estranhos Vindos de Dentro, em tradução livre] porque o suplício de ficar isolado em uma ilha traria à tona o melhor de estudantes ingleses.

E, claro, o estranho mais famoso de todos. O romance de Albert Camus, *The Stranger*** não é uma história sobre um cara de Argel que constrói uma boa vida na França e apresenta aos moradores locais as ricas tradições da culinária e da cultura argelina. É sobre um homem que é tão alienado do mundo que se torna um estranho para si mesmo — que não sente nada quando a mãe falece ou quando mata um homem, e, ao ser condenado à forca, pondera que a única coisa que o faria se sentir menos só seria se

---

* N. da T.: *Pacto Sinistro*, no Brasil.
** N. da T.: *O Estrangeiro*, no Brasil.

houvesse "muitos espectadores no dia de minha execução e que eles me recebessem com gritos de ódio" —, o que o transformou no precursor dos trolls de internet.

O medo de que estranhos — mesmo os que parecem amigáveis — sejam agentes do caos, da traição e da toxicidade moral, e até mesmo física, nos acompanha há tanto tempo quanto a própria existência de estranhos. Persistiu aos tempos como caçadores-coletores, à ascensão dos vilarejos, das cidades e das nações, à histeria do *stranger-danger**** dos anos 1980, a Elon Musk descrevendo o metrô como "um monte de estranhos aleatórios, com chance de um deles ser um serial killer" e ao xerife do Condado de Harris, Georgia, uma área abastada, instalando uma placa em 2018 com os dizeres "Bem-vindo ao Condado de Harris, Georgia. Nossos cidadãos têm armas ocultas. Se matar alguém, podemos matá-lo. Temos UMA cadeia e 356 cemitérios. Aproveite a estadia!"

Atualmente nossas dificuldades com estranhos persistem. O Ocidente passa por uma turbulência política generalizada, causada em parte pela migração de estranhos culturais — pessoas fugindo da guerra, da privação e da tirania — em busca de segurança e oportunidade. Para muitos dos que vivem nos países anfitriões, isso abalou nosso senso de pertencimento, de quem somos.

Esses novos rostos sobrecarregaram nossa já robusta tendência a temer estranhos, e a repercussão tem sido feroz — fomentada, em parte, por um deficit de compreensão. De acordo com diversas pesquisas, pessoas do Ocidente superestimam de uma forma absurda a escala de imigração e subestimam, em igual medida, o grau em que os recém-chegados se integram a seus novos países.

Ao mesmo tempo, a polarização política, a segregação, a discriminação e a desigualdade conspiraram para transformar cidadãos conterrâneos em estranhos. A verdade é que, pelo menos nos Estados Unidos, simplesmente não nos suportamos. Em 2016, o Pew Research Center constatou que

---

***   N. da T.: Gíria norte-americana para "alerta de estranho", originada no medo coletivo do desaparecimento de crianças.

"as visões de membros de um partido sobre suas contrapartes agora são mais negativas do que em qualquer momento em cerca de um quarto de século". Três anos depois, as pesquisas demonstraram que "o nível de cisão e animosidade... só aumentou", com uma porcentagem crescente de membros em ambos os lados acreditando que o outro é mais imoral e mais mente fechada do que eles. Os dois lados não conseguem se entender, pois nem tentam. Amizades em lados opostos são cada vez mais raras. A polarização os mantém separados, fazendo com que não apenas não queiram falar um com o outro, mas nem sequer vislumbrem o pensamento de que o oponente é algo além de um organismo irracional desprovido de vontade, empatia ou motivações complexas; um pateta tóxico; um lixo de pessoa. Isso se forem pessoas.

Mesmo assim, ironicamente, em uma conjuntura política marcada por incessantes demandas por solidariedade com os que estão do nosso lado, nos tornamos profunda e perigosamente sozinhos. Estudos constataram níveis epidêmicos de solidão nos Estados Unidos e no Reino Unido, afetando a todos, mas sobretudo os jovens, que, em uma escalada notável, apresentam níveis de solidão que ultrapassam até mesmo os dos idosos. E, segundo cientistas da área da saúde descobriram, a solidão é tão prejudicial quanto fumar, tornando-a uma efetiva ameaça à saúde pública.

As causas da solidão são complexas. Quando a tecnologia elimina a necessidade de falar com estranhos, nossas habilidades sociais se corroem, enfraquecendo nossa capacidade de conhecer pessoas novas. À medida que mais e mais de nós se mudam para as grandes cidades, trocamos amigos de longa data e familiares por um elenco rotativo de estranhos, e isso pode dificultar a sensação de conexão com nossas próprias comunidades. Enquanto a globalização segue em frente e milhões migram, a probabilidade de conversarmos com um desconhecido na Índia é a mesma de conversar com o que mora ao lado. Isso criou um fenômeno que o cientista político Chris Rumford chamou de estranheza.

"Lugares familiares, próximos a nós em nossa existência diária, podem não mais parecer inteiramente 'nossos'", escreveu ele. "Em nossas comunidades e vizinhanças, temos a sensação de que vivemos lado a lado, mas apartados de pessoas que, em outra ocasião, estaríamos inclinados a crer que compõem nossa comunidade [...] não temos mais certeza de 'quem somos', e temos dificuldade em dizer quem pertence ao nosso grupo e quem vem de fora. [...] Estranheza consiste no fato de que devemos reconhecer que 'nós', provavelmente, também somos estranhos (para alguém)."

Isso não vale apenas para grandes cidades, é lógico. Algo similar está acontecendo em zonas urbanas menores, onde a população é transitória e forças econômicas e sociais podem se combinar para provocar mudanças profundas capazes de tornar até nossas cidades natais praticamente irreconhecíveis, de modo que nos transformamos em estranhos em nossa própria pátria. E, como veremos, quando regiões se tornam mais diversificadas, podemos ficar ansiosos sobre a perspectiva até de falar com os recém-chegados, independentemente de nossa orientação política. Às vezes, essa ansiedade nos leva a evitar contato não só com pessoas diferentes, mas também com nossos pares.

Como consequência de todos esses fatores, nos sentimos desarraigados, separados de nosso mundo. "Mudamos nosso meio ambiente de maneira radical", escreveu o falecido neurocientista John Cacioppo, que estudou a solidão por toda a sua carreira. "À medida que os padrões de carreira, de habitação e de mortalidade e as políticas sociais seguem na direção do capitalismo global, boa parte do mundo parece determinada a adotar um estilo de vida que aumentará e reforçará a sensação crônica de isolamento que milhões de indivíduos já sentem."

Com a imensa reputação negativa que os estranhos têm conquistado nos últimos, digamos, 2 milhões de anos, é um milagre que ainda haja quem fale com eles. Mesmo assim, falamos. E devemos falar. Porque não teríamos chegado a lugar algum sem eles. Minha própria história é prova disso. Não sou nenhuma Poliana. Estou plenamente consciente — e desesperado — do dano que os seres humanos causam uns aos outros, e, depois de viver quatro décadas neste mundo, estou perplexo por ver o quão desnecessário, sem sentido e gratuito é este dano. O *Homo sapiens* é, para mim, com bastante frequência, uma criatura de confusão, contradição e destruição monstruosas. E mesmo assim algumas das experiências mais formativas da minha vida vieram de conversas com estranhos.

Na faculdade, eu estava tocando baixo elétrico em uma loja de produtos musicais nos arredores de Filadélfia quando um homem negro de meia-idade usando um chapéu de cowboy apareceu, olhou para mim, olhou para o baixo, olhou novamente para mim e disse, com a voz arrastada: "Seu filho da puta, tu é a cara do Conan O'Brien." Ele me contratou ali mesmo para tocar em uma banda de doze membros que havia formado. Isso levou a apresentações em boates de Philly e, mais tarde, a apresentações gospel em igrejas batistas nas quais eu frequentemente era a única pessoa branca. Para um moleque de vinte anos de idade, vindo de uma área composta majoritariamente de brancos, essa experiência — desde a mentoria de músicos mais velhos até a hospitalidade gentil que os fiéis das igrejas estendiam a esse branquelo ímpio e intruso — foi excepcionalmente formativa de quem sou hoje e como eu enxergo o mundo.

Após a graduação, achei um panfleto estranho nas páginas de um livro em uma livraria. Era um anúncio à procura de escritores para uma nova publicação. Algo nele me chamou a atenção, então mandei um e-mail ao autor. A publicação nunca aconteceu, mas ele era o gerente de distribuição de um jornal semanal de pequeno porte. Viramos amigos, e depois colegas de quarto. Ele me apresentou ao editor do jornal. Comecei a escrever para eles e, em alguns anos, assumi a administração do jornal. Esse foi meu começo no jornalismo. Falar com estranhos é bom para os negócios e bom para a carreira. Se não fosse aquele panfleto, eu simplesmente não teria a vida que tenho hoje.

E eu seria omisso de uma forma criminosa se não mencionasse o colega de trabalho irlandês que, após cerca de um ano, me arrastou para uma festa, na qual conheci um estranho que se tornou um amigo e que calhou de trabalhar com outra estranha que se tornou minha esposa e mãe de nossa filha de quatro anos — de quem, em relação ao tema do *stranger-danger*, ouvi outro dia: "Papai, algumas pessoas podem ter medo de você. Mas eu não, porque te conheço há um tempão."

Além disso, meus pais, Ed e Joan, são campeões mundiais em falar com estranhos. Em todos os lugares que vão, fazem amigos: em casa, nas férias, em restaurantes, na rua. É um acúmulo infinito de amigos e conhecidos. Enquanto muitos idosos sentam-se de forma passiva à medida que seus círculos sociais se encolhem, meus pais são incansáveis na aquisição de novos amigos. Falar com estranhos, para eles e para muitos dos amigos deles, é algo inerente a estar vivo.

Sem dúvidas, sou quem sou, faço o que faço, penso o que penso e vivo como vivo por causa de estranhos. E mesmo assim aqui estou, sentado em um bar, a centímetros de outra pessoa, cabisbaixo, mudo e com o olhar fixo e o rosto iluminado pelo brilho azul e gélido de meu celular. E não me sinto bem por isso.

Por que não falamos com estranhos? Quando falaremos com eles? O que acontece quando falamos?

Este livro é resultado de minha jornada para responder a essas perguntas. E o que acontece é isto: nos tornamos pessoas melhores, mais inteligentes e mais felizes, e os estranhos — por decorrência, o mundo — se tornam menos assustadores para nós. Um bom número de novas pesquisas vem constatando que falar com estranhos pode auxiliar a nos expandirmos pessoalmente, a nos abrir para novas oportunidades, relacionamentos e perspectivas. Pode aliviar nossa solidão e aprimorar nosso senso de pertencimento aos lugares em que vivemos, mesmo quando esses lugares estão mudando. Falar com estranhos, sejam eles refugiados ou adversários políticos, pode até mesmo reduzir o preconceito, apaziguar o partidarismo e ajudar a reparar sociedades em ruptura. Como o filósofo Kwame Anthony Appiah escreveu sobre essas interações: "Quando um estranho não mais é imaginário, mas real e presente, compartilhando uma vida social humana, você pode gostar ou desgostar dele, concordar ou discordar; mas, se for da vontade de ambos, podem por fim se entender."

Enquanto viajamos juntos por estas páginas, vamos do micro ao macro. Daremos início com os novos insights descobertos por psicólogos sobre o que acontece quando temos até mesmo uma interação passageira com um estranho. Então, nos aprofundaremos. Por que ter uma interação passageira com um estranho faz com que nos sintamos bem? Observaremos o alvorecer da humanidade e nossos ancestrais primatas para obter a resposta. Veremos como nos tornamos o que cientistas chamam de *o primata ultra-cooperativo*, uma criatura que teme e necessita de estranhos. Veremos como caçadores-coletores criaram maneiras de falar com estranhos de forma segura como um meio de sobrevivência. Veremos como a hospitalidade a estranhos se tornou um marco da civilização. Veremos como a genialidade verdadeira e transformativa da religião em massa residia em nos familiarizarmos aos estranhos sem que fosse necessário conhecê-los. Veremos como cidades se ergueram porque as pessoas queriam estar cercadas de *mais* estranhos, não menos. Veremos como a civilização humana se deu em grande parte devido ao fato de humanos terem encontrado um jeito de conciliarem o medo causado por estranhos com as oportunidades que eles oferecem. E investigaremos todos os fatores que nos impedem de falar com estranhos — da tecnologia à política e à cidadania na linda, porém extremamente silenciosa, nação da Finlândia.

E, claro, conheceremos um monte de estranhos: pessoas nas ruas e os ativistas e pesquisadores que estão tentando forjar uma cultura de diálogo com estranhos para auxiliá-los a lidar com as agruras de alguns de nossos problemas sociais mais urgentes. Enquanto fazemos isso, teremos algumas lições importantes sobre como podemos fazer o mesmo em nossas vidas — técnicas que eu mesmo tentarei executar, à medida que tento me reconstruir como uma pessoa mais sociável.

Ao fim, após voltar 2 milhões de anos e retornar aos dias atuais, o que espero fazer é expor a tese em defesa de falar com estranhos. Mostrar que, ao contrário da linha argumentativa do *stranger-danger*, que nos foi empurrada por anos pela mídia, por políticos, por escolas, pela polícia, entre outros, falar com estranhos é, na verdade, consideravelmente menos perigoso do que não falar com eles.

Falar com estranhos não é somente uma maneira de viver, mas de sobreviver.

PARTE I

O que Acontece Quando Falamos com Estranhos?

Capítulo 1

Estranhos em uma Sala de Aula

Quando viajo até Londres para reaprender o que deveria ser uma habilidade humana rudimentar e risível, e as pessoas fazem com que eu me sinta desconfortável, é um sinal do que está por vir.

Nossa jornada começa em um dia ensolarado, em uma pequena sala de aula na Regent's University, em Londres. Estou sentado em uma cadeira, paralisado pelo jet lag, segurando minha terceira xícara de café. Há outras quatro pessoas ali. Por sorte, elas aparentam estar em um estado mental melhor que o meu. Viemos aqui para aprender a falar com estranhos. Nossa professora nessa empreitada é uma mulher de 29 anos, cheia de energia, chamada Georgie Nightingall. Georgie é fundadora da Trigger Conversations, uma "organização de conexão humana" com sede em Londres que promove eventos sociais que almejam facilitar conversas significativas entre estranhos. Georgie me foi indicada por uma psicóloga renomada que conheceremos em breve. Entrei em contato e, quando ela me disse que estava planejando um seminário imersivo de três dias sobre falar com estranhos, comprei uma passagem de avião. Pouco tempo depois, pousei em Londres, dormi algumas horas e cheguei bem cedinho a uma sala de aula, sendo mais café do que homem, mas pronto para aprender.

Georgie fundou a Trigger Conversations em 2016. Até esse momento, seu histórico foi eclético. Ela se formou em 2014, obtendo o bacharelado em filosofia e o mestrado em "emoções, credibilidade e dissimulação sob um prisma psicológico e linguístico". Isso a fez se interessar por linguagem e conversação. Depois da universidade, ela tentou alguns empregos. Estagiou em uma startup, atuou como gerente de projetos e trabalhou por um tempo no Francis Crick Institute, um centro de pesquisas biomédicas mundialmente conhecido. "Esse foi meu último emprego de verdade", diz Georgie. Depois disso, saiu para trabalhar por conta própria.

Ela sempre foi falante, embora a ideia de falar com estranhos a deixasse um pouco relutante, "em parte devido a uma certa ansiedade social com o fato de que não é normal falar com estranhos", afirma ela. No entanto, também foi ficando entediada com as conversas que *costumava* ter com pessoas novas — interações usuais do tipo "Você trabalha com o quê?" e "Como foi seu dia?", que nunca progridem. Ela queria contribuir introduzindo às pessoas a ideia de que essas conversas não precisam ser maçantes ou seguir fórmulas prontas. Podem ser empolgantes, informativas e exploratórias. Depois de fundar a Trigger Conversations, esboçou um curto manifesto, nestes moldes: "Somos aventureiros das conversas", afirma. "Somos viajantes sem destino. Explorando o desconhecido, sem esperar nada. Cada um de nós é um professor, e todas as pessoas, oportunidades."

Georgie, no fim das contas, estava explorando o desconhecido em um território particularmente traiçoeiro, em se tratando de conversas. Londres, em especial — e o Reino Unido, em geral —, é uma espécie de centro global de um movimento emergente em prol de diálogos com estranhos — em grande parte devido a um esforço nacional coordenado para combater a epidemia de solidão no país. Um estudo recente da Cruz Vermelha Britânica constatou que um quinto da população britânica declara se sentir só com frequência ou sempre. Em 2018, o Reino Unido nomeou seu primeiro "ministro da solidão", um servidor público de alto escalão que orienta a política voltada para a reparação de vínculos sociais desgastados e para reforçar a coesão social.

Nos últimos anos, diversos grupos de base surgiram para tentar persuadir os britânicos a falar com estranhos em cafés, pubs ou no transporte coletivo. A iniciativa "Chatty Café" [Café Tagarela] — na qual pubs e cafés preparam mesas especialmente demarcadas, em que estranhos podem conversar — se espalhou para mais de novecentas localidades em todo o Reino Unido e além. Em 2019, o canal BBC lançou uma série chamada *Crossing Divides* [Superando Divergências], que almejava inspirar as pessoas a se conectarem apesar de diferenças sociais, culturais ou ideológicas. Isso incluía o dia do "chatty bus" [ônibus tagarela], durante o qual passageiros eram encorajados a conversar entre si, pois esse "pode ser o único momento em que somos expostos a outras pessoas fora dos casulos de nossa família, amigos e colegas", afirma Emily Kasriel, a chefe de projetos especiais da BBC.

Isso, podemos dizer, vai de encontro ao modo como os ingleses, sobretudo os londrinos, costumam se comportar nos transportes coletivos.* E mesmo assim, apesar da flagrante violação de uma norma social consagrada pelo tempo,** o dia do chatty bus foi um sucesso. "É o melhor ônibus em que estive", declarou uma mulher à BBC, confessando que comumente sofre com ansiedade social aguda. Alguns membros da população em geral expressaram ceticismo, ou até hostilidade, a essas iniciativas, acreditando que, na melhor das hipóteses, ainda não é possível responder se esses métodos são compatíveis com o temperamento londrino. Quando encontrei um amigo inglês para tomar uma cerveja em Londres e lhe contei que estava na cidade para aprender como falar com estranhos, ele respondeu: "Você sabe que nós somos os piores do mundo nisso, não sabe?"

---

*   A frieza é uma parte tão característica da personalidade local que, quando um imigrante húngaro que vive na Grã-Bretanha chamado George Mikes redigiu uma série de guias entre os anos 1940 e 1970, instruindo outras pessoas sobre como ser britânico, seu conselho sobre falar com estranhos no transporte incluiu este conto macabro:

> No fim dos anos 1950, um homem cometeu um assassinato nas Midlands. Mais tarde, perto da cena do crime, um homem coberto de sangue foi visto embarcando em um ônibus com cerca de cinquenta pessoas dentro. E, quando ele saltou, deixando uma poça de sangue no chão, nenhum passageiro se deu ao trabalho de indagar o que havia acontecido. Eram britânicos legítimos, cuidando das próprias vidas. Se outro homem estivesse carregando a cabeça decapitada de alguma vítima, isso não faria a menor diferença. O que você carrega é problema seu.

**   Aqui, me sinto compelido a acrescentar que, de acordo com uma pesquisa de 2020, encomendada durante a crise de Covid-19 pelo respeitável órgão de pesquisas Absolut Vodka, 23% dos jovens britânicos dizem que sentem falta de conversar com estranhos.

No início, Georgie estava compreensivelmente nervosa com seu empreendimento — e não apenas devido à aversão local à ideia de conversar no metrô. Ela receava que não houvesse público para uma organização que tenta facilitar conversas com estranhos, e, ainda que houvesse, as pessoas teriam a experiência, mas não gostariam. Quando ela começou a realizar seus primeiros eventos de conversação, foi forçada a lutar contra os costumes e ansiedades que impediam as pessoas de falar. O que elas diriam? Por onde começariam? Como deveriam abordá-las? Segundo ela, o problema é que as "pessoas não sabem como ser. Pois quando dizemos 'Venha a um evento de conversas reais com estranhos; não falaremos sobre trabalho; não falaremos sobre, sei lá, onde você mora', a resposta é: 'Então sobre *o quê* eu posso falar?' Elas ficam subitamente perdidas sobre o que é adequado e o que não é".

Georgie logo percebeu que o caminho para superar esse mal-estar inicial não era oferecer mais liberdade, mas menos. Ela reunia as pessoas em grupos de dois ou três, lhes dava cartões com perguntas específicas e estabelecia um limite de tempo. Dessa forma, toda a preparação necessária para iniciar uma conversa — encontrar alguém, começar a conversar e pensar em um assunto para falar — já estaria pronta. A possibilidade de rejeição seria nula, e não haveria receio algum quanto a não saber como finalizar a conversa. As pessoas podiam simplesmente partir para a interação e, quando o alarme soasse, encerrá-la sem culpa. "Isso é incrivelmente libertador", diz ela.

Desde que fundou a Trigger Conversations, em 2016, Georgie promoveu mais de cem eventos e diversas sessões de treinamento — com estranhos, empresas, comunidades, universidades e conferências, tanto em Londres quanto ao redor do mundo. Em 2020, por exemplo, ela desenvolveu um projeto com a University College London para ajudar estudantes de graduação a aprimorarem suas habilidades de se conectar uns com os outros — algo com que, como veremos, eles têm dificuldades. Ela viu pessoas saírem dessas interações transformadas — mais confiantes, mais curiosas, mais otimistas a respeito do potencial de incorporar essas conversas em suas vidas com regularidade. "Tantas pessoas compareciam aos eventos e me diziam: 'Como eu faço isso na vida real? Eu quero falar com estranhos, mas não posso só me aproximar deles com um cartão de perguntas e falar: *Você pode me responder uma coisa?*'", conta ela.

Essa aparente demanda reprimida deu uma ideia à Georgie. Ela pensou em criar um curso que ensinasse às pessoas as habilidades para puxar conversa com estranhos no cotidiano. Começou frequentando seminários de autodesenvolvimento e lendo tudo o que encontrava que pudesse contribuir para que ela entendesse os componentes de algo que parecia tão simples como um papo com um estranho. "Como puxar papo e transformá-lo em uma conversa amigável rapidamente?", pensou ela. "E como fazer as perguntas certas a fim de estabelecer afinidade, se aprofundar ou ser criativo e engraçado? Como ser autêntico? Quais são as crenças limitantes que se tem sobre si mesmo — ou sobre a outra pessoa — que estão interferindo em sua capacidade de correr riscos?"

Georgie descobriu que, para muitas pessoas, o mais difícil ao falar com estranhos é iniciar a conversa: aproximar-se de alguém, fazer com que se sinta seguro e, rapidamente, passar a ideia de que você não tem um objetivo específico, está apenas curioso ou sendo amigável. Ela descobriu também que pessoas mais velhas são muito mais propensas a iniciar uma conversa, por exemplo, ao passo que pessoas mais jovens precisam se sentir um pouco mais seguras. Ela percebeu que, se você responder à pergunta "Como vai você?" de forma honesta, cria um pequeno vínculo com um estranho e abre caminho para uma conversa, porque isso demonstra vulnerabilidade e curiosidade, além de encorajar as pessoas a responder à altura. Ela descobriu que, em todas as tentativas, a imensa maioria das pessoas, de fato, se engajou em uma conversa, e a maioria dessas interações foi substancial, e muitas foram "significativas".

Enquanto ela seguia reunindo ideias e fazendo experimentos com técnicas diferentes, teve um insight mais claro sobre o valor potencial de falar com estranhos. Georgie se recorda de um participante que, em um de seus primeiros eventos, foi até ela para agradecer, dizendo: "Foi incrível. Eu nunca teria falado com aquela pessoa. E, quando fiz isso, descobri que na verdade temos muitas coisas em comum, e foi incrível me sentir tão conectado a alguém que é totalmente diferente de mim."

Georgie afirma que agora se sente assim todos os dias. "Descobri que, assim que consigo perceber o que tenho em comum com outras pessoas, em qualquer forma específica, passo a gostar mais, a confiar mais nessas pessoas, e eu sinto que nós realmente fazemos parte de um mundo maior, e não vivemos em nossas próprias bolhas", afirma ela. "E isso torna a vida muito mais frutífera, mais plena. Sinto menos irritação e raiva porque sei que todos, assim como eu, fazem parte deste mundo e têm uma história, e nossas experiências provavelmente não são tão diferentes assim."

Ela passou a acreditar, também — e isso é importante —, que transformar o ato de falar com estranhos em uma prática recorrente pode oferecer mais que um lampejo de bons sentimentos sobre um indivíduo. Há alegria, profundidade e comunhão efetiva. Georgie acredita que, se isso for praticado com bastante amplitude, pode reparar uma sociedade em ruptura. "Não me refiro a apenas alguns aspectos isolados", diz ela. "Estou falando de uma questão sistêmica. De um modo de vida diferente."

Georgie está diante de nossa turma, radiante, engajada e articulada, e nos orienta sobre o que esperar dos próximos dias. Ela quer nos guiar "desde a inabilidade inconsciente à inabilidade consciente, então, à habilidade consciente e, por fim, à habilidade inconsciente", afirma. Em outras palavras, somos inábeis agora e não sabemos por quê. Aprenderemos o que nos falta. Aprimoraremos essa habilidade. E, com sorte, nos tornaremos tão proficientes que isso nos será automático.

Circulamos pela sala e nos apresentamos. Eu digo que o principal motivo de minha presença é o livro que estou escrevendo, mas que a ideia para escrevê-lo surgiu depois de testemunhar o que falar com estranhos proporciona a meus pais, como isso é natural para eles e porque desejo melhorar minhas habilidades nessa área. Justine,* que está nos seus quarenta anos, diz que veio da Austrália para Londres. Em seu país, a cultura incentiva o diálogo com estranhos, e ela aprecia isso. Mas, quando chegou a Londres, todas as vezes em que tentou ser amistosa, as pessoas se dirigiam a ela com desconfiança. Ao falar um simples olá para um cara em um pub — não

---

★ Os nomes foram alterados para preservar a privacidade dos demais alunos.

estava flertando, apenas sendo amigável —, obteve a resposta imediata de que ele tinha namorada. Essas reações corroeram sua confiança e a fizeram se retrair. Ela se pergunta se a razão de as pessoas não falarem com ela é "porque sou gorda". Afirma que percebe que os assentos ao seu lado no metrô sempre são os últimos a serem ocupados. Ela trabalha em casa e, portanto, não tem muitas interações humanas. Justine deseja falar com estranhos, mas não sabe ao certo o que dizer.

Paula, outra aluna de vinte e tantos anos, alegre e bem-apessoada, diz que trabalha muito e que seu emprego requer que passe uma grande parte do tempo sendo eficiente e comedida, o que pode acabar passando a impressão de uma ligeira frieza. Em suas parcas interações, acha que "as coisas que estou dizendo não são significativas, e, como eu estou no piloto automático, não compartilho meu verdadeiro eu", diz. "Acho que isso impede que as pessoas se conectem comigo." Paula conta que tem velhos amigos, que alegam não saber ao certo quem ela é. "Isso magoa demais", acrescenta. Mesmo assim, ela tem receio de se abrir e as pessoas não se interessarem pelo que tem a dizer.

Nicky, outro aluno na faixa dos vinte a trinta anos, introspectivo e quieto, foi criado em uma fazenda e se mudou recentemente para os arredores de Londres. Ele nos conta que fica nervoso em conversas, e que tem dificuldades para se expressar como gostaria. Ele quer ser mais criativo, fazer perguntas melhores. Mais tarde, durante o almoço, ele me fala que pretende melhorar suas habilidades em conversar com estranhos "pois quero ser livre". Nicky tem vontade de viajar e acredita que, com habilidades sociais melhoradas, será capaz de se adaptar a qualquer lugar — que aprender a falar com estranhos será a chave que lhe abrirá as portas do mundo. Nicky não será um estranho em parte alguma.

A quinta aluna, Margot, é a mais jovem. Vinte e poucos anos. Ela nos conta que simplesmente não está interessada em outras pessoas, mas que também quer ampliar os horizontes. Ela é desconfiada, relutante e calada, mas em contrapartida não tem freios ou tato algum quando precisa falar o que pensa. A jovem explica que isso não facilitou as coisas para ela no aspecto social. Quando nos pedem para imaginar um cenário e uma pessoa com quem desejamos nos conectar, e depois elaborarmos uma frase de abertura, eu sugiro "um garçom".

"Por que alguém iria querer falar com um garçom?", indaga ela.

Digo que o motivo é que sempre me chama a atenção como é desconfortável tratar a pessoa que lhes serve como um robô. Ela me responde: "Isso porque você é norte-americano." Depois, durante um exercício particularmente intenso de conversação em que um dos interlocutores expressa sentimentos pessoais sem parar por vários minutos, e depois o parceiro comenta suas impressões a respeito da outra pessoa com base no que foi dito, Margot me diz que eu pareço ser muito estável, mas que a lembro de seu pai, e isso é reconfortante e assustador ao mesmo tempo. Eu não sei direito como responder.

Esse não será o único momento desconfortável que terei no curso. Nos dias seguintes, temos que participar de conversas muito pessoais uns com os outros. Olhar nos olhos dos interlocutores por um longo tempo. Monitorar intensamente como nos sentimos e como pensamos quando falamos com pessoas que não conhecemos. Tocar os braços uns dos outros para sinalizar que somos amigáveis. Meu desconforto não se limitava à turma, ao campus ou à cidade de Londres. Eu estava prestes a enfrentar uma boa dose desse desconforto. Embarquei na missão de aprimorar minhas habilidades de falar com estranhos, de me estabelecer como uma criatura muito mais social e, como se verificou, eu tinha muito a aprender.

Capítulo 2

Uma Fonte Sempre Disponível de Felicidade que Quase Nunca Aproveitamos

Descobrimos que falar com estranhos pode nos tornar mais felizes, mais saudáveis e menos solitários — mas que quase nunca fazemos isso, porque não temos certeza de que estranhos são completamente humanos.

Não posso convencê-lo do valor de uma *aula* de como falar com estranhos sem levá-lo primeiro a um breve tour pelo crescente conjunto de pesquisas em psicologia que demonstram o que acontece quando falamos com estranhos. Nos últimos quinze anos, pesquisadores descobriram que falar com estranhos pode nos tornar mais felizes, mais conectados aos lugares em que vivemos, mais perspicazes mentalmente, mais saudáveis e mais confiantes e otimistas. Neste capítulo, vamos conhecer alguns desses pesquisadores e analisar suas descobertas. Essa é a base de tudo que veremos durante nosso tempo juntos. Mas, primeiro, gostaria de apresentá-lo a alguém que vivenciou o que esses cientistas descobriram. O nome dela é Nic, ela é uma enfermeira de Las Vegas, e conversar com estranhos mudou sua vida.

Nic cresceu em uma cidadezinha praiana no condado de Santa Cruz, Califórnia, filha de um pai instável e uma mãe que vivenciou uma grande quantidade de traumas e transferiu muitos deles para a filha. Ela foi criada para ser uma criança medrosa. "Meu cérebro primitivo foi programado para ter medo de todos, porque *todo mundo é mau e machucará você*", conta Nic. "Eu achava que devia ter medo de tudo."

E tinha. Nic passou a maior parte da infância evitando pessoas. "Dessa forma eu ficava a salvo", diz ela. "Tinha meus bilhões de livros. Tinha meu cachorro, meus gatos e roedores aleatórios como animais de estimação. Eu não precisava de mais nada", afirma. "Eu me sentia segura com aqueles que me conheciam melhor, os animais, e eles nunca me fariam mal."

A adolescência de Nic foi difícil. Nascida em uma família de origem judaico-egípcia e escocesa, com cabelos volumosos e acne cística que a faziam se destacar na maioria das escolas em que estudou, repletas de crianças brancas como flocos de neve. "Eu sofri *muito* bullying", diz ela. Mas havia um lado positivo em ser pária. Nic inevitavelmente acabou fazendo amizade com outras crianças que tinham aparências diferentes ou histórias de vida distintas. Se entrasse uma aluna nova negra ou latina, por exemplo, elas naturalmente andariam juntas. "E me lembro de conhecer uma garota da França que foi transferida para nossa escola fundamental, e claro que ela e eu nos tornamos melhores amigas, porque eu estava só e ela, também", conta Nic. A amizade desabrochou a partir do sentimento de alienação de ambas.

Nic foi criada para temer estranhos — devido à sua mãe, claro, mas também por um país onde a frase "stranger danger" é praticamente tatuada nas testas das crianças ao nascerem. Mas, à medida que se conectava com esses estranhos em particular, descobria que eles não eram perigosos ou assustadores. Eram, na verdade, uma fonte de conforto e pertencimento para ela. Eles expandiam seu mundo. Ao fazer contato, sua vida ficou melhor. "Quando criança, conheci muitas pessoas incríveis dessa forma", diz ela. "Isso provavelmente foi o que deu início a isso tudo: *Eu me sinto bem com estranhos, mas não deveria me sentir bem com estranhos.*"

Com "isso tudo", ela se refere a algo que chama de Terapia Greyhound, uma prática que ela desenvolveu quando ficou mais velha, que a auxiliou a lidar com seu medo de estranhos e a garantir a si mesma um lugar no mundo. A raiz desse medo estava na infância. Sua família nunca viajou porque tinham medo. E, como frequentemente acontece, essa inércia acendeu na jovem Nic um desejo ardente *a la* Bruce Springsteen de *dar o fora da cidade.*

"Algo dentro de mim me fez perceber, durante a jornada, que eu queria ir embora", diz ela. A experiência precoce conhecendo pessoas novas e incomuns lhe deu um gostinho de um mundo além do confinamento desumanizado e paranoico de sua infância, e despertou seu desejo de conhecer mais. Ela se lembra de ter pensado que *Deus criou uma Terra enorme, com uma cacetada de pessoas nela, eu tenho que conhecê-las.*

E foi o que ela fez. Aos dezessete anos, Nic teve a oportunidade de viajar para a Europa por dez dias com sua turma do ensino médio, e o que ela vivenciou a deixou em choque. "Pessoas aleatórias começaram a falar *comigo*", diz ela. "Na Europa, quando eles percebem que você é norte-americano — minha nossa, conheci tantas pessoas assim." Isso deu a Nic certa confiança. "Se as pessoas na Europa conversavam casualmente comigo, então talvez eu não seja uma pessoa tão ruim", percebeu ela. "Talvez eu não morra se falar com *eles*."

Aos dezoito anos, ela fez sua primeira viagem de carro sozinha. Dirigiu até Eureka, Califórnia, apenas porque gostou do nome. Hospedou-se uma noite sozinha em um hotel e voltou dirigindo para casa. Foi uma viagem curta, mas uma moedinha extra no cofrinho da autoconfiança. Ela fez mais viagens e começou a falar com mais pessoas. Por estar programada para temer e esperar o pior, ela ficava ansiosa com esses encontros, mas eles sempre foram bons. "Foi quando eu *realmente* comecei a tentar expandir meus horizontes e a falar com pessoas aleatoriamente", diz ela. Esse foi o início da Terapia Greyhound. No sentido literal, significa falar com a pessoa no assento ao seu lado em um ônibus de viagem.* Mas Nic passou a aplicar o método para falar com estranhos em qualquer lugar — em um restaurante, em um ponto de ônibus, em uma mercearia —, bastava que houvesse estranhos.

Entretanto, a vida não ficou mais fácil. Ela se formou em enfermagem aos 21 anos, e alguns anos depois começou um relacionamento sério com um homem. Eles criaram afinidade a partir do amor em comum por dirigir e por carros — que Nic herdou do pai, um caminhoneiro. Era a única coisa que podia conversar com seu pai de uma forma segura. Ela casou com esse homem, mas ele acabou se mostrando instável e abusivo.

* N. da T.: Greyhound é uma das maiores empresas de ônibus de viagem dos Estados Unidos.

O casamento não durou um ano. Ela foi parar no hospital, cheia de curativos e um dente quebrado.

Nic conheceu outro homem, um nova-iorquino extravagante, e se mudou com ele para a cidade. "Ele era nova-iorquino de nascença, totalmente arrogante e o completo oposto de mim", explica ela. O companheiro dela era um chef em uma universidade, o que lhe dava muito tempo livre, e ele também adorava viajar. Eles dirigiram até o Alasca, desceram ao México e voltaram a Nova York conversando com pessoas ao longo do caminho. O relacionamento durou quatro anos, mas a vida na cozinha tem seu preço. Ele começou a usar cocaína e a beber muito, e virou uma pessoa completamente diferente. Por já ter passado por isso, ela o deixou. Ele acabou sucumbindo aos seus vícios, mas a boa influência que exerceu sobre ela permaneceu.

Depois disso, Nic ficou sozinha por um tempo, vivendo em um apartamento em um lugar estranho. E estava se sentindo solitária, "o que é surpreendente, porque eu nunca pensei que me sentiria assim, já que sou introvertida", revela. "Então, houve um período em que recorri à Terapia Greyhound. Fui atrás dessa interação humana apenas para afugentar a solidão."

"E funcionou?", pergunto.

"Ah, meu Deus, sim", confirma Nic. "Eu voltava para casa com histórias incríveis — tudo bem, não tinha ninguém para eu contá-las, mas eu as vivi, eram minhas." Isso também foi uma forma de "testar minha determinação, por assim dizer", diz ela. "Quanto mais eu interagia com pessoas, mais confiante como adulta me tornava."

Isso mudou sua vida. Atualmente, Nic é uma enfermeira de sucesso com um dom incrível de se conectar com seus pacientes, muito bem casada com um homem gentil e comunicativo e vive em Las Vegas, que, segundo ela, "é incrível". Ela viaja tanto quanto antes e, quando está sozinha na estrada, ainda pratica a Terapia Greyhound. Observa a pessoa no assento ao lado do ônibus, alguém sentado sozinho a uma mesa ou no balcão de um bar. Se estiver de fones de ouvido ou passar uma sensação desinteressada, ela não aborda. Mas, se parecer receptivo, ela se apresenta: "Oi, sou a Nic", e vê até onde a conversa vai. Ela não é inconsequente nem ingênua. Não puxa assunto com um estranho em um beco escuro em uma cidade desconhecida. Como muitas filhas de pais caóticos, seu radar é aguçado; ela tem um dom de ler pessoas e situações e perceber o perigo. Mas as conversas tendem a correr bem e cada uma delas, portanto, "reforça que nem todo mundo me fará mal".

"Passei alguns perrengues em minha vida", declara Nic. Mas esses perrengues e os estranhos aos quais ela recorreu para passar por eles — para assegurá-la de que há bondade no mundo e a possibilidade de pertencimento — a ensinaram algo inestimável, pontua: "Nunca subestime o poder de uma boa conexão, até a mais ínfima."

Afinal — o que é esse poder? Para a psicologia, o tipo de comunicação a que Nic se refere é denominada "interações sociais mínimas". A psicóloga canadense Gillian Sandstrom teve uma epifania similar sobre elas cerca de uma década atrás. Mas a dela envolvia uma carrocinha de cachorro-quente, e a levou a uma série de descobertas sobre o ato de conversar com estranhos, que consagraram Sandstrom, agora radicada na Universidade de Essex, a nordeste de Londres, como uma estrela acadêmica em ascensão nas ciências sociais.

Sandstrom, de 48 anos, foi criada no Canadá por pessoas extrovertidas, ambos professores. "Meu pai é rei em falar com estranhos" afirma. "Ele não consegue se controlar, tem que falar com todo mundo." Sua mãe também fala com estranhos, embora tenha a tendência de abordar pessoas — adultos e crianças — que pareçam sozinhas ou deixadas de lado, a fim de incluí-las. Um dia, Sandstrom, que sempre se considerou introvertida, percebeu que sempre olhava para baixo ao andar pela rua. Se ela fizesse contato visual com alguém, imediatamente olhava de novo para a calçada.

"Pensei: *Ora, isso é uma tolice*", diz Sandstrom. Então, ela começou a olhar para a frente e a manter contato visual com as pessoas. "Foi meu primeiro passo para falar com estranhos", complementa. "Eu estava apenas tentando acabar com aquele hábito esquisito." À medida que olhava para a frente, Sandstrom descobriu que fazer contato visual *não era* esquisito, e além disso a fazia se sentir muito bem, e os pedestres que passavam por ela também não pareciam desgostar, mesmo que fosse algo incomum. Houve duas ocasiões em que pessoas no metrô de Toronto comentaram que ela provavelmente não era da cidade. Quando ela perguntou o motivo, eles responderam que era o fato de ela olhar realmente para as pessoas. "Pensei: *Ah, meu Deus, que triste!* Eu não havia percebido que as pessoas olhavam apenas para o teto ou para o chão, e não umas para as outras", afirma.

Após pouco tempo, Sandstrom não estava apenas olhando para estranhos, mas falando com eles. Ela ficou surpresa em como isso era fácil e divertido. "Pensei: *Ah, por isso que meu pai fala com eles!*" Ela se lembra de uma conversa no metrô. Uma mulher estava segurando uma caixa de cupcakes muito bem confeitados e Sandstrom lhe perguntou sobre os doces. E começaram a conversar. "Eu não sei como a conversa chegou nesse ponto, mas ela me contou que humanos podem montar em avestruzes", diz. E foi isso. "Eu estava *convencida*. Foi simplesmente uma conversa maravilhosa. Eu queria fazer isso de novo e comecei a falar com estranhos com mais frequência." Com essa epifania, sua futura trajetória como pesquisadora começou a despontar no horizonte.

A epifania seguinte veio em 2007, quando Sandstrom estava cursando mestrado na Ryerson University. A pós-graduação era difícil, e Sandstrom frequentemente se sentia uma impostora — o que não é um sintoma incomum na vida acadêmica ou, para ser honesto, na vida — e ela tinha tempo de sobra no trajeto para refletir sobre sua aparente inaptidão. Seu laboratório ficava em um prédio, e a pessoa que a orientava ficava em outro, e a caminhada entre eles era longa. Todos os dias, enquanto fazia essa trilha, Sandstrom passava por uma mulher vendendo cachorros-quentes em uma carrocinha. Um dia, ela sorriu e acenou para a mulher, que retribuiu o gesto. Sandstrom sentiu uma leve centelha. Depois disso, o gesto se tornou parte da rotina. "Todas as vezes que passava ali, olhava para ela para tentar fazer aquela pequena conexão", diz. "E percebi que, quando a via, e quando ela me reconhecia, eu me sentia bem. O sentimento era: *É, aqui é o meu lugar.*" Ela ri com o disparate do próprio comentário. "Senti que aqui era meu lugar porque a moça do cachorro-quente sabia quem eu era."

Sandstrom começou a observar o que estava acontecendo: por que essas conexões eram tão boas. Ela e sua orientadora de doutorado na

Universidade da Columbia Britânica, Elizabeth Dunn, psicóloga bastante respeitada que estuda a felicidade, conduziram um experimento. Pediram a um grupo de adultos para tentar conversar com baristas nas Starbucks onde costumam tomar o café da manhã. Esse é um pedido incomum. As pessoas — sobretudo nas cidades — tendem a preferir a eficiência em interações como essas. Raramente falam. Às vezes, nem sequer fazem contato visual. Mas Sandstrom e Dunn pensaram na hipótese de que, ao *não* nos engajarmos com atendentes de balcão — ao tratá-los como módulos de serviço inanimados e não como, digamos, humanos de verdade —, podemos estar nos privando de algo que poderia ser potencialmente benéfico. "Será que estamos deixando passar uma fonte secreta de pertencimento e felicidade?", pensaram.

Essa ideia era, e ainda é, bem recente no campo da psicologia. Um grande volume de pesquisas ao longo dos anos descobriu que o melhor indicador de felicidade e bem-estar de uma pessoa é a qualidade de suas relações sociais. Pessoas que têm bons relacionamentos apresentam melhor saúde física e mental, e as que não têm são mais suscetíveis a tudo, desde transtornos mentais a doenças cardiovasculares. Simples assim. Mas esses estudos costumam observar apenas relações *próximas*: família, amigos, colegas de trabalho. Sandstrom e Dunn queriam descobrir que interações com *estranhos* também poderiam ser benéficas para nós: não como substitutas de relacionamentos próximos, mas como um complemento — uma forma de contribuir para a criação de uma dieta social mais balanceada, por assim dizer.

Sandstrom e Dunn recrutaram sessenta adultos — trinta homens e trinta mulheres, dentro de uma determinada faixa etária —, todos na frente de uma Starbucks em uma área comercial lotada. Metade desses participantes foi instruída a interagir com os baristas — "sorrir, fazer contato visual para estabelecer uma conexão e ter uma breve conversa". À outra metade, foi dito que fizessem suas compras com o máximo de eficiência possível. A ambos os grupos foi solicitado que se reportassem às pesquisadoras. No fim do experimento, a hipótese de Sandstrom e Dunn estava correta. Os participantes que conversaram com os baristas relataram maior senso de pertencimento e melhora no humor, assim como maior satisfação com sua experiência como um todo. Portanto, as autoras concluíram, em um artigo de 2013, que: "Da próxima vez que você precisar de um estímulo, experimente interagir com o barista na Starbucks como se fosse [um conhecido] em vez de um estranho e, assim, extrairá benefícios dessa fonte prontamente disponível de felicidade."

Mais ou menos na mesma época, Sandstrom e Dunn publicaram outro estudo que tratava da razão pela qual acenar para a moça do cachorro-quente todos os dias fazia, de alguma forma, com que Sandstrom sentisse que aquele era seu lugar. Pesquisadores constataram há muito que pessoas são mais felizes nos dias em que socializam mais, contudo ninguém estudou interações de "laços fracos" — que podem compreender conhecidos transitórios ou pessoas que conhecemos de vista e não são necessariamente amigos. Para verificar se interações com essas pessoas poderiam afetar os níveis de felicidade e de pertencimento, Sandstrom e Dunn recrutaram 58 estudantes — 15 homens e 43 mulheres — e forneceram a cada um deles contadores manuais, um preto e um vermelho, e os instruíram a clicar no vermelho quando encontrassem um "laço forte" — um amigo ou membro da família, por exemplo — e a clicar no preto se encontrassem um "laço fraco" — como a moça do cachorro-quente. Ao fim do dia, elas contaram o número de interações e fizeram uma série de perguntas aos participantes sobre como se sentiam — socialmente conectados ou solitários — e se sentiam que tinham suporte social e vivenciavam um senso de comunidade. As pesquisadoras constataram que aqueles que tiveram mais interações com laços fortes sentiam-se mais felizes e mais conectados às suas comunidades. Isso não foi uma surpresa. O surpreendente foi que as pessoas que tiveram mais interações de *laços fracos* — como a da moça do cachorro-quente — eram mais felizes e tinham um maior senso de pertencimento do que as que tiveram menos. Além disso, as pessoas ficavam mais felizes nos dias em que tinham mais interações de laços fracos do que nos dias em que tinham menos.

No entanto, os participantes eram estudantes de faculdade — ou seja, podem não ser uma amostra representativa da humanidade como um todo. Então, Sandstrom e Dunn recriaram o experimento com 41 pessoas comuns — 30 mulheres e 11 homens, todos acima de 20 anos de idade — e obtiveram o mesmo resultado. Cruzando os dois estudos, elas descobriram que interações de laços fracos eram ainda mais poderosas nos dias em que os participantes tiveram menos interações ao todo — um insight valioso em uma era de solidão. Assim como comida para os famintos ou água para os sedentos, uma interação de laço fraco em um dia solitário parecia salutar.

Sandstrom não foi a única a extrair benefícios dessa mina recém--descoberta. Em 2013, Nicholas Epley, psicólogo da Universidade de Chicago, e Juliana Schroeder, sua aluna na época, inspirados pelo silêncio que observavam no metrô lotado na hora do rush, começaram a se perguntar por que uma espécie ultrassocial como o *Homo sapiens* costuma ser hesitante em falar com estranhos. "Em trens, táxis, aviões e salas de espera, estranhos podem sentar-se a milímetros de distância e ignorar uns aos outros completamente, tratando outras pessoas como objetos em vez de fontes de bem-estar", afirmaram. "Para uma espécie que se beneficia tanto da conexão com outros indivíduos, por que — mesmo quando estão muito próximas de outras — as pessoas parecem preferir o isolamento? Por que animais sociais em um grau tão elevado são tão antissociais às vezes?" Epley e Schroeder teorizaram que o motivo pelo qual pessoas não falam com estranhos é a ideia de que isso será menos prazeroso do que ficar em silêncio.

Eles desenvolveram uma série de experimentos nos quais instruíram os participantes a tentar a "temida" abordagem de falar com estranhos no transporte coletivo, em táxis e em salas de espera. O primeiro experimento envolvia 97 passageiros habituais com uma média etária de 49 anos — sendo 61% mulheres — moradores de áreas residenciais mais afastadas dos centros urbanos do estado de Illinois. Os participantes foram divididos em três grupos. Um deles foi instruído da seguinte forma: "Por favor, puxem uma conversa com uma pessoa desconhecida no trem hoje. Tentem criar uma conexão. Descubram algo interessante sobre ele ou ela e contem algo sobre si mesmos. Quanto mais durar a conversa, melhor." Ao segundo grupo, foi solicitado: "Por favor, fiquem quietos e curtam a solidão de vocês no trem hoje. Aproveitem esse tempo para divagarem sozinhos com seus pensamentos. O objetivo de vocês é se concentrar em si mesmos e no dia que têm adiante." E ao terceiro grupo foi pedido que fizessem o trajeto da maneira que sempre fazem. Em seguida, os participantes foram instruídos a preencher um questionário sobre suas personalidades e suas experiências durante o trajeto.

Corroborando com a previsão dos pesquisadores, as pessoas que falaram com estranhos relataram um trajeto significativamente mais positivo e agradável do que as que não o fizeram. As conversas duraram por uma média de 14,2 minutos, e quem falou com estranhos obteve uma impressão positiva dessas pessoas. Nenhum participante relatou experiências negativas. Os efeitos positivos foram relatados independentemente do tipo de personalidade de quem falou. Tanto extrovertidos quanto introvertidos tiveram uma experiência boa.

Então, se falar com estranhos durante o trajeto diário é tão prazeroso, por que as pessoas não fazem isso? Para responder a essa pergunta, Epley e Schroeder recrutaram 66 passageiros habituais — 66% deles mulheres, com uma média etária de 44 anos — e lhes pediram para imaginar como se *sentiriam* se participassem das três situações do estudo anterior: se falassem com um estranho, permanecessem sozinhos com seus pensamentos ou fizessem o que sempre fazem. Ao passo que no estudo anterior aqueles que falaram com estranhos relataram ter uma viagem significativamente mais positiva do que os que não o fizeram, quem se *imaginou* falando com um estranho pensou que suas viagens seriam significativamente piores.

Epley e Schroeder repetiram esses experimentos em ônibus no centro de Chicago com uma nova amostra, esta com uma média etária de 27 anos — 49% de mulheres — e obtiveram resultados similares. Os passageiros previram que teriam uma experiência negativa ao falar com estranhos, quando, na realidade, aqueles que de fato conversaram durante o trajeto acabaram tendo uma experiência incrivelmente positiva. Outro estudo, agora com táxis, obteve um resultado similar. Pessoas que conversaram com os taxistas apreciaram mais a viagem e gostaram mais do profissional do que as pessoas que não o fizeram.

Eles então reproduziram os experimentos anteriores, mas dessa vez quiseram verificar se o medo de rejeição era uma barreira relevante à interação. E era.

Os participantes acreditaram que estavam mais interessados em falar com estranhos do que o contrário. Eles previram que, em média, menos de 47% das pessoas que abordaram falaria com eles. Acreditaram que seria difícil iniciar a conversa. E estavam errados. Foi mais fácil do que previram. As pessoas *estavam* interessadas em falar com eles, e nenhum dos participantes foi rejeitado. "Pessoas em trajetos cotidianos pareciam pensar que falar com um estranho apresentava um risco relevante de rejeição social", afirmaram Epley e Schroeder. "Até onde pudemos demonstrar, não houve risco algum."

Atualmente, céticos em nosso meio estão pensando o mesmo que eu quando li esses estudos pela primeira vez: claro, falar com estranhos pode ser bom se é você quem fala. E quanto ao estranho? Ele apreciará isso? Afinal, cada um de nós já ficou, em um momento ou outro, preso em um espaço fechado com uma pessoa falando sem parar e que se mostrou, de uma forma angustiante, incapaz de perceber sinais sociais de que o ouvinte não está a fim de conversa.

Então, para testar se a apreciação era recíproca, Epley e Schroeder desenvolveram mais um experimento — desta vez em um laboratório criado para parecer uma sala de espera. Eles atribuíram algumas tarefas não relacionadas à pesquisa — para despistá-los quanto aos objetivos reais do experimento. Mas, nos intervalos dessas tarefas, os pesquisadores os levavam para uma pausa de dez minutos na sala de espera. A alguns desses indivíduos, foi solicitado que conversassem com a outra pessoa na sala; a outros, que não falassem nada; e aos restantes, que fizessem o que quisessem. Os que conversaram — tanto os que iniciaram a conversa quanto as pessoas a quem se dirigiram — relataram ter uma experiência muito mais positiva do que os que não o fizeram. O resultado foi o mesmo, não importando se houve orientação expressa dos pesquisadores para que iniciassem a conversa ou se decidiram conversar por conta própria, e independentemente do tipo de personalidade.

Por fim, a menos que alguém pense que esses resultados foram enviesados devido à afabilidade comum às pessoas do Meio-oeste norte-americano, Epley e Schroeder recriaram o experimento em Londres, em 2019, a pedido da BBC. As expectativas dos londrinos em relação a essas interações eram ainda menores que as das suas contrapartes norte-americanas, mas Epley e Schroeder obtiveram os mesmos resultados. "Nossos passageiros habituais estimaram que apenas cerca de 40% de seus companheiros de viagem estariam dispostos a falar com eles", relataram. "Mesmo assim, cada participante de nosso experimento que tentou falar com um estranho viu que a pessoa sentada ao seu lado ficou contente por bater papo."

Juliana Schroeder me permitiu dar uma olhada nas respostas do questionário a que ela e Epley submeteram os participantes. "Um resultado bem surpreendente", relatou um deles. "Sendo londrino, não faz parte de minha natureza iniciar conversas com estranhos no transporte público. Mas um casal sentou ao meu lado enquanto aguardava para embarcar. Perguntei a eles uma coisa sobre o próximo trem e emendei uma conversa até que o trem deles chegasse, dez minutos depois", acrescentou outro. "Foi ótimo! Eu gostei da conversa e isso me fez pensar que devo falar mais com estranhos."

Os resultados de todos esses estudos foram animadores — é mais fácil e mais agradável falar com estranhos do que nós pensamos —, mas também havia um tom de alerta às conclusões dos pesquisadores. "É possível", afirmam eles, "que mesmo em situações nas quais a interação social não é necessária nem um padrão... que conversar com um estranho pode, na verdade, ser *mais* prazeroso do que ficar isolado. Isso sugere uma... profunda incompreensão das interações sociais: membros de uma espécie de um grau social elevado podem ignorar outras pessoas porque esperam que se conectar a um estranho será mais negativo do que permanecer isolado. Humanos podem, de fato, ser animais sociais, mas nem sempre são sociais o bastante para seu próprio bem-estar. Em um planeta que fica cada vez mais povoado, compreender erroneamente os benefícios do engajamento social pode ser cada vez mais problemático."

Os participantes em todos esses estudos previram que suas interações com estranhos correria mal — seriam difíceis e as pessoas os rejeitariam — e ficaram maravilhados ao perceber que não foi assim. E quando se dispuseram a conversar, ficaram mais felizes e tiveram um maior senso de pertencimento. Então por que as pessoas não falam umas com as outras no metrô? Epley e Schroeder argumentaram que não é que todos prefiram o silêncio, mas todos presumem que ninguém mais quer conversar e que não se saí-rão bem se tentarem. Isso é conhecido na área como *ignorância pluralística*. Basicamente, significa uma ideia geral equivocada sobre as demais pessoas.

No entanto, há uma força mais profunda em ação aqui. Os participantes desses estudos esperam, sim, ser rejeitados. Mas, a julgar por suas respostas, eles também esperam pouco dessas interações. Por isso ficam tão agrada-velmente surpresos. Por quê? Por que é um choque tão grande que um es-tranho aleatório possa ser acessível, cordial e interessante? Porque, dizendo de forma simples, *não esperamos que eles sejam completamente humanos.*

Schroeder me conta que parte da inspiração por trás dos experimentos no metrô é a ideia de que "estar cercado de pessoas e não fazer contato com elas é fundamentalmente desumanizador". Explicando melhor: é desuma-nizador para mim, porque eu perco a oportunidade de ser uma criatura social, que é minha natureza enquanto ser humano. E é desumanizador para elas, pois, quando não falo com elas, nunca experiencio algo além de um vislumbre superficial de sua humanidade total. "Em cidades grandes vivenciamos esse fenômeno em que tratamos as pessoas como obstáculos", afirma Schroeder, e isso cria uma espécie de ciclo: moradores das cidades pensam nos estranhos como objetos, então não falamos com eles; e, como não falamos com eles, não nos damos conta de que são, de fato, pessoas de verdade. É claro que do ponto de vista racional sabemos que são, mas frequentemente agimos como se não fossem.*

Esse é o *problema das mentes inferiores,* assim denominado por Epley e pelo psicólogo Adam Waytz, em 2010. Isso é importante. Mentes sim-ples, explicam eles, funcionam assim: como não podemos ver o que se passa na cabeça de outras pessoas, temos "o que parece ser uma tendência universal de presumir que as mentes dos outros são menos sofisticadas e mais superficiais que a nossa". Isso significa que subestimamos de forma crônica a inteligência de estranhos, sua força de vontade e sua habilidade

---

* E, permita-me esclarecer, não estou julgando ninguém. Vivo na cidade de Nova York. Agora há pouco, quando saí para almoçar e as pessoas continuavam andando na minha frente na calçada, passando e parando de repente, eu dei um tempo e refleti sobre suas capacidades de pensar e agir? Pensei em seus sonhos e sentimentos? Na riqueza e na individualidade de suas experiências? Não. Eu as enquadrei no mesmo grupo e as descartei como obstruções bovinas desmioladas, e, caro leitor, senti raiva delas.

de sentir emoções humanas como orgulho, constrangimento e vergonha. Talvez isso se deva ao fato de esperarmos que as interações com estranhos não sejam positivas: porque inconscientemente acreditamos que eles não têm muito a oferecer.* Há um trecho sobre Theodore Roosevelt no livro *Liderança em Tempos de Crise*, da historiadora Doris Kearns Goodwin, que captura essa dinâmica com perfeição:

> Semana após semana, Theodore visitava o Morton Hall, passava um tempo com imigrantes irlandeses e alemães da classe trabalhadora, com açougueiros, carpinteiro e tratadores de cavalos enquanto eles tomavam cerveja e fumavam charutos, escutava suas histórias, se juntava a eles para jogos de baralho e apreciava a atmosfera masculina amigável.
>
> "Eu saía por aí com certa frequência para que os homens se habituassem a mim e para que eu me habituasse a eles", afirmou, posteriormente, "de modo que começássemos a falar o mesmo idioma e que pudéssemos começar a viver uns na mente dos outros, aquilo que Bret Harte [autor norte-americano do século XIX] chamou de 'a qualidade defeituosa de ser um estranho'."

O problema das mentes inferiores surge em todos nós, mas pode ser especialmente poderoso se esses estranhos pertencerem a grupos diferentes dos nossos: se forem membros de um *grupo externo,* seja de uma etnia, seja de uma nacionalidade, seja de um partido diferente.** Estudos constataram que não acreditamos que membros de um grupo externo pensam como nós, têm sentimentos tão profundos nem têm o mesmo grau de autocontrole. Um estudo conduzido pelo psicólogo Michael Wohl, da Carleton University, descobriu que um pedido de desculpas de um grupo fictício de soldados afegãos por um incidente de fogo amigo não surtiu efeito pois os

---

* Eu me recordo de quando estava começando a escrever este livro e costumava dizer às pessoas que acreditava que, se falassem com um estranho — de modo realmente engajado —, descobririam que todos têm pelo menos *uma* coisa significativa para compartilhar. Pelo menos uma! Percebo agora que isso é um pensamento incrivelmente condescendente e peço sinceras desculpas ao mundo.

** Uma socialite bem-intencionada uma vez perguntou à antropóloga Hortense Powdermaker sobre o tempo que ela passou entre tribos nativas na Nova Guiné: "Você não acha que os nativos são *iguaizinhos aos seres humanos?*" A antropóloga respondeu: "E você percebeu que eles apreciam *de verdade* a gentileza?"

participantes do estudo canadense não acreditavam que os afegãos tinham a capacidade de sentir culpa genuína.* O problema das mentes inferiores normalmente se manifesta de formas sutis, mas a história nos fornece muitos exemplos das dimensões monstruosas que ele pode tomar se for incentivado (retornaremos a isso mais adiante).

Obviamente, passar a vida toda pensando que as outras pessoas não são humanas *de verdade* não é o ideal — não se quisermos progredir no excelente experimento que é a civilização humana. Então o que podemos fazer para combater o problema das mentes inferiores? Schroeder explica que, como isso está "relacionado a permanecer aprisionado a nossas próprias perspectivas o tempo todo, a forma de contra-atacar o problema é fazer conexões com as pessoas de uma forma mais significativa — o que envolve linguagem", afirma ela. "E em parte foi por isso que a linguagem se desenvolveu, para esses propósitos sociais de descobrir o que está se passando na mente de outros."

Em outras palavras: podemos lidar com o problema ao conversar com estranhos.

Ok. Agora voltemos à Gillian Sandstrom. Após suas descobertas iniciais, que atraíram a atenção da mídia internacional, ela começou a analisar o que impedia pessoas de aproveitar essa "fonte sempre disponível de felicidade". Enquanto Epley e Schroeder acreditavam que o problema das mentes inferiores e o pessimismo nos mantêm distantes, Sandstrom tinha uma explicação mais simples: ela acreditava que as pessoas apenas não sabiam como fazer isso.

Esse insight se originou, em parte, por uma colaboração dela com um grupo londrino chamado Talk to Me [Fale comigo], cofundado em 2012 por duas jovens, chamadas Polly Akhurst e Ann Don Bosco. O grupo distribuía bótons "Talk to Me" que, quando usados, sinalizavam que a pessoa estava está disposta a conversar em público, e elas também organizavam "fóruns de conversas" em locais públicos, pubs e pontos de ônibus, oferecendo às pessoas um conjunto de perguntas para iniciar as conversas.

---

* E eles eram *canadenses*!

Houve uma resistência previsível por parte dos londrinos chocados com a violação dessa norma social tão sagrada, mas Akhurst afirma que observou resultados de imediato. "Algumas pessoas alegaram que se sentiram diferentes em relação a Londres" afirma ela, "e até mais seguros vivendo na cidade após compreenderem quem *são,* de fato, os estranhos".

Em 2014, quando o Talk to Me atraiu a atenção da imprensa internacional, Ann Don Bosco entrou em contato com Sandstrom para perguntar se ela estaria interessada em um trabalho conjunto. Ela aceitou e ambas começaram a pensar em como ela poderia contribuir. "E um dia eu tive essa epifania", afirma Sandstrom. "Estava tocando piano e de repente esse pensamento surgiu na minha cabeça: *Talvez as pessoas simplesmente não saibam como falar com estranhos.*" Ela pegou o celular e começou a fazer anotações para criar um workshop no qual ensinaria como fazer isso.

Sandstrom acabou realizando seis eventos, e, além de mostrar aos participantes como é frutífero e prazeroso falar com estranhos, os workshops também deram à Sandstrom uma oportunidade de reunir dados para o que ela chamaria de "inventário de receios" — uma lista dos fatores que impedem as pessoas de conversarem. Em consonância com as descobertas de Epley e Schroeder, os participantes do workshop receavam que o interlocutor não estivesse interessado em falar com *eles.* Receavam não ter permissão para iniciar uma conversa; receavam não saber como finalizar a conversa depois de iniciada. Receavam não gostar da experiência. E — o que talvez seja a coisa mais inglesa que eu tenha visto — receavam que, assim que começassem a falar, acabariam revelando coisas demais sobre si mesmos. (Mais tarde, em uma análise de sete estudos que focavam o ato de conversar com estranhos, Sandstrom e uma colaboradora constataram que não havia diferença significativa entre homens e mulheres no tocante a esses receios — embora tenham descoberto que pessoas introvertidas ou mais ansiosas socialmente os vivenciam com maior intensidade.)

Desde então, Sandstrom desenvolveu algumas técnicas que contribuem para amenizar esses receios. Por exemplo, ela orienta as pessoas a seguirem sua curiosidade — perceberem algum detalhe, cumprimentarem uma pessoa ou fazer uma pergunta. Via de regra, porém, ela apenas instruía os participantes dos workshops a conversarem entre si e observava enquanto eles descobriam sozinhos como fazer isso. De início, eles tentavam se esquivar, ficavam desconfortáveis e calados. Ela, então, pedia que escolhessem alguém com quem nunca haviam falado e apenas conversassem. Após superar a dificuldade inicial, percebiam que tudo se desenvolvia mais naturalmente. "Não demora muito e já estão conversando e, ao final, não querem parar", afirma Sandstrom. "É fascinante. É impossível fazê-los se calar. Eu amo isso."

Em 2018, Sandstrom trabalhou como membro de uma equipe de pesquisadores em uma série de experimentos conduzidos pela psicóloga Erica Boothby em um laboratório, um alojamento de calouros e um workshop de desenvolvimento pessoal aberto ao público, no qual participantes interagiam com estranhos. Depois, esses participantes relatavam se haviam gostado do estranho e se achavam que a pessoa gostara deles.

Por repetidas vezes os pesquisadores constataram que havia uma discrepância entre percepção e realidade — os participantes acreditavam que gostavam mais do estranho do que o contrário. Esse efeito foi particularmente intenso entre pessoas que apresentavam um alto grau de timidez. Os pesquisadores denominaram isso como *discrepância de afeição*, e não é difícil perceber como ela pode se tornar um obstáculo para que alguém tente interagir com estranhos. Mesmo que uma conversa corra bem, se você acredita que o interlocutor não gosta tanto assim de você, provavelmente deixará de buscar essas interações, e isso pode lhe privar dos benefícios de falar com estranhos — desde injeções de felicidade e pertencimento de curto prazo até benefícios mais duradouros, como conhecer novos amigos, parceiros românticos ou contatos profissionais. "Conversas têm o poder de transformar estranhos em amigos, encontros em um café em casamentos e entrevistas em empregos", concluíram os autores. "Contudo, parte do que dificulta as conversas é o fato de as pessoas [...] sistematicamente subestimarem o quanto seus parceiros de conversa gostam delas e apreciam sua companhia."

De onde vem essa discrepância? A resposta é um nó górdio de costumes, neuroses e mal-entendidos. Conversas com pessoas desconhecidas são "conspirações de urbanidade", nas quais as pessoas mascaram seus sentimentos reais, dificultando a leitura um do outro. Elas são cognitivamente mais exigentes do que as conversas com quem já conhecemos; como você não tem uma base sobre a pessoa com quem conversa, precisa escutar mais e melhor, se lembrar do que disseram e pensar no que está dizendo e como isso está sendo compreendido.* Como você está fazendo bastante esforço apenas para manter a conversa, tende a deixar passar os sinais de feedback positivo de seu parceiro. Ao mesmo tempo, tende a assumir que seus pensamentos e sentimentos — como desconforto ou insegurança — são muito mais visíveis ao parceiro do que realmente são. E a cereja do bolo é que temos uma tendência a comparar todos os nossos desempenhos em conversas com a melhor conversa que tivemos em todos os tempos, e presumimos que os outros nos avaliam com os mesmos padrões implacáveis. E, ironicamente, enquanto esperamos um desempenho excelente de nós mesmos, esperamos pouco dos outros. Chamemos isso de pró do problema das mentes inferiores: baixa expectativa. Portanto, ao passo em que com frequência nos desapontamos com nosso desempenho, em geral ficamos em êxtase ao descobrir que aquilo que está diante de nós e antes acreditamos ser quase uma carapaça desmiolada *na verdade contém um ser humano pensante e que tem sentimentos*. Bom trabalho, pessoal.

Conforme Gillian Sandstrom prosseguia em suas pesquisas, ela descobriu que, além do medo da inaptidão, que pode ser facilmente tratado, havia um obstáculo muito mais pernicioso contra as conversas com estranhos: uma norma social — a crença de que não devemos fazer isso em nossa sociedade. Vamos nos aprofundar mais em como as culturas evoluem para favorecer ou dificultar conversas com estranhos mais adiante neste livro.** Entretanto, vale uma pequena introdução agora, apenas para nos auxiliar a embasar o que está por vir.

Sandstrom se deparou com a norma social contrária a falar com estranhos em um experimento que realizou em Londres, em 2013, em colaboração com o museu Tate Modern, cujos resultados ainda não haviam sido

---

* O psicólogo Oscar Ybarra, na verdade, constatou, em dois estudos separados, que falar com estranhos pode levar a ganhos nas funções cognitivas — em parte, por ser difícil, como malhar.

** As razões incluem diversidade, medo de doenças, renda, vida em grandes cidades, arquitetura pública precária e/ou morar na Finlândia.

publicados.* Ela pediu a voluntários do museu que iniciassem conversas com visitantes em uma exposição no espaço vazio e amplo do Turbine Hall, que fica no Tate. Esses voluntários não receberam treinamento específico algum sobre a exposição nem instruções sobre o que falar. Apenas lhes foi dito que perguntassem às pessoas no que estavam pensando ou como a arte as fazia se sentir.

Em seguida, os pesquisadores entrevistaram voluntários e visitantes e constataram que, em todos os níveis, visitantes que falaram com voluntários se sentiram mais conectados à exposição, a outras pessoas na exposição e à humanidade em geral, e voluntários que buscaram essas interações também se sentiam mais felizes e mais conectados do que os que não o fizeram. Sandstrom recorda-se de uma das voluntárias, que declarou: "Foi melhor do que eu esperava; não achava que as pessoas gostariam tanto de conversar." Mesmo assim, quando Sandstrom a indagou se ela continuaria puxando conversa com estranhos no futuro, recebeu um sonoro "não". O motivo, acredita Sandstrom, seria a norma social de não falar com estranhos. "Ao participar do estudo, ela obteve permissão de falar com as pessoas", afirma. "Contudo, sem essa permissão, ela voltaria à posição inicial: *Não. Sem chance.*"

Sandstrom começou a pensar em maneiras de superar a norma social. Seus experimentos prévios, embora bem-sucedidos, eram casos isolados. Os participantes certamente teriam experiências positivas, mas elas nunca se tornariam um hábito. "Quando você pergunta às pessoas sobre a próxima conversa, elas ficam novamente receosas, de verdade", pontua. Ela queria tentar resolver isso planejando uma situação em que falar com estranhos se tornaria, por pura repetição, tão natural às pessoas ao ponto de que fizessem isso por hábito, livres de todos os receios comuns e dos empecilhos sociais. O truque, pensou ela, era "fazer as pessoas terem *muitas* conversas". Esperava que, com uma grande quantidade delas, as pessoas em algum momento superariam a ansiedade e mudariam seus comportamentos de forma mais duradoura.

Em 2019, usando um app chamado GooseChase, Sandstrom criou uma gincana que deu a 92 membros do público geral uma lista de tipos de

---

* N. da T.: Até a edição deste livro, o estudo ainda não foi publicado.

pessoas com as quais deveriam puxar conversas: pessoas sorridentes, que parecessem "artísticas", carregando uma porção de coisas, que parecessem tristes, legais, estilosas, expansivas, tatuadas ou que usassem uma "gravata chamativa". Antes de enviar os participantes à tarefa, Sandstrom lhes pediu para preverem o grau de interesse dos estranhos em conversar com eles, quantos precisariam abordar antes que uma conversa acontecesse, o grau de dificuldade de iniciar e sustentar a conversa e por quanto tempo pensavam que ela duraria. Como esperado, as expectativas deles eram baixas. Segundo Sandstrom: "As pessoas são notavelmente pessimistas sobre falar com estranhos."

Então, ela pediu que os participantes tivessem pelo menos uma conversa, após a qual deveriam relatar a experiência. Você provavelmente já consegue adivinhar o que foi observado nos resultados preliminares. Enquanto apenas 24% dos participantes previram que a primeira pessoa que abordariam conversaria com eles, esse índice foi de 90%, na realidade. Além disso, as conversas duraram duas vezes mais que o tempo previsto.

Sandstrom estava curiosa em saber se uma quantidade maior de conversas poderia corrigir esse pessimismo. Ela recrutou 286 estudantes — 209 mulheres, 75 homens e 2 que se abstiveram de declarar gênero, com uma média etária de 20 anos — vindos de uma universidade dos Estados Unidos e outra do Reino Unido. Foram divididos em dois grupos. Um foi instruído a conversar com estranhos todos os dias, por cinco dias, usando o app da gincana, e a outro simplesmente foi solicitado que achassem as pessoas da lista, mas que não conversassem com elas.

Os resultados, novamente, foram impactantes. Os participantes perceberam que era muito mais fácil começar e sustentar uma conversa com um estranho, e as conversas duravam três vezes mais do que previram. Cerca de 82% dos participantes disseram que aprenderam algo que não sabiam. Mas a conversa foi mais que uma forma prazerosa de passar o tempo. Relacionamentos se formaram. Em torno de 42% disseram que trocaram contatos com alguém. Participantes fizeram amigos, foram a encontros, saíram para um café. Muitos deles disseram que foi fantástico conhecer pessoas. E, comprovando a hipótese de Sandstrom, o pessimismo em relação à perspectiva de conversar com estranhos reduziu, e as expectativas dos participantes ficaram mais próximas da realidade. Uma semana após completarem a gincana, os participantes estavam mais confiantes sobre suas habilidades de diálogo e com menos medo de rejeição.

Sandstrom permitiu que eu desse uma olhada nas respostas dos estudantes à pesquisa da gincana e percebi que muitas delas eram intensas, vindas de pessoas tão jovens.

> Gostei da maioria das pessoas com quem conversei. Percebi que era mais fácil falar com estranhos do que com meus amigos, porque eles não conheciam meus problemas. A maioria das conversas foi trivial, mas me deixou contente porque às vezes percebemos que outras pessoas também estão tendo um dia ruim ou concordam que o clima está péssimo.

> Senti que as missões [do app] me ajudaram a ser mais amigável com as pessoas com quem normalmente não falaria no dia a dia. Também fui capaz de gerar conversas a partir de interações que poderiam ter sido apenas meia dúzia de palavras, e isso me deixou feliz e mais realizado.

> Estranhos costumam ser amigáveis e prestativos.

> Gosto de ficar sozinho e ter meu espaço individual, mas descobri recentemente que estou sentindo um pouco de falta de contato social. Eu me senti como se tivesse esquecido como fazer amigos, mas este estudo me lembrou de que a maioria das pessoas é amigável, e você só precisa se arriscar.

> Eu me sinto mais conectada com o mundo e também sinto que as pessoas à minha volta são mais amigáveis. Conversar foi muito bom. Embora algumas vezes eu não tivesse nada a dizer, os estranhos tentavam salvar o papo, o que fez com que me sentisse bastante acolhida.

> A experiência foi maravilhosa. Sou um aluno de intercâmbio do período de outono e mal conheço as pessoas que moram aqui e outros alunos (salvo por outros poucos estudantes de intercâmbio). Foi muito útil conectar um "forasteiro" à comunidade e reduzir minha saudade de casa (haha!). Falei com colegas de sala a quem nunca me dirigi antes e fiz amigos de verdade, com os quais poderei me encontrar novamente durante meus estudos. Muito obrigado por darem essa oportunidade a um aluno de intercâmbio!

Conheci uma garota muito legal. Superamigável. É sempre bom fazer novos amigos.

Com pouco esforço você faz amigos novos.

Conheci pessoas que creio que se tornarão bons amigos.

Fiz uma amiga no banheiro feminino.

Amigo novo!

Algumas dessas experiências, obviamente, têm a ver com o ambiente da faculdade. Todos têm algo que compartilham — faixa etária, vida acadêmica, banheiros. Mesmo assim os resultados foram animadores. "É maravilhoso ajudar tantas pessoas a fazer novos amigos", afirma Sandstrom. "Fico surpresa com a quantidade de alunos que têm dificuldade em conhecer outras pessoas."

Após o início da pandemia de Covid-19, Sandstrom tentou realizar outro experimento. Desta vez, queria verificar se falar com estranhos poderia ser um tratamento viável à solidão — um sério problema social que foi exacerbado pela pandemia. Ela fez com que alunos falassem com estranhos por meios online — como o Zoom, o Google Hangouts — ou outras plataformas. A pesquisadora fez a eles os questionamentos de praxe — o grau de dificuldade que achavam que a conversa teria, seu tempo de duração e assim sucessivamente —, mas desta vez ela lhes perguntou, também, se achavam que as pessoas são, em geral, generosas e o quão solitários, isolados ou socialmente conectados eles se sentiam. Mais uma vez os participantes perceberam que falar com estranhos era fácil e que as conversas duravam mais que o esperado — mesmo online. Também relataram se sentir menos solitários e isolados após a conversa, e tinham uma crença mais forte na generosidade alheia.

Conforme lia as respostas à pesquisa de Sandstrom, eu me deparei com vários relatos que continham um leve sentimento de alívio — que reconheci, pois eu mesmo já me perguntei: *por que tenho uma sensação de alívio após uma interação prazerosa com um estranho?* Indaguei à Sandstrom sobre isso, ela ficou em silêncio por um momento e depois disse algo que me fez voltar à história de Nic, à sua infância com medo e à experiência com a Terapia Greyhound. "Acho que esse alívio pode ser apenas o sentimento de que aceitamos a história que nos foi contada de que o mundo é um lugar assustador, e então conversamos com alguém, uma pessoa aleatória, tudo corre bem e pensamos: *talvez o mundo não seja um lugar tão ruim, afinal.*"

Isso nos leva a uma questão maior: *Por quê?* Por que interações tão efêmeras, aparentemente banais, fazem com que nos sintamos tão bem? A resposta é: *porque você foi feito para agir dessa forma.* Um longo processo nos trouxe até aqui. Não evoluímos apenas para fazer isso: evoluímos *porque* fizemos isso. E fazemos isso há muito tempo.

Em um dado momento, nos primórdios da história humana, começamos a nos deparar com estranhos. Aqueles que não matamos ou evitamos nos ensinaram algo e trocaram coisas conosco. Obtivemos acesso aos seus recursos e companheirismo, e exploramos essas relações como pontes para ter acesso a vizinhos mais distantes, bem como a *seus* recursos, *suas* habilidades e *suas* ideias. A civilização nasceu disso — assim como uma nova espécie. Tornamo-nos o tipo de criatura que adquire algo ao falar, acenar ou até mesmo olhar para um estranho. Uma criatura que, em sua melhor forma, procura pessoas novas naturalmente. Tornamo-nos algo que os cientistas chamam de "uma anomalia evolucionária espetacular": o macaco ultracooperativo — a criatura rara capaz de trabalhar e conviver com estranhos.

E, para entender como isso aconteceu, como nos tornamos uma espécie capaz de vivenciar o que vimos até agora, você e eu vamos viajar para a Geórgia. Precisamos conversar com uma senhora sobre chimpanzés.

Capítulo 3

Um Alô pela Porta do Olá

Fazemos um breve desvio em nossa jornada para conhecer dois de nossos parentes genéticos — um que ama e o outro que odeia estranhos —, aprendemos como eles ficaram assim e começamos a entender por que somos da maneira que somos.

Vez ou outra, a Dra. Joyce Cohen precisa apresentar um chimpanzé a um estranho. Ela é diretora associada da Divisão de Recursos Animais no Yerkes National Primate Research Center, um centro afiliado à Emory University, em Atlanta, Geórgia, e as razões pelas quais ela pode precisar apresentar um chimpanzé a um estranho podem variar. Talvez tenha ocorrido uma morte em um grupo de chimpanzés e os sobreviventes precisem ser introduzidos em outros grupos. Talvez o centro pretenda criar instalações geriátricas e precise formar um novo grupo com chimpanzés mais velhos ou esteja executando reformas e precise reunir grupos diversos para liberar espaço. Mas, independentemente do motivo, precisam tomar cuidado, porque chimpanzés têm uma tendência a ficar furiosos na presença de estranhos.

"O processo tem início com uma boa dose de diálogo", afirma a Dra. Cohen — fazendo uma pausa para, o que me pareceu, uma risadinha cansada — "envolvendo todas as pessoas que ajudam a cuidar dos chimpanzés". Isso inclui os profissionais que realizam o manejo diário dos animais, veterinários que cuidam da saúde deles e o pessoal de gestão comportamental, que conhece a personalidade de cada um. A equipe reúne todas as informações disponíveis sobre os chimpanzés envolvidos e faz uma lista com potenciais combinações entre eles, tentando identificar situações nas quais os animais já tenham se encontrado com outros. Então, eles estudam os relacionamentos: se puserem o Chimpanzé A junto ao Grupo B, o que acontecerá com a hierarquia vigente? Quais alianças podem ser afetadas, rompidas ou formadas com a inclusão de um novo membro? "A sociedade dos chimpanzés é fortemente baseada em quem são seus amigos, em que ficará do seu lado em caso de conflitos ou algo do tipo", pontua a Dra. Cohen. "Então temos que tentar equilibrar esses aspectos."

A existência de um relacionamento prévio entre um membro do grupo e o estranho pode facilitar o processo. Um chimpanzé pode servir como um "atestado de idoneidade" do estranho perante os demais, da mesma forma que entre os humanos. Mas há situações em que os funcionários não têm escolha senão incluir um completo estranho no grupo, e isso, segundo a Dra. Cohen, é "desafiador".

Na tentativa de reduzir os potenciais conflitos, a equipe pode, inicialmente, separar um chimpanzé do grupo para que conheça o novato — a ideia é que, se eles se derem bem, então haverá a chance de uma aliança, o que pode facilitar a entrada do estranho no grupo maior. Todavia, eles nunca pegam dois chimpanzés desconhecidos e simplesmente os jogam em um mesmo recinto. Em vez disso, a equipe da Dra. Cohen os coloca em espaços fechados adjacentes separados pelo que ela chama de "porta do olá" — uma divisória transparente ou com buracos, pelas quais os animais podem se ver.

E então os cientistas apenas observam. "Se um comportamento efetivamente agressivo estiver acontecendo, podemos reconsiderar toda a estratégia", afirma a Dra. Cohen. Mas, se os primatas conseguirem ao menos se ver sem atritos, os funcionários podem, após uma quantidade razoável de tempo, abrir uma fresta na porta do olá para que um chimpanzé possa tocar os dedos do outro. Se tudo correr bem — o que nem sempre acontece —, os funcionários passam a trabalhar com eles gradualmente até permitir que os chimpanzés fiquem juntos. Quando isso acontece, alguns animais podem começar a criar laços. Podem guinchar de felicidade ou se abraçar. Se isso acontecer, a equipe pode considerar deixá-los juntos por alguns dias ou por uma semana para que os laços se fortaleçam. Se o resultado for positivo, a equipe pode incluir um terceiro chimpanzé ao grupo para criar uma nova aliança ou separar os dois primeiros e apresentar o estranho a outro membro do grupo pelo mesmo processo de triagem. Se isso não funcionar, os pesquisadores podem separar o par e recomeçar o processo ou apenas deixar que os animais resolvam suas diferenças sozinhos. Esse processo pode envolver gritos, comportamento de monta, mordidas ou tapas, até que a natureza da relação seja estabelecida. Após essa fase, com sorte haverá gestos de reconciliação, como apertos de mão, tapinhas ou abraços. "Às vezes eles resolvem suas diferenças e fica tudo bem", explica a Dra. Cohen. Mas nem sempre isso acontece.

"Pode dar terrivelmente errado. Um deles pode acabar morto", afirma ela.*

Agora, veremos o que acontece quando outro primata encontra um estranho. Bonobos são quase idênticos geneticamente aos chimpanzés — o que significa que são quase idênticos geneticamente aos humanos. Mas, diferentemente de chimpanzés, bonobos foram observados se misturando a outros grupos na natureza e até dividindo comida com estranhos. Enquanto chimpanzés são xenofóbicos, bonobos são considerados *xenofílicos* — o que significa que eles podem, na verdade, preferir a companhia de estranhos em vez da de membros dos próprios grupos.

Há alguns anos, Brian Hare e Jingzhi Tan, pesquisadores da Duke University, trabalhando no Santuário Lola ya Bonobo, na República Democrática do Congo, iniciaram uma série de experimentos para descobrir até onde vai essa tendência de comportamento. Eles puseram um bonobo em uma sala cheia de comida. Em cada extremidade, havia duas outras salas. Uma continha um estranho, e outra, um membro do grupo do próprio bonobo. Os indivíduos poderiam escolher comer a comida toda

---

* Para mérito de sua equipe, durante todos os quinze anos da Dra. Cohen na Yerkes, o procedimento nunca resultou em morte.

sozinhos ou compartilhá-la com o amigo ou com o estranho, abrindo a porta correspondente.

O que aconteceu? Os indivíduos não apenas preferiram dividir a comida — *eles preferiram dividi-la com o estranho.* Isso foi repetido em vários experimentos com desenhos diferentes. Em todas as vezes, o indivíduo preferiu dividir a comida, e sempre com o estranho, não com o amigo. Quando não tiveram a oportunidade de encontrar o estranho, preferiram não dividir a comida. Em contraste com os chimpanzés, não houve comportamento agressivo. Bonobos desconhecidos que entravam na sala chegaram a permitir uma desvantagem numérica em relação a membros de outro grupo, o que "contrasta fortemente com a resposta xenofóbica de chimpanzés selvagens [os quais] fogem rapidamente quando não estão em um número ao menos três vezes superior ao de desconhecidos", escreveram os cientistas, em 2013.

Por que bonobos agem assim? É simples: para eles, os prós de serem generosos com estranhos — um relacionamento potencial — são maiores que os contras. É pragmático. E a mesma coisa acontece com humanos em um evento de networking: eles querem criar conexões, adicionar alguém à sua rede de contatos. Como Tan afirmou mais tarde: "Você conhece um estranho e este indivíduo pode tornar-se um futuro amigo ou aliado. É recomendável ser gentil com alguém que será importante para você."

No entanto, se chimpanzés e bonobos são quase idênticos geneticamente, por que uma espécie é tão receptiva a estranhos e a outra, tão hostil? A resposta a essa questão está entre as margens sinuosas do Rio Congo. Chimpanzés e bonobos — que descendem do nosso último ancestral comum, do gênero *Pan* — se diferenciaram entre 875 mil e 2,1 milhões de anos atrás. De acordo com Richard Wrangham, primatólogo de Harvard, a divisão inicial provavelmente ocorreu durante a era glacial do Pleistoceno, na qual a Terra se resfriou e ficou mais seca. Com a redução das chuvas, o Rio Congo secou — de modo que chimpanzés conseguiam atravessá-lo, o que não podiam fazer antes. Alguns o fizeram. Também havia gorilas na região, mas, como a fonte de comida deles ficava nas montanhas em um dos lados do rio, eles não migraram.

Após alguns milhares de gerações, as chuvas voltaram e o rio encheu, separando as populações de primatas. A terra em ambos os lados do rio ficou verdejante. No entanto, a grande diferença nesse momento era que um grupo de chimpanzés precisava dividir o espaço com os gorilas, enquanto o outro tinha a terra toda para si. Isso significa que a vida era mais fácil para os que viriam a se tornar os bonobos de hoje e mais difícil para os chimpanzés. Os bonobos nunca precisaram de grandes deslocamentos para se alimentar; os chimpanzés, presos a uma perpétua competição por alimento com os gorilas, sempre precisaram perambular à procura de alimentos — frequentemente sozinhos —, percorrendo longas distâncias.

Segundo Wrangham, como chimpanzés normalmente forrageavam sozinhos, era mais fácil para os machos localizarem fêmeas solitárias e coagi-las a acasalar. Logo, os mais agressivos acasalavam com mais frequência, ou seja, com o tempo a espécie foi selecionada para ser agressiva e dominante. Os bonobos, por outro lado, não precisavam fazer jornadas longas. As fêmeas podiam ficar mais perto de casa, juntas, formando laços sociais mais fortes umas com as outras e reunindo uma força numérica capaz de repelir a agressão masculina. Assim, bonobos fêmeas, dotadas de mais força que suas semelhantes chimpanzés, começaram a selecionar machos menos agressivos para a cópula, e a espécie evoluiu para ser matriarcal e dócil. Como resultado disso, bonobos machos formam laços estreitos com suas mães; exibem pouquíssimo comportamento sexual agressivo com fêmeas e não tentam impedir que outros machos acasalem. Não há registros de bonobos machos matando filhotes, ao contrário de chimpanzés, assim como não há registro de bonobos em cativeiro matando outros bonobos. Situações de tensão normalmente são resolvidas com brincadeiras ou sexo. Enquanto chimpanzés realizam patrulhas nas divisas de seus territórios e tentar tomar os de outros grupos, confrontando e às vezes matando outros, as relações de bonobos com outros grupos podem ser positivas, divertidas e, novamente, sexuais. Bonobos têm disposição natural a partilhar; chimpanzés abominam compartilhar, até mesmo com os próprios filhos. Bonobos machos geram mais filhos que chimpanzés machos, presumidamente porque aqueles não passam tanto tempo lutando e competindo. E, enquanto introduzir um chimpanzé em um novo grupo é algo tenso, com bonobos é muito mais fácil. "Um novo bonobo, mesmo um filhote, pode ser introduzido em um grupo sem incidentes", segundo Brian Hare. "A reintegração de dois grupos — mesmo que incluam vários machos adultos separados por semanas, meses ou anos — resulta em nada além de brincadeira e sexo."

Mesmo assim, chimpanzés são criaturas muito sociais. Eles são capazes de demonstrar afeto, ajudar uns aos outros, são inteligentes e podem ser cooperativos — pelo menos dentro de seus próprios grupos —, mas seus relacionamentos são frequentemente mais tênues e transacionais. As alianças são fundamentais, mas elas podem mudar sem aviso. Em 1978, a lendária primatóloga Jane Goodall testemunhou atônita um grupo de chimpanzés na reserva de Gombe, na Tanzânia, começar a exterminar sistematicamente outro grupo sem razão alguma, e uma dupla de saqueadoras, composta de mãe e filha, matar e devorar dez recém-nascidos. "Sempre pensei que chimpanzés eram dóceis, mais gentis [que humanos]", afirmou Goodall à *Science News* na época. "Agora sabemos que há uma forte similaridade com humanos."*

As diferenças entre chimpanzés e bonobos vão além dos traços comportamentais. Os animais de fato têm uma aparência diferente. "Chimpanzés estão mais para marombeiros musculosos, ao passo que [bonobos] parecem quase intelectuais", declara o primatólogo Frans de Waal, que estudou ambos. "Com seus pescoços finos e mãos de pianista, parece que seu lugar é a biblioteca, não a academia." Apesar da aparência "intelectual", bonobos têm cérebros menores. A face do bonobo macho é mais feminina que a dos chimpanzés machos. Seus crânios são menores e mais largos, e seus olhos são menores. Eles têm caninos menores, e seus lábios e caudas são mais claros do que os dos chimpanzés. Bonobos também apresentam níveis mais baixos de serotonina, o que foi associado à agressividade reduzida, e possuem mais massa cinzenta nas áreas do cérebro vinculadas a perceber o sofrimento alheio e a controlar impulsos agressivos. Enquanto chimpanzés machos têm níveis elevados de testosterona quando atingem a

---

* Diga o que quiser de nós, mas, em nossa defesa, geralmente conseguimos nos conter e não comer os filhos uns dos outros.

puberdade — o que torna a tarefa de compartilhar alimentos uma manobra arriscada —, os níveis de testosterona de bonobos machos permanecem praticamente estáveis e são bem mais baixos.

Todos esses são sintomas daquilo que os cientistas chamam de "síndrome da domesticação", e eles aparecem em outros animais domesticados, como raposas-prateadas criadas em cativeiro, cães e porquinhos-da-índia, todos também apresentando níveis mais baixos de agressividade e mais altos de comportamento pró-social e voltado a brincadeiras do que suas contrapartes não domesticadas. Todavia, ao contrário de raposas-prateadas, porquinhos-da-índia e, até certo ponto, cães, bonobos se autodomesticaram. Eles não ficaram mais dóceis pela intervenção humana; ficaram mais amistosos *sozinhos* porque esse comportamento foi o mais produtivo em seu ambiente. Foi adaptativo para eles. E também para outro primata: *nós*.

Capítulo 4

Humano Faz Amigo

*Aprendemos como outro primata se tornou uma criatura capaz
de se sentar à mesa com estranhos e gostar da experiência,
graças a três fatores: clima, carne e homicídio.*

Há alguns anos, eu estava na plataforma da estação de metrô da Segunda Avenida em Manhattan quando presenciei uma cena. Uma mãe, branca, talvez na casa dos trinta anos, se aproximava das escadas com um carrinho de bebê. Um adolescente negro e sua namorada vinham na direção oposta. Em uma situação que acontece inúmeras vezes e todos os dias na cidade de Nova York, o jovem percebeu o que estava acontecendo, se aproximou da mãe e se ofereceu para ajudar a descer o carrinho. A mãe aceitou a oferta. Ele levantou o carrinho pela frente, ela pela parte traseira, e juntos começaram a descer os degraus emporcalhados — como são todas as escadarias do sistema metroviário de Nova York — com uma mistura irritante de fuligem e vestígios humanos.

Enquanto a mãe, o bebê e o jovem desciam, o barulho do trem da linha F anunciava a sua chegada — um fato que a namorada do jovem notou com uma exasperação crescente. Assim que terminaram de descer as escadas, as portas do vagão estavam se fechando e a impaciência da garota se transformou em raiva. O jovem pôs o carrinho gentilmente na plataforma. A mulher o agradeceu educadamente e seguiu seu caminho. A namorada ralhou com ele por ter perdido o trem. Ao ver isso, um homem mais velho de terno se aproximou e disse a ele: "Muito bem, garoto." Eu fiz a mesma coisa. Disse que minha esposa e eu acabamos de ter um filho, e atitudes assim são de enorme importância. Fiz isso em parte porque, de fato, foi uma boa ação, como o homem mais velho dissera, mas também porque me senti mal pelo garoto, que estava sendo criticado e de repente se iluminou como uma árvore de Natal. Conversamos por um minuto. Outro trem chegou, as portas se abriram e eles partiram.

Como eu disse: essa não é uma situação incomum na cidade de Nova York — um lugar onde nasce um bebê a cada 4,4 minutos, e apenas um quarto das quase 500 estações de metrô possui elevadores. Mesmo assim, vamos parar um pouco e pensar no que houve. Um jovem do sexo masculino ajudou uma mulher desconhecida — uma pessoa de gênero, etnia e idade diferentes, a quem nunca viu antes e provavelmente nunca mais verá em uma cidade com 8,4 milhões de estranhos, em um país patologicamente individualista com 328 milhões de estranhos, cuja história é manchada pelo racismo. Sim, havia algumas semelhanças externas entre ambos, o que reduzia algumas das diferenças: estavam usando roupas de estilo ocidental, com certeza eram familiarizados com a precariedade e o desconforto do sistema de metrô da cidade e nenhum deles guinchava como um macaco ou empunhava uma marreta, algo que, sem dúvida, contribuiu positivamente.

Contudo, continuavam sendo totalmente desconhecidos. E, ao ajudar aquela estranha, o jovem arcou com dois custos. Um deles foi o tempo. Ele se atrasou. E o outro — não me entendam mal —, biologicamente falando, ele pode ter perdido a oportunidade de passar seus genes adiante. O que é incomum no contexto do mundo natural, em que a ideia central é procriar. Se fosse um trio de chimpanzés diante da mesma situação, as coisas teriam sido bem diferentes. A mãe poderia ter sido atacada, o bebê, possivelmente devorado, e as escadas seriam ainda mais nojentas do que são.

Então, por que o jovem agiu assim? Adam Smith, pensador do século XVIII, discorreu sobre nosso desejo aparentemente inato de sermos "dignos de louvor" e, de fato, o jovem recebeu sua dose de elogio. Todavia, um "muito bem, garoto" vindo de dois estranhos e as palavras de um economista falecido são de pouco alento quando sua namorada está gritando com você. Então, observemos além dessa situação.

Por que uma pessoa qualquer ajudaria um estranho? Cientistas da evolução e filósofos vêm trabalhando com esse fenômeno por muitos anos. Eles o chamam de *paradoxo do altruísmo*. É uma característica universal da vivência humana, e a chave para compreender a relação curiosa de nossa espécie com estranhos. Caso se presuma que as pessoas evoluíram de acordo com a aptidão individual, favorecendo a si mesmos e a seus parentes próximos de forma egoísta, em uma tentativa implacável de garantir a transmissão de material genético às gerações futuras, como é possível que frequentemente gastemos tempo, esforço e dinheiro — e às vezes até arrisquemos nossas vidas — para ajudar pessoas que nunca vimos, não veremos de novo e que muito provavelmente nunca retribuirão o favor? Por muitos anos, economistas argumentaram que situações como essa eram resultado de um glitch — o altruísmo familiar convencional que transborda para amigos e estranhos, como uma tigela de sopa servida por um garçom estabanado — ou o produto de um cálculo: algo que fazemos porque somos egoístas e racionais, mensuramos as probabilidades e percebemos que o altruísmo nos gera algum lucro.

A ideia de que humanos têm todo esse controle de suas faculdades racionais é, a princípio, hilária a qualquer um que passou mais do que algumas semanas neste planeta, mas mesmo assim tais avaliações pessimistas sobre a natureza humana sempre cativaram um bom público. Nós somos, pelo que nos disseram, irremediavelmente degenerados. Desde Adão e Eva; da caixa de Pandora; do estado natural de "guerra de todos contra todos", defendido por Thomas Hobbes; da alegação de Jonathan Edwards, pregador do século XVIII, de que enojamos a Deus; a séries como *Breaking Bad* e *Veep,* há uma crença persistente de que as pessoas, no fundo de seus corações, são irremediavelmente egoístas e terríveis e que essa civilização, apesar das conquistas, requintes e leis, é apenas uma crosta de rocha quebradiça trepidando sobre um caldeirão de podridão, ganância e violência. E há muitas evidências que corroboram esse argumento.

Como um habitante da Terra que (via de regra) não é um completo idiota, tenho total noção dos inacreditáveis atos de crueldade que os humanos são capazes de perpetrar. Sendo natural de Boston, de origem irlandesa, faço parte de uma etnia que de forma infame reza ante o altar de Nossa Senhora do Perpétuo Antagonismo. E, como residente da cidade de Nova York, passo 20% do meu tempo enfurecido com pessoas que param na frente de portas de vagões de metrô, que carregam guarda-chuvas gigantes em calçadas apinhadas de gente ou que não adentram ao fluxo do tráfego, e penso que essas condutas são evidências irrefutáveis de que Jonathan Edwards tinha razão.

Digo isso para enfatizar que a ideia de que humanos são dóceis — de que somos autodomesticados e xenófilos, como bonobos — não é uma conclusão natural para mim.* Essa ideia, na verdade, me pareceu bem romantizada a princípio e, na pior das hipóteses, perigosamente ingênua. Entretanto, se parece implausível que humanos sejam domesticados, pode ser porque estamos partindo da premissa errada. Sim, um homem foi rude comigo no metrô outro dia, e trocamos palavras ríspidas. Porém, coloque cinquenta chimpanzés desconhecidos no mesmo vagão e será possível avistar a carnificina mesmo estando em uma das luas de Júpiter.

A ideia de autodomesticação é a chave para nos ajudar a entender como nos tornamos uma espécie capaz de viver entre completos estranhos, e nos ajuda a explicar por que conversar com estranhos pode ser tão benéfico a nós. Isso sugere que a interação com estranhos é uma habilidade humana inata, o que por si só sugere que é, de algum modo, adaptativa — ou seja, ser capaz de conversar com estranhos proporcionou uma vantagem evolutiva. É por isso que sua prática aciona um mecanismo de recompensa. E, para entendermos como ficamos assim, temos que deixar nosso amigo da estação de metrô, desejar-lhe felicidades e retornar aos confins da história.

---

* O pensador iluminista Johann Friedrich Blumenbach teve ideia semelhante, e vale citá-la tanto como testemunho à sua perspicácia e inteligência quanto porque é hilária:

> O homem é um animal doméstico. Contudo, a fim de que outros animais pudessem ser domesticados por ele, indivíduos dessas espécies foram, primeiramente, arrancados de sua condição selvagem, compelidos a viver presos e a subjugar; ao passo que o homem, ao revés, nasceu e foi apontado pela natureza como o animal mais completamente domesticado. Outros animais foram levados primeiro a esse estado por intervenção *do homem*. Ele foi o único que levou a *si mesmo* à perfeição.

Esse conto teve início há 2,5 milhões de anos, durante a mesma era glacial do Pleistoceno que trouxe ao mundo nosso fofo amiguinho, o bonobo. O ar se resfriou, a chuva cessou, nossos ancestrais distantes foram retirados à força das florestas e acabaram em áridos campos abertos. Como Adão e Eva, expulsos do paraíso, esses humanos primitivos se viram em terras desconhecidas, sendo atacados por predadores e assombrados pelos espectros perenes da fome e da seca. Sobreviver nesse ambiente era difícil e demandou algumas inovações sociais que nos puseram no caminho para nos tornarmos as criaturas que somos hoje.

A primeira diz respeito à comida. Em um dado momento, talvez há 2 milhões de anos, talvez mais, os humanos se alimentavam de restos de grandes animais e, depois, começaram a caçar.* A recompensa por comer carne foi considerável — paga em comida nutritiva e gordurosa —, mas o trabalho era duro. A savana aberta fazia com que os humanos ficassem vulneráveis a predadores, e os punha em competição com grandes felinos e hienas pelos melhores abates e carcaças. Para sobreviver, as pessoas precisaram formar bandos. Sobre o *Homo habilis* — o primeiro do gênero *Homo*, surgido por volta de 2,5 milhões de anos atrás — o arqueólogo inglês Steven Mithen escreveu: "Medindo apenas 1,5m, pesando 50kg, no máximo, e tendo apenas algumas pedras para arremessar, eles não estavam especialmente bem equipados para enfrentar hienas. Então, viver em grupo parece uma necessidade." Esses grupos posteriormente evoluíram para aquilo que conhecemos hoje como caçadores-coletores, ou forrageiros nômades — a forma mais antiga de organização social humana contínua na Terra, e nosso modo de vida durante 99% do nosso tempo neste planeta.

Comer carne levou ao aumento do corpo e do cérebro, e, há aproximadamente 1,5 milhão de anos, o *Homo erectus,* maior, mais esperto e com pernas mais longas, começou a se deslocar. "Esses foram os primeiros hu-

---

* Não se sabe ao certo quando. Por anos acreditou-se que os *Homo habilis* — os primeiros do gênero *Homo* — começaram a complementar suas dietas com pedaços de carne obtida de carcaças, e 1 milhão de anos depois, os humanos começaram a caçar. Porém, uma descoberta recente no Quênia sugere que, naquela época, alguns grupos já começavam a caçar com ferramentas de pedra, o que ficou evidenciado por marcas de corte nos ossos de gazelas pequenas. Há outra descoberta recente — um conjunto de ferramentas achado em 2011 nas margens do Lago Turcana, no Quênia, datado de 3,3 milhões de anos, centenas de milhares de anos antes dos humanos primitivos.

manos a fazer isso em números consideráveis", afirma Rick Potts, paleoantropólogo que dirige o Programa de Origens Humanas do Smithsonian. Com pernas mais longas e carne na dieta, o nômade *Homo erectus* tinha uma vantagem sobre criaturas com dieta mais restrita e pernas atarracadas. Isso porque a carne, seja qual for sua origem, é quase sempre comestível — ao contrário de, digamos, gramíneas e cogumelos encontrados aleatoriamente e que podem significar o caminho mais rápido para um terrível fim.

Mesmo que esses humanos conseguissem evitar ser destroçados por predadores enquanto procuravam alimento, ainda tinham que lidar com os desafios logísticos de caçar presas de grande porte. Rastrear e matar os animais, transportá-los até o acampamento, cortá-los, prepará-los e distribuir a carne — todas essas tarefas apresentavam dificuldades sociais e logísticas que estavam além da capacidade de outros animais. Portanto, humanos primitivos aprenderam a cooperar. E isso foi inédito. Enquanto a maioria dos primatas coletavam alimentos sozinhos, humanos primitivos aprenderam a fazê-lo em grupo, porque precisaram. "Caso a colaboração falhasse, eles tinham poucos ou nenhum plano alternativo", pontua o psicólogo do desenvolvimento Michael Tomasello, que fez uma grande quantidade de pesquisas em primatas e em evolução humana. "Eles precisavam colaborar com outros diariamente, ou então passariam fome."

Não sabemos muito sobre esses povos. Como dizem os cientistas, o comportamento não se fossiliza, o que é uma outra forma de dizer que caçadores-coletores eram péssimos em salvar e-mails. No entanto, a partir de estudos de campo mais recentes sobre sociedades caçadoras-coletoras, podemos fazer algumas inferências sobre como a obtenção de alimento pode ter funcionado. O antropólogo Kim Hill, que desde os anos 1970 realiza um extenso trabalho de campo sobre o povo Aché, nas florestas do Paraguai, relata como a comida era partilhada naquela sociedade:

> Quando a carne é cozida, um homem mais velho (não o caçador) normalmente a divide em pedaços, ou pilhas de pedaços, e as distribui, com auxílio de outro homem, que chama pelo nome cada família que deve receber uma parte. Os outros membros do grupo são rápidos em informar aos distribuidores qual família ainda não recebeu sua parte (eles nunca mencionam a si mesmos, somente outras famílias que sabem

que ainda não comeram). Toda a carne é reunida e partilhada igualmente entre membros adultos do grupo; no entanto, quem abateu a presa em geral não come sua carne. As esposas e os filhos de caçadores não recebem porções maiores do que outros indivíduos do grupo.

Variações desse tipo de sistema nas culturas caçadoras-coletoras ao redor do mundo têm sido observadas pelos antropólogos. Essas variações nos diferenciam dos macacos. Enquanto chimpanzés tendem a ser cooperadores de troca estrita — uma variação do lema "uma mão lava a outra", também conhecida como *reciprocidade direta* —, humanos primitivos desenvolveram a capacidade para realizar algo muito mais flexível, produtivo e, como o tempo demonstraria, poderoso: a *reciprocidade indireta*. Ela funcionava como uma apólice de seguros, uma mutualização de riscos com outros indivíduos. E, assim como nos seguros, exigia que as pessoas desenvolvessem algumas aptidões: confiança, boa-fé e tolerância a gratificações tardias. Se você fosse caçador em um dia ruim, poderia contar que outros membros do grupo cobrissem seu prejuízo. E eles fariam isso, não por esperar serem recompensados com a mesma quantidade de carne que deram ao caçador, mas porque acreditam que o sistema fará o mesmo por eles quando contribuírem com pouco.

A fim de viver nesse modelo cooperativo, os humanos precisaram desenvolver algumas aptidões psicológicas inéditas que são relevantes ao nosso projeto: *intencionalidade conjunta* e *intencionalidade coletiva,* que é a habilidade de articular objetivos com outros e realizá-los em dupla ou em grupo; *teoria da mente,* que é a habilidade de entender que outras pessoas têm pensamentos diferentes dos nossos e de inferir quais seriam esses pensamentos; e a *alteridade,* que é o reconhecimento de que nosso parceiro — ou parceiros — é tão humano e merece tanta empatia quanto nós.

A afiliação aos grupos primitivos não era irrevogável — algo assegurado pela mera presença ou pelo parentesco. A cooperação era o deus do grupo, o carma, e, assim como essas forças sobrenaturais, proporcionava benefícios àqueles que a honravam, e punições a quem não o fazia. Dependendo da seriedade da transgressão, as sanções podiam ocorrer na forma de críticas, intrigas, escárnio, humilhação, ostracismo e até mesmo execução, todas aplicadas pelos pares do transgressor. O comportamento egoísta punha o grupo em perigo. E caso a violação fosse grave o bastante, acarretaria a perda da afiliação pelo transgressor, que passaria a ser considerado um estranho, um sub-humano, um animal, sumariamente expulso da categoria do *nós* e provavelmente relegado ao limbo — uma medida à qual o povo Mbuti, da região onde hoje é o Congo, de forma memorável se referia como "deixar que a floresta se encarregue do problema".*

É importante ressaltar que a cooperação não aconteceu porque as pessoas tentavam ser legais, aspiravam a um plano moral mais elevado ou exibir virtudes. A motivação era a sobrevivência.** Para Michael Tomasello, psicólogo do desenvolvimento que estudou extensivamente a evolução humana, esse esforço cooperativo foi o começo da moralidade humana, um jeito novo de equilibrar as necessidades do indivíduo e do grupo, um meio inédito de se relacionar com outras pessoas. Conforme humanos caçavam juntos, comiam juntos, criavam filhos juntos e começaram a deduzir os pensamentos e as necessidades uns dos outros, a linha entre indivíduo e grupo começou a ficar nebulosa. Sim, as pessoas sempre tiveram personalidades distintas, mas, como não havia o *eu* sem o *nós*, e talvez nem mesmo o *nós* sem o *eu,* os humanos se tornaram um tanto permeáveis, instáveis, suscetíveis a influências e capazes de sentir empatia pelos membros dos nossos grupos. O *eu* fundiu-se ao *você,* e dessa fusão surgiu o *nós*. Tratarei de alguns renascimentos sociais neste livro. Este é o primeiro deles: huma-

---

* O antropólogo inglês Colin Turnbull publicou um relato, em 1961, que evidencia como até mesmo a ameaça de segregação pode ter desempenhado um importante papel em grupos caçadores-coletores, com base no período em que viveu com os Mbuti, no Congo. Um caçador chamado Cephu foi visto roubando carne de caça, uma transgressão que Turnbull chamou de "um dos crimes mais hediondos aos olhos pigmeus, que raramente ocorre". Quando Cephu voltou ao acampamento, o clima ficou tenso, e um jovem negou-lhe um assento, o que era humilhante para um caçador habilidoso. Quando ele exigiu um assento a outro membro do grupo, disseram-lhe: "Animais ficam no chão." De acordo com Turnbull, a situação se agravou e outro membro disse ao caçador que "espera que Cephu caia sobre sua lança e morra como o animal que é. Quem, além de um animal, roubaria carne dos outros?" Cephu disse a eles que não deveria ser tratado dessa forma, pois era o melhor caçador. O argumento não surtiu efeito. Após ruídos de escárnio e ameaças de expulsão a Cephu e à sua família, ele começou a chorar, pediu desculpas e devolveu a carne. Com isso, foi permitido que se juntasse novamente ao grupo e, por consequência, à raça humana.

** Não admira, portanto, que ainda tenhamos uma resposta tão visceral à ganância ou a aproveitadores — pois frequentemente desumanizamos quem achamos que está recebendo mais do que lhe é devido ou que não está fazendo sua parte. Durante 99% de nosso tempo enquanto espécie, a ganância e os aproveitadores poderiam nos custar a vida.

nos se tornando sociáveis pela primeira vez como resposta a uma ameaça à sua existência.

Você pode dizer: "Grande coisa! Você acaba de descrever o tribalismo." Sabemos muito bem que humanos podem ser amigáveis e gentis com membros dos próprios grupos e, ao mesmo tempo, completos cretinos com estranhos. Vemos isso com frequência. É real, profundo e parte de nós — até mesmo no âmbito bioquímico. Humanos produzem um hormônio chamado ocitocina. Mais comumente associada à relação entre mães e seus bebês, ela é a responsável por acionar a produção de leite, por exemplo, e é liberada nos cérebros da mãe e do bebê durante a amamentação para auxiliar a formação de laços. Mas a ocitocina também desempenha um importante papel na união de grupos. Quando é produzida, ela nos permite gostar e sentir empatia, seguir normas compartilhadas e confiar e cooperar com os demais membros do grupo. Por outro lado, quando somos ameaçados por grupos diversos, a ocitocina nos auxilia a defender nossas tribos, desumanizando o inimigo e nos tornando imunes à sua dor. Toda a doçura e o terror da existência humana estão contidos nessa pequena e aterrorizante molécula.

Então, sim: somos programados para favorecer os nossos. Esse é provavelmente o fato mais bem estabelecido na psicologia. Porém, o problema com o tribalismo é que o entendimento comum sobre ele está, na verdade, equivocado. A crença de que humanos permaneceram por 2 milhões de anos com seus pequenos grupos familiares, em seus pequenos territórios, e trancaram a porta a estranhos até que, de repente, por algum acaso da história ou por um erro crasso de cálculo, acabaram obrigados a conviver com eles em cidades, é falsa. A realidade é que os humanos se deslocam e se misturam há muito tempo. David Reich, geneticista de Harvard que estuda a migração humana na história profunda analisando DNA antigo, descobriu que o conhecimento convencional em relação aos humanos — de que havia um único povo que, em um dado momento, se ramificou e deu origem a todos os grupos diferentes — é falso, pelo menos de acordo com o que a ciência foi capaz de estabelecer. "Houve miscigenação desde sempre", afirma ele. "A miscigenação é fundamental para o que somos, e precisamos aceitá-la, não negar sua ocorrência."

De fato, conforme as populações humanas cresciam e migravam, grupos caçadores-coletores passaram a ter mais contato com estranhos: grupos vizinhos que tentavam conquistar território por meio de incursões violentas. É assim que chimpanzés machos expandem suas posses, usando uma tática que primatólogos chamam de *violência coalizacional letal*. No entanto, de acordo com o antropólogo cultural Raymond Kelly, uma inovação tecnológica pode ter nos colocado em uma rota menos beligerante.

Kelly* argumentou que a dispersão de seres humanos foi acelerada pela invenção da lança de arremesso, cerca de 400 mil anos atrás. A arma, que permitiu que as pessoas matassem a distância, impunha consequências fatais a quaisquer tentativas de tomar à força o território. Antes dela, ataques eram mera questão numérica. Dez homens com machadinhas poderiam sobrepujar dois homens igualmente armados e conquistar um pedaço de terra. Com a lança, no entanto, essas incursões se tornaram mais arriscadas. Dez homens poderiam entrar no território de outro grupo e um oponente, de cima de uma árvore, poderia derrubar três invasores sem ser visto. Isso tornou a dominância sobre outro grupo inacessível e desencadeou o que Kelly denominou como "período de não guerra do Paleolítico".**

E, além de suprimir o conflito violento, o advento da lança também pode ter levado a algo mais duradouro: o potencial para relacionamentos sociais positivos entre diferentes grupos. Em um artigo de 2005, Kelly escreveu:

> Esses desenvolvimentos foram o marco de um ponto decisivo na evolução da violência letal intergrupal e no caráter das inter-relações entre

---

* Vale ressaltar que Kelly não estava, de forma alguma, alheio ao lado mais sombrio da natureza humana. Quando estava em campo, estudando a tribo Etoro em Papua Nova Guiné, um membro da tribo reiteradamente incendiou sua cabana.

** "Guerra" é um termo fluido. Alguns cientistas, como Richard Wrangham, definem guerra como sendo qualquer momento em que um grupo de homens se junta contra um inimigo — o que é a forma de conflito dos chimpanzés. Para a humanidade, no entanto, os registros arqueológicos não produziram evidências de massacres em grande escala. O registro mais antigo de assassinatos em massa é datado de apenas 10 mil anos atrás, durante o despontar da revolução agrícola.

grupos vizinhos [...]. Circunstâncias seletivas não mais favoreciam a violência como meio de conquistas territoriais. Em vez disso, a evasão de conflitos e o desenvolvimento de relações intergrupais de amizade, mutualidade, partilha e cooperação foram favorecidas.

E assim seguimos rumo a nos tornarmos uma espécie que ajuda estranhos no metrô.

Então, por volta de 300 mil anos atrás, surge o *Homo sapiens*: "O homem sábio." (Um termo muito pomposo, apesar de ainda abrirmos a geladeira e esquecermos o que fomos pegar.) Como as pessoas não conseguiam roubar terras sem correr o risco de ter uma lança perfurando seus pulmões, os grupos tinham duas escolhas se precisassem de mais espaço: lutar, ou encontrar novos territórios. Esse desejo de evitar o conflito os levou a se deslocar para cada vez mais longe, segundo Kelly, o que abriu o caminho para que humanos primitivos saíssem da África: outro desenvolvimento crucial que agora definiria a natureza errante de nossa espécie. Somos andarilhos e peregrinos, estranhos e forasteiros. "Percebemos agora que a migração por grandes distâncias é um dos processos fundamentais da história humana", apontam o arqueólogo Clive Gamble e o antropólogo Timothy Earle. "Parece que somos feitos para nos deslocar; evoluímos em movimento."

À medida que nos deslocamos, nos misturamos e as populações foram crescendo, demos início ao processo de autodomesticação. Nossa aparência se modificou. Perdemos nossas sobrancelhas grossas; nossas faces ficaram menores e mais femininas; nossos caninos se encurtaram e o crânio encolheu ligeiramente, o que está associado a um aumento de serotonina em animais domesticados — a qual, como você deve lembrar, controla a agressividade. Nossos olhos ficaram maiores, e a esclera perdeu o pigmento, tornando-se branca, o que ajuda a sinalizar para onde estamos olhando. Para um chimpanzé ou para um lobo, isso seria uma desvantagem bastante relevante — pense em um quarterback que anuncia cada jogada. Mas, para humanos, o valor de ser capaz de transmitir nossas intenções de forma não verbal supera o revés de que inimigos em potencial prevejam nossa próxima ação, pois isso tornou a cooperação com outros mais fácil e mais eficiente.

Em um determinado momento, o *Homo sapiens* começou a falar. Não se sabe exatamente quando a linguagem surgiu, mas muitos cientistas acreditam que deva ter evoluído como uma consequência parcial da expansão dos grupos. O antropólogo britânico Robin Dunbar constatou que, à medida que o tamanho de um grupo de primatas se amplia, também aumenta o tempo que dedicam ao comportamento de catação. Esse comportamento envolve mais do que apenas a higiene, está relacionado à formação de laços e à comunicação. Conforme os grupos foram ficando maiores, tornou-se impossível dedicar-se a todos os outros membros da forma como estavam acostumados. Era necessário um meio mais eficiente de transmitir informação social. Dunbar acredita que, para os humanos, foi a linguagem.

Mas o que a autodomesticação oferecia a um caçador-coletor? Em primeiro lugar: maior facilidade de locomoção. Quando há disposição de cooperação mútua entre estranhos, passamos a ter mais opções além de lutar ou fugir. Baseando-se no que sabemos a partir de estudos contemporâneos sobre esses grupos nos últimos 150 anos, aproximadamente, o modelo prevalente da vida caçadora-coletora é denominado *fissão-fusão*. Em sociedades de fissão-fusão, os membros transitam entre grupos. Às vezes você deixa o grupo para se juntar a outro; às vezes se casa com uma pessoa de outro grupo; uma mulher de fora pode se casar e se juntar ao seu; uma prima pode sair e depois voltar com uma amiga que você não conhecia — e com isso surge a possibilidade de procriar com alguém que não seja sua prima. Às vezes, grupos cresciam a ponto de não mais se sustentarem e serem divididos.

Como consequência do movimento de pessoas entre grupos, estes se tornaram mais diversificados do que se poderia esperar. Uma análise estatística conduzida em 2011 em 32 sociedades contemporâneas caçadoras-coletoras constatou que, em média, apenas um quarto dos membros de cada grupo era parente genético; um quarto era parente por casamento; um quarto era parente distante por casamento (a esposa do irmão de seu marido, digamos); e um quarto não tinha relação de parentesco alguma. Eram estranhos genéticos, no jargão científico, mas mesmo assim tratados como membros da família. Hoje, antropólogos têm um nome para essa categoria social: *parentes honorários*.

Isso não quer dizer que não havia conflitos na vida caçadora-coletora. Se houvesse superlotação ou competição por recursos, isso poderia agitar nosso chimpanzé interior. Todavia, de acordo com o antropólogo norte-americano Douglas Fry, o especialista mais proeminente em violência nas sociedades caçadoras-coletoras — as quais ele chama de sociedades *forrageiras nomádicas* —, a teia de relacionamentos em sociedades de fissão-fusão funcionou como um "obstáculo poderoso" à hostilidade nós-eles que marcou as desventuras mais notórias da humanidade. Isso porque, como aponta Fry: "as lealdades de grupo não podem existir na ausência de grupos claramente definidos". Em outras palavras, se não há um *nós,* estável, também não haverá estabilidade no *eles.*

Em 2013, Fry e seu colega, Patrik Söderberg, investigaram situações de violência letal em uma amostragem representativa de 21 sociedades caçadoras-coletoras a partir de dados de estudos de campo anteriores. Eles estavam fartos de pessoas fora da antropologia elaborando teorias cheias de certeza de que o homem primitivo vivia em um estado de guerra perpétua, baseadas em estudos sobre sociedades que não eram de fato caçadoras-coletoras. (Algumas das mencionadas com mais frequência eram, na verdade, sociedades mais complexas, dotadas de status; que estabeleceram contatos negativos com sociedades mais complexas ou tinham acesso a produtos como álcool.) Em sua análise, Fry e Söderberg constataram que os incidentes mais letais "foram perpetrados por indivíduos solitários, e quase dois terços resultaram de acidentes, conflitos interfamiliares, execuções dentro do grupo [por violação de suas regras], ou por motivos interpessoais, como competição por uma mulher específica". Três sociedades não apresentaram nenhum assassinato. O conflito aberto entre grupos era raro.

O fato é que, em grande parte da história humana, matar estranhos geralmente não fazia muito sentido.* Para muitas sociedades caçadoras-coletoras estudadas, a xenofobia e a violência carregavam enorme custo. Elas

---

* Polly Wiessner me contou uma história sobre o tempo que passou com os Ju/Wasi no Deserto de Kalahari, que corrobora isso. Ela lhes disse uma vez que, nos Estados Unidos, as pessoas às vezes matam estranhos. "Todos começaram a rir", disse ela. "E falaram: 'Por que matar alguém que não se conhece? Você mata seu irmão se ele tem uma coisa e você não, mas não mata alguém que *não conhece!*'" Voltaremos às probabilidades de matar e ser morto por um estranho mais adiante neste livro.

restringiam o movimento e limitavam suas opções. Reflita. O terreno era, na maioria das vezes, imprevisível. Às vezes o alimento era abundante e era fácil encontrar água, às vezes, não. Dessa forma, os grupos precisaram desenvolver relacionamentos entre si. Quando os tempos eram difíceis, podiam contar com a ajuda de seus vizinhos; quando eram fartos, os vizinhos contavam com a sua ajuda. "Sabemos pouco sobre [essas] sociedades igualitárias", escreveu a antropóloga Polly Wiessner. "Entretanto, o que se evidencia é que, uma vez estabelecidas, relações igualitárias entre indivíduos e grupos sociais facilitavam em grande medida a partilha, a reciprocidade e a mobilidade."

O antropólogo Robert Tonkinson observou isso em primeira mão quando estudou o povo Mardu, no vasto Deserto do Oeste da Austrália. "Permitir que conflitos ou rixas intergrupos fortalecessem as divisas sociais e territoriais seria, literalmente, suicídio, já que grupo algum podia esperar que o suprimento de água e de alimento de seu território durasse até o período de chuvas seguinte", escreveu ele, em 2004. "Não surpreende, portanto, que os Mardu não tenham palavras como 'disputa' ou 'guerra' em seu vocabulário, e não haja evidência de formas de animosidade duradoura intergrupos que possam ser associadas a conflitos."

Como afirmei anteriormente, com frequência pensamos o pior da nossa espécie, e crenças persistentes sobre o suposto ódio e a ultraviolência que nossos ancestrais direcionavam a estranhos nos deixou com a impressão de que nossa natureza é inerentemente xenofóbica e que lidar de forma pacífica com estranhos é a exceção, não a regra. Nosso equívoco crônico com relação às sociedades caçadoras-coletoras reforçou essa crença. "O termo 'tribo' continua sendo empregado e fomenta a concepção errônea de que [essas] pessoas eram organizadas em unidades territoriais definidas e fechadas, obedecendo uniformemente ao que os costumes determinavam e sujeitas ao controle das autoridades", lamentou a antropóloga Eleanor Leacock, em 1976. "Na verdade, as pessoas eram bem mais cosmopolitas do que o termo 'membro tribal' sugere. Elas se deslocavam, trocavam recursos, negociavam e constantemente tomavam decisões envolvendo várias alternativas de ação."*

Douglas Fry me disse algo similar. "A ideia da organização cultural de fissão-fusão é de fato interessante, porque espelha o que temos hoje — em que ao menos partes do Ocidente seguem na direção de um certo cosmopolitismo, no qual não é mais óbvio a que grupo uma pessoa pertence", explica Fry. "As pessoas pensam que isso é algo sem precedentes, mas estudos realizados em muitos grupos de forrageiros nômades sugerem que uma abordagem fluida às identidades de grupo foi a tônica para a maior parte da existência humana." Simplificando, de acordo com Fry e Söderberg, a sociedade caçadora-coletora "não é propensa a travar guerras. O padrão forrageiro nômade é se dar bem com os vizinhos, não guerrear com eles. Das lições que obtivemos a partir dos estudos de forrageiros nômades envolvendo guerra, paz e a natureza humana, essa é a mais importante".

Essa certamente é outra forma pela qual nos diferenciamos de nossos primos chimpanzés. "A mera visão de um chimpanzé desconhecido dispara medo, hostilidade e agressividade" nesses animais, pontuam o biólogo Peter Richerson e o antropólogo Joe Henrich. "Humanos consideram outros humanos — que não sejam notoriamente uma ameaça ou membros de um grupo presumidamente hostil — como potencialmente cooperativos." Essa é a autodomesticação agindo.

Conforme os grupos se encontravam e as teias sociais cresciam, os relacionamentos formados entre eles representavam uma versão mais ampla de reciprocidade indireta — uma expansão do *nós* para além do nível de nossos grupos. Brian Hare, o principal idealizador da hipótese da autodomesticação, chama isso de "um tipo ímpar de afabilidade", e acredita que "a inovação cultural humana foi superimpulsionada porque centenas, e depois milhões, de inovadores tiveram a capacidade única de aceitar e coo-

---

* Estes grupos também definiram um status de igualdade entre homens e mulheres, segundo Leacock. Não havia a mesma subjugação e segregação que sociedades mais complexas apresentaram. "Nada na estrutura das sociedades grupais igualitárias exigia uma deferência especial a homens", afirmou ela. "Não havia encargos econômicos e sociais que determinavam que mulheres eram mais sensíveis às necessidades e aos sentimentos dos homens do que estes a elas. Eles tinham funções diferentes, mas não havia disparidade de prestígio entre as tarefas de uma mulher (forragear e criar os filhos) e as de um homem (caça e defesa). Ambas eram igualmente cruciais à sobrevivência do grupo e, portanto, respeitadas."

perar com estranhos". Com uma densidade populacional maior, surgiram mais ideias e práticas mais refinadas, além de um número maior de parceiros e companheiros em potencial. Em seu livro *The Secret of Our Success: How culture is driving human evolution, domesticating our species, and making us smarter* ["O Segredo de Nosso Sucesso: Como a cultura está conduzindo a evolução humana, domesticando nossa espécie e nos tornando mais inteligentes", em tradução livre], o antropólogo Joe Henrich elabora uma boa analogia sobre o valor de populações maiores de humanos cooperativos:

> Imagine duas populações pré-humanas muito grandes, os *Gênios* e as *Borboletas*. Suponha que os Gênios inventavam algo uma vez a cada dez gerações. As Borboletas são bem mais estúpidas, produzindo a mesma invenção apenas uma vez a cada mil gerações. Ou seja, isso significa que os Gênios são cem vezes mais inteligentes que as Borboletas. No entanto, aqueles não são muito sociáveis e têm apenas um amigo com o qual podem aprender algo. As Borboletas têm dez amigos, o que as torna dez vezes mais sociáveis. Todos os membros de ambas as populações tentam inventar algo, tanto por descoberta individual, quanto pelo aprendizado com amigos. Suponha que aprender assim seja difícil: se um amigo inventa algo, um aprendiz precisa de metade do tempo para aprender como se faz. Após todos terem absorvido a invenção por conta própria e tentado aprendê-la com amigos, você acredita que a inovação será mais comum no grupo dos Gênios ou no das Borboletas?
>
> Bem, dentre os Gênios, pouco menos de um entre cinco indivíduos (18%) finalizará a invenção. Metade desses Gênios terá aprendido tudo sozinho. Enquanto isso, 99,9% das Borboletas adquirirá a inovação, mas apenas 0,1% terá aprendido a elaborá-la sozinha.

Esses humanos primitivos ainda favoreciam seus grupos, mas eles estavam crescendo; à medida que isso acontecia, os membros precisavam de um modo rápido de sinalizar sua origem, de deixar claro, à primeira vista, a que grupo pertenciam. Isso levou à ascensão do que hoje conhecemos como culturas. As pessoas desenvolveram dialetos e costumes compartilhados, além de utilizar a cultura material para demonstrar pertencimento. Arqueólogos encontraram conchas decorativas e objetos entalhados na África e no Sudoeste da Ásia, datados de 70 a 90 mil anos, os quais provavelmente eram trocados ou dados como presentes, permitindo que o usuário — ao se deparar com outras pessoas — sinalizasse que, apesar de estranho, não era um *completo* estranho. Isso é, repito, consequência do funcionamento de nossas respostas químicas ímpares. "Com a ocitocina, mesmo a distância, fomos capazes de demonstrar gentileza a um desconhecido se aproximando se percebêssemos que era como nós", afirma Brian Hare. Esse é o nosso segundo renascimento social.

Há um conceito na psicologia que contribui para que esclareçamos como a cultura funciona e quão pouco é preciso para amenizarmos nosso medo de estranhos. É o que chamamos de *mero pertencimento*. Permita-me dar um exemplo: às vezes uso um boné do Red Sox. Como disse antes, moro em Nova York, então ele faz com que eu me destaque. Não me torna um Outro, odiado, como acontece com os torcedores dos Yankees em Boston, mas uma minoria tolerada. E quando o uso nas ruas de Nova York, estranhos simplesmente conversam comigo na rua — isso ocorre em quase todas as vezes que estou com ele. Esse é o poder do boné. Embora não saibam nada sobre mim, esse acessório sinaliza que é seguro falar comigo e os convence de que teremos algum assunto em comum.

O problema é que já tem muitos anos que eu não acompanhado o Red Sox. Desencantei-me com o time há anos. Eu uso o boné porque Boston é minha cidade natal e o acho o mais bonito das ligas principais. Então, quando algum estranho aleatório se aproxima e comenta sobre o jogo da noite anterior, tenho que tentar explicar meu longo e torturante histórico pessoal com o Boston Red Sox, digno de um livro — de preferência de psicologia. O resultado da interação sempre é uma expressão de perplexidade no rosto do amigável transeunte. É o equivalente a eu sair por aí de burca e, ao ser cumprimentado por um muçulmano com o habitual *"Salaam Aleikum!"*, eu respondesse: "Ah, por causa da roupa? Não, eu só gosto de usar, mesmo. Na verdade, eu sou da Episcopal."*

---

* Tive o prazer de conversar com um rabino chamado Ethan Tucker enquanto fazia as pesquisas para este livro, logo após ele ter completado um tour de bicicleta de quase 60km pela cidade de Nova York. "Eu estava nesse evento com 30 mil pessoas completamente desconhecidas", afirmou ele, "e fiquei surpreso com o número de vezes em que surgiram conversas com outras pessoas". O que o deixou surpreso foi a facilidade com a qual esse diálogo ocorreu. "Éramos estranhos, mas compúnhamos uma espécie de minoria uniformizada. Lá estou, em

De acordo com Gregory Walton e Geoffrey Cohen, especialistas em psicologia social que promoveram a ideia do mero pertencimento, humanos "são altamente sensíveis a até mesmo os mínimos sinais de conexão social". Qualquer semelhança, por menor que seja, serve como "uma porta de entrada para uma relação social — um pequeno indicativo de conexão social à outra pessoa ou outro grupo". Humanos têm uma forte necessidade de pertencimento, então, diante de um estranho, procuramos pelo que denominamos como *similaridades incidentais*. Elas nos tranquilizam, sinalizando que temos algo em comum, que pertencemos a um mesmo grupo. Ao nos depararmos com um ponto em comum, por mais insignificante que seja, somos muito mais propensos a gostar, a confiar e a falar com um estranho, porque o consideramos como um de nós. Pode ser um boné do Red Sox — apesar de historicamente não haver garantia alguma de racionalidade ou civilidade nesse aspecto — ou um cão de estimação, mesmo sabendo que Hitler tinha uma cachorra chamada Blondi[*] e que ele sofreu muito quando ela faleceu.

Há um robusto volume de pesquisas sobre o poder dessas similaridades, demonstrando que ter até mesmo coisas irrelevantes em comum faz com que estranhos gostem mais uns dos outros — e se ajudem mais. Um estudo, conduzido pelo psicólogo Yarrow Dunham, envolveu um grupo de crianças de cinco anos. Os pesquisadores dividiram as crianças em um grupo vermelho e outro azul, baseando-se em cara e coroa, e lhes deram camisetas vermelhas e azuis, de acordo com o respectivo grupo, e então mostraram a elas imagens de crianças desconhecidas vestindo camisetas dessas cores. Em seguida, pediram aos participantes que classificassem cada foto com base em quanto elas haviam gostado da criança desconhecida. Deram cinco moedas para que distribuíssem às crianças nas fotos da forma que desejassem e lhes perguntaram coisas como: "Quem fez cookies para todos os amigos?" e "Quem pegou dinheiro sem pedir?", e então lhes pediram que apontassem potenciais amiguinhos com quem gostariam de brincar. As crianças demonstraram maior preferência pelas do mesmo gênero que

---

uma rua fechada usando uma capa de capacete roxa e esquisita, montado nessa engenhoca doida, e todos enfrentávamos o mesmo desafio", prossegue. "É quase como se a estranheza fosse completamente eliminada, como se houvesse um instinto." Ele estava certo. Há mesmo.

[*] O nome dela *só podia ser* Blondi [uma alusão à loura].

elas, mas, além disso, em maioria esmagadora, gostaram mais, deram mais moedas, quiseram brincar e julgaram de forma mais positiva os caracteres daquelas de membros que usavam a camiseta da mesma cor que elas.

Outros estudos demonstraram que as pessoas podem olhar de modo mais favorável para outras ainda que as similaridades sejam completamente fúteis. Um deles constatou que, quando se dizia a graduandos que eles tinham a mesma data de aniversário, mesmo nome ou até uma impressão digital parecida com a de um estranho, eles eram mais propensos a doar dinheiro ou a oferecer feedback em um artigo dessa pessoa. Outro descobriu que pessoas tinham maior propensão a gostar de um vendedor — e mais vontade de comprar com ele — se lhes fosse dito que tinham a mesma data de aniversário.

Ainda outro estudo, conduzido pelo psicólogo James Jones, apresentou participantes a parceiros que tinham similaridades irrelevantes — como sobrenomes com algumas letras em comum e códigos de participação aparentemente aleatórios que lembravam as datas de nascimento dos sujeitos do estudo — e lhes perguntou: "Qual seu nível de interesse em conhecer essa pessoa durante a conversa que terão em breve?" e "Quanto acha que gostará dessa pessoa se conhecê-la?". Os participantes ficaram mais atraídos pelas pessoas que tinham tais similaridades. Em um estudo posterior, Jones e seus colaboradores simularam uma sensação de ameaça, solicitando aos participantes que escrevessem sobre seus principais pontos fracos como pares românticos em potencial e constataram que as pessoas que se sentiam ameaçadas eram ainda *mais* atraídas por parceiros com o mesmo sobrenome que elas. Em tempos de ameaça, nos agrupamos com os nossos, mesmo quando a definição de "nossos" é nitidamente absurda.

Outra pesquisa, realizada pelos psicólogos John Finch e Robert Cialdini, em 1989, levou essa tendência a níveis ainda mais absurdos. Eles fizeram com que os participantes lessem um artigo biográfico sobre Rasputin, "o Monge Louco da Rússia". Metade dos participantes foi induzida a achar que faziam aniversário no mesmo dia que Rasputin, e, à outra metade, não foi informada a data de nascimento dele. Quem achou que compartilhava da mesma data de aniversário expressou perspectivas muito mais favoráveis ao caráter megalomaníaco do sádico. Essa é a dimensão do poder do mero pertencimento. Ele evidencia nossa bem documentada afinidade por nossos grupos, mas também o quanto nossa definição de grupo pode ser flexível, e com que facilidade ela é — e foi — expandida ao longo de toda a história humana. Sob as circunstâncias certas, pode ser muito rápido.

Gostaria de deixar algo claro. Isso não quer dizer que as pessoas são inerentemente *boas,* pois o motor da dispersão da humanidade não foi a bondade, mas, sim, a expansão, a multiplicação e o empoderamento. Afinal, a hipercooperação é uma faca de dois gumes. Ela pode unir um grupo na criação de uma criança órfã de um estranho ou incentivar uma campanha de limpeza étnica contra o clã dessa mesma criança. Mas o instinto de cooperar e expandir nossos grupos e nosso sucesso ao fazê-lo são provas de que detemos uma habilidade inusitadamente potente de se conectar, trabalhar e, sim, falar com estranhos. É algo inato. Como o imperador romano Marco Aurélio escreveu para seus homens, há aproximadamente 2 mil anos: "Nascemos para a cooperação, como os pés, como as mãos, como as pálpebras, como as fileiras dos dentes superiores e inferiores. Agir um contra o outro, então, é contrário à natureza."

Afinal, se nossos ancestrais distantes matassem todos os estranhos que encontrassem, não teríamos ido muito longe enquanto espécie. Se passássemos os milênios que nos formaram em um estado constante de hipervigilância, nunca nos afastando demais de nossos acampamentos, nunca nos misturando com pessoas novas e sempre guerreando, certamente não teríamos nos deslocado da maneira que fizemos, nem desenvolvido culturas e tecnologias complexas, nem aprendido a prosperar em todos os climas, nem construído cidades em que milhões de pessoas conseguem, de algum modo, viver sem que haja um massacre contínuo. Isso me deixa reconfortado. E também aposto que é o motivo pelo qual estou tendo tanta dificuldade em achar livros infantis promovendo a violência coalizacional letal.

Dessa forma, não, não somos inerentemente bons ou maus. Somos *variáveis.* O primatólogo Frans de Waal chamou os humanos de "primatas bipolares", uma expressão que me agrada. Mas Allen Buchanan e Russell Powell, professores da Duke e da Boston University, respectivamente, que combinados representam uma especialização em uma gama intimidante de disciplinas, cunharam uma metáfora melhor. Eles alegam que os humanos possuem um "botão modulador" da moral, que, a depender das circunstâncias, pode ser ajustado para se tornar mais inclusivo ou mais segregacionista. Inclusão, para nossos fins, significa que concedemos a estranhos total consideração moral e que os tratamos como iguais; exclusão significa que achamos que os estranhos não são uma pessoa e podem ser torturados e assassinados sem grandes preocupações.

Com base nos registros arqueológicos, sabemos disto: a guerra como a conhecemos, o massacre em grande escala que ocorre quando há um combate entre dois grupos, é um fenômeno relativamente moderno. A evidência arqueológica mais antiga de assassinato em massa, por exemplo, é de apenas 10 mil anos atrás, logo após o advento da agricultura, e foi descoberta no Lago Turcana, no Quênia. Na Alemanha, um achado semelhante, que acredita-se ter sido uma execução em massa, é datado de míseros 7 mil anos. Todas as tíbias das vítimas foram quebradas. A análise de isótopos realizada nos restos mortais mostra que eram forasteiros.

Foi por volta de 2 mil anos atrás, durante o surgimento da agricultura, que a organização social como caçador-coletor deu espaço a sociedades mais complexas, como chefaturas e nações, que apresentaram características como riqueza, status e posses — coisas que poderiam ser acumuladas, cobiçadas e disputadas. A agricultura levou a uma explosão de populações humanas, mas também enraizou os homens em porções fixas de terra pela primeira vez. Nossos ancestrais não mais poderiam desaparecer nas florestas nem partir em caso de conflito. Agora, eles tinham algo a defender, o que significa que seus vizinhos também tinham, ou seja, estes possuíam algo valioso a ser roubado. A guerra que conhecemos surgiu. Assim como a estratificação social — apareceram as classes e a hierarquia política, com suas consequentes disputas e inveja. As novas sociedades se orientaram pela dominância, não pela cooperação. A posição das mulheres foi degradada conforme as sociedades se concentraram mais em comércio e combate. As religiões se formaram e, junto com elas, suas próprias hierarquias masculinas, que se fundiram com o poder político e com o desejo de conquista.

A tradição caçadora-coletora persistiu em alguns lugares, mas seu declínio foi acelerado após o contato com exploradores europeus e colonizado-
res, que, na melhor das hipóteses, rompeu fatalmente o delicado equilíbrio
dessas sociedades igualitárias, e, na pior, exterminou-as. Em muitos casos,
as sociedades tradicionais que viriam a ser conhecidas pelos primeiros antropólogos como as mais xenofóbicas e violentas contra estranhos eram
aquelas que tiveram contatos trágicos com estranhos oriundos de sociedades mais complexas.

Em 1835, Alexis de Tocqueville escreveu sobre a condição dos povos
indígenas dos Estados Unidos: "Ao dispersar suas famílias, ao obscurecer
suas tradições, ao prejudicar suas cadeias de memórias [...] a tirania europeia os tornou mais desordeiros e menos civilizados do que eram outrora."
Uma década e meia depois, Jedidiah Morse, geógrafo norte-americano,
fez a mesma observação, escrevendo ao secretário de Guerra dos EUA
após uma visita às comunidades nativas norte-americanas, em 1820: "Eu
sempre experienciei as maiores hospitalidades e gentilezas estando entre os
indígenas que tiveram o menor contato com pessoas brancas", afirmou ele.

O mesmo ocorreu ao redor do globo. Os habitantes das Ilhas Andamão,
um arquipélago na Baía de Bengala, entre Índia e Myanmar, são conhecidos pela xenofobia feroz. Acreditava-se que os andamaneses, ferrenhos de-
fensores da privacidade, haviam migrado da África há 50 mil anos e, desde
então, não tiveram contato externo na maior parte desse período, razão
pela qual foram considerados "indubitavelmente, o povo mais enigmático
em nosso planeta". É tentador pensar, portanto, que sua postura diante de
estranhos seja nossa natureza. No entanto, eles também vivenciaram uma
experiência traumática. A partir do contato inicial com forasteiros europeus no início do século XVIII, sua população foi dizimada pela violência
e pelos patógenos trazidos pelos recém-chegados. Após esse episódio, o
medo de estranhos ganhou uma dimensão sobrenatural para os andamaneses. "O corpo de um estranho que morre naturalmente ou é assassinado
não é enterrado, mas jogado no mar ou esquartejado e cremado", observou
o antropólogo A. R. Radcliffe-Brown, em 1906. "A explicação que os
nativos dão a esse costume [...] é que isso serve para neutralizar o perigo
que pode se acumular com a presença de um cadáver de um estranho. O
sangue e a gordura do corpo, dos quais eles parecem temer que emane in-

fluências malignas, são, segundo eles, erguidos aos céus na fumaça gerada pelo fogo, tornando-se, portanto, inofensivos."

Contudo, pelo que sabemos sobre caçadores-coletores, assassinar estranhos se manteve como uma possibilidade — uma coisa que *poderia* ser feita —, enquanto a cooperação era uma tendência, algo realizado com regularidade. Com o aumento da quantidade e da sofisticação da população humana, nosso botão modulador da moral foi girando. Às vezes era posicionado em exclusão máxima, e o caos imperava. Todavia, na maior parte das vezes, ele era posicionado na direção oposta, e nossa singular genialidade social gerou uma definição mais elástica e expansiva de *nós*. Sim, nós favorecemos os nossos, mas verificou-se que "os nossos" poderia ser, de fato, um conceito amorfo. As divisas culturais e psicológicas que separam *nós* e *eles,* tão mal compreendidas atualmente por cínicos, ideólogos e extremistas, poderiam ser, nas condições certas, tão permeáveis quanto cercas de madeira. Só foi preciso que nos conhecêssemos.

Capítulo 5

Como Falar com Meia Dúzia de Estranhos de uma Só Vez

Munido de evidências comprovando que falar com estranhos é bom para nós, começo a fortalecer minhas habilidades sociais conversando com sete estranhos e um homem de boné amarelo, e saio dessa conversa me sentindo ligeiramente mais otimista a respeito de nossa habilidade de discutir assuntos delicados sem recorrer à violência e à agressão verbal.

Ok. Então, o que sabemos? Sabemos que falar com estranhos nos torna mais felizes, mais saudáveis, um pouco mais inteligentes e nos auxilia a sentir que pertencemos a um mundo que pode ser caótico e alienador. Sabemos que falar com estranhos é mais fácil do que pensamos, que as pessoas são muito mais receptivas a isso do que esperamos e que, quando falamos com elas, na maioria das vezes, ficamos positivamente surpresos. É certo que em parte isso ocorre porque suspeitamos que essas pessoas talvez não sejam *totalmente* humanas, então nossas expectativas são bem baixas. Mas tudo bem. Podemos usar isso como alicerce e construir algo. É o que temos feito.

Ao começar minha missão para dominar a arte de conversar com estranhos, quis descobrir algo que pudesse servir a principiantes, algo estruturado, que driblasse a norma contra falar com estranhos e minimizasse meu medo de rejeição e de gafes desastrosas. Precisei de algo fácil. E foi assim que me vi em uma lanchonete em Midtown Manhattan, de frente para um homem de boné amarelo.

Ron Gross, 84 anos de idade, é um autor e educador prestigiado da Universidade Columbia. Também é o cofundador de uma organização chamada Conversations New York (CNY), a qual ele tem ajudado a conduzir há cerca de 25 anos. A CNY organiza conversas em grupo gratuitas e regulares, na grande maioria entre estranhos. Antes de nos encontrarmos, Gross me avisa por e-mail que estará "usando um boné amarelo, conforme recomendado por Immanuel Kant". Eu não tive a menor ideia do que ele quis dizer. Quando cheguei, lá estava ele, usando um boné amarelo vivo. "Eu o uso quando estou viajando", explicou. "Pois, se alguém for me buscar em meu destino para uma palestra ou algo assim, a pessoa consegue me achar."

"E o que isso tem a ver com Kant?", perguntei a ele.

"Você conhece bem o imperativo categórico de Kant, tenho certeza", respondeu Gross, "todos devemos agir de forma que nossa conduta possa se tornar uma regra para a humanidade. Então, uns anos atrás, um motorista me disse: 'Sabe, Sr. Gross, essa ideia do boné é excelente — como eu gostaria que todo mundo que desembarcasse em um aeroporto estivesse usando um boné como esse!' E eu pensei: *Ah! O cara refutou Kant!* Eu, obviamente, concordei entusiasmado com o insight". Bonés amarelos, desde então, se tornaram o uniforme de todos os voluntários da CNY.

Gross é uma figura improvável à frente de uma organização como essa. Ele é animado e falante em conversas com apenas um interlocutor, mas é introvertido, do tipo que não fala com estranhos naturalmente. Ele me conta que uma vez passou um verão inteiro evitando a piscina comunitária perto de sua casa em Long Island, porque as pessoas conversavam o tempo todo. Quando sua esposa finalmente conseguiu arrastá-lo até lá: "Encontrei um canto, uma mesa e uma cadeira, e levei trabalho para fazer", contou. "Hoje faço mais ou menos a mesma coisa. Basicamente, [cuidar da ONG] é a última coisa que pensei que faria."

Então, por que ele faz isso? "Eu percebi que estava me tornando inacessível demais", disse. "Realmente precisei fazer alguma coisa para neutralizar essa propensão em me retrair." Por causa de seu trabalho (incluindo um aclamado livro sobre Sócrates), ele sabia da vital importância da conversa como ferramenta de aprendizado. Porém, segundo ele, também queria explorar "o que acontece quando você se abre a outras pessoas".

Os eventos da CNY ocorrem em faculdades ou em parques, e cada reunião atrai de quarenta a oitenta pessoas. Os participantes são divididos em grupos e conversam por noventa minutos, seguindo uma lista de perguntas sobre atualidades ou filosofia. Essas reuniões atraem uma variedade surpreendente de pessoas — abrangendo várias idades, raças, etnias e personalidades —, todas conversando enquanto Gross supervisiona, ouve, orienta e ocasionalmente expulsa pessoas que ficam agressivas demais ou não deixam as demais falarem.

À primeira vista, o conteúdo das conversas na CNY parece ser o ponto central. As pessoas trocam ideias e histórias. Mas Gross também tem outro interesse, que é relevante para nós. Ele deseja ensinar às pessoas *como* ter boas conversas. "Meu desejo é que as pessoas comecem a aprender que, para estar em uma conversa, precisam manter uma espécie de consciência dupla, até mesmo tripla", afirmou ele. "Consciência sobre o que é a conversa, sobre o que deseja dizer, e, por fim, um tipo de metaconsciência: *Estou contribuindo positivamente para o processo dessa conversa?* Ou: *Estou sendo arrogante? Estou sendo irrelevante? Não estou sendo construtivo?* Esses são os sentimentos subjacentes."

Essa consciência tripla, segundo ele, é a razão pela qual conversar com estranhos pode ser tão exigente do ponto de vista cognitivo, como vimos no Capítulo 2. Como jornalista, este tipo de coisa é uma realidade de vida para mim: durante uma conversa você escuta com atenção, mas também registra o que gostaria de falar em seguida; pergunta-se qual o melhor jeito de fazer isso; tenta fazer o interlocutor gostar de você *e* com certa frequência entra silenciosamente em pânico achando que não conseguirá o que precisa para a matéria e, portanto, nunca será pago. Isso sempre foi bastante desafiador para mim em diálogos com apenas um interlocutor — dizer que eu tenho a capacidade de atenção de um esquilo seria uma ofensa aos bichinhos. No entanto, fui atraído à CNY porque senti que me sentar em uma mesa e conversar com sete completos desconhecidos, com todo tipo de vivência possível, em um momento controverso da história norte-americana, seria um bom treino.

Participei de dois eventos de conversas da CNY, e, embora as interações sejam animadas e interessantes, o aspecto mais fascinante é observar uma conversa em grupo se organizar — na prática, observar o grupo se orientar sozinho até encontrar uma forma de equilíbrio. Você pode ver muitos elementos que discutimos no Capítulo 4 em ação. Temos a intenção coletiva de conversar. Partimos da premissa de que as pessoas têm pensamentos diferentes dos nossos e tentamos compreendê-los — esse é, basicamente, o objetivo — e tratamos uns aos outros como iguais, sem ninguém ditando aos outros a hora de falar. Essas capacidades, desenvolvidas há muitos anos e acopladas à linguagem, são a razão de a conversa ser produtiva.

Afinal, uma conversa em grupo é, essencialmente, uma iniciativa de cooperação e, como tal, leva um pouco de tempo para que se encontre a melhor forma de realizá-la, estabelecer o papel de cada um e como todos se encaixarão nela. Por exemplo, em uma discussão sobre racismo com um grupo que inclua um indígena norte-americano, dois jovens ásio-americanos, um eleitor de Trump, um executivo aposentado branco e uma mulher negra mais jovem, as pessoas podem, a princípio, ficar mais tímidas ou na defensiva. As coisas fluem devagar. Pode haver diálogos mais ríspidos. Isso é perfeitamente compreensível. Você não conhece essas pessoas e, francamente, não tem grandes expectativas. Talvez espere que elas correspondam aos seus estereótipos, e isso o impede de realmente ouvir o que estão dizendo. Talvez as menospreze antes mesmo de falarem qualquer coisa.

Todavia, ao se sentar frente a frente com essas pessoas, começa a se importar com o que elas pensam ou dizem. Não consegue evitar. Afinal, elas estão bem ali. Você vê seus olhos, ouve suas vozes, observa suas linguagens corporais e descobre rapidamente que suas mentes não são inferiores. A humanidade delas é inegável. E, conforme falam e se recusam com teimosia a se encaixar no estereótipo, revelam suas complexidades. É um mundo à parte das várias discussões de Facebook ou de Twitter, nas quais você pode dizer o que quiser sem nunca ter que assimilar o olhar de mágoa ou de raiva na face da pessoa que insultou, e vice-versa, e nas quais curtidas, cliques e a aprovação de seus aliados serve como incentivo para reduzir a complexidade alheia. No entanto, aqui não se está olhando para avatares. E estar na companhia física desses indivíduos serve tanto para tornar a conversa melhor quanto para mantê-la nos trilhos.

Após quinze minutos desajeitados tentando se organizar, o grupo começou a se acertar. Parece mágica. Aconteceu de forma muito natural e rápida. As pessoas ficaram confortáveis e um espírito de boa-fé venceu a barreira das formalidades; isso despertou a curiosidade para questões antes consideradas delicadas, além de permitir que as pessoas discordassem sem que isso fosse visto como um ataque pessoal ou acabasse em briga. Elas se permitiram ser surpreendidas por esses estranhos, e eu percebi que fazia muito tempo que não me surpreendia genuinamente com algo que me disseram — creio que isso ocorra devido à bolha em que passei boa parte da minha vida. Alguns falaram e outros escutaram. *Eu* escutei, o que não costuma ser uma grande habilidade pessoal. Como minha esposa gosta de dizer, eu sou um "tagarela alfa", destreinado na rara e negligenciada disciplina do autocontrole conversacional. Mas aqui estou, totalmente envolvido.

Passaram-se minutos e a conversa ficou mais profunda. As pessoas começaram a compartilhar histórias pessoais para detalhar seus argumentos. Isso deu aos demais permissão para fazer o mesmo, e, de forma natural, quase sem esforço, o grupo entrou em uma grande conversa que expôs lados inesperados de todos os presentes. O ex-executivo, por exemplo, revelou que não participou da Guerra do Vietnã declarando objeção de consciência. Quando falamos que a curiosidade é uma barreira contra o preconceito, ele afirmou que "preservar nossa curiosidade em relação às outras pessoas e aos seus sentimentos é ser curioso quanto ao que *se sente*". A jovem ásio-americana narrou experiências ruins de discriminação: "A *única* coisa que não consigo mudar é a cor de minha pele", disse ela, exasperada. O apoiador de Trump respondeu: "Se alguém lhe der um apelido preconceituoso, apenas diga: 'Obrigada. Sente-se melhor agora?'" Um participante passando por uma tragédia pessoal comentou, com um toque de angústia: "Eu sou quem sou, mas não a mesma pessoa que costumava ser." Em pouquíssimo tempo, relatos pessoais desencadearam mais relatos pessoais e entramos em algo muito mais interessante do que as perguntas que nos foram dadas.

As pesquisas corroboram isso. Estudos apontam que, quando uma pessoa expressa algo pessoal, o interlocutor faz o mesmo. Na verdade, ambos manterão o mesmo padrão de profundidade em seus relatos. Isso é conhecido como *efeito da reciprocidade de autorrevelação*. E é o que mantém a conversa fluindo. Além disso, o simples ato de fazer essas revelações é prazeroso e de tamanha intensidade que é percebido fisicamente. A psicóloga Diana Tamir conduziu um estudo que constatou que, quando pessoas revelam algo pessoal, isso estimula regiões cerebrais que compõem o sistema dopaminérgico mesolímbico, que está associado à recompensa. "A tendência humana de transmitir informações sobre experiências pessoais pode surgir do valor intrínseco associado à autorrevelação", aponta Tamir. Esse valor consiste no fato de as revelações pessoais estimularem conversas mais profundas e, por consequência, conexões ainda mais profundas, o que pode gerar novos relacionamentos ou fortalecer os já existentes.

Isso parece o tipo de coisa que uma pessoa que revela tudo sobre si de forma patológica usaria como um salvo-conduto para descarregar os pensamentos e temores mais internalizados em cima de todos na primeira oportunidade, mas uma análise de estudos anteriores realizada pelas psicólogas Nancy Collins e Lynn Carol Miller descobriu que pessoas que costumam se abrir — contanto que seja de forma adequada e você não esteja despejando suas questões mais sombrias e estranhas na pessoa que se senta ao seu lado no ônibus — são vistas como mais agradáveis. Embora esse efeito tenha se mostrado mais intenso em pessoas que já se conheciam, "é importante não negligenciar o impacto da autorrevelação entre estranhos nos primeiros contatos", escrevem as pesquisadoras. Elas constataram que o efeito é uma via de mão dupla. Também temos a tendência de gostar de pessoas que revelam coisas pessoais. Esse também é um processo adaptativo, pois leva à intimidade, nos auxiliando a desenvolver novos relacionamentos e a aprofundar os já existentes.

De acordo com o psicólogo Zick Rubin, parte do que acontece nessas interações é imitação. Uma pessoa define os termos da interação e a outra reproduz e refina esses termos. É uma espécie de improvisação. "As pessoas olham umas para as outras em busca de sinais que denunciem o tipo de resposta que se espera. Se alguém sentado ao seu lado em um trem fala sobre a falta de combustível, você provavelmente responderá algo condizente com esse tema. Se ele passa a tratar de assuntos pessoais e conta sobre seu recente divórcio — e se mostra no controle da situação —, você pode muito bem inferir que revelar assuntos pessoais é o comportamento esperado e a coisa adequada a se fazer", pontua Rubin.

Também há a questão da confiança. "Quando outra pessoa se revela, há uma probabilidade de que ela goste e confie em você", afirma o pesquisador. "Uma resposta comum em uma situação dessas é demonstrar a essa pessoa que sua afeição e boa-fé foram bem depositadas." Não responder da mesma forma implica julgamento. Por exemplo, se uma das minhas parceiras da Conversations New York dissesse: "Alguém me ofendeu com um insulto racista no trem ontem, eu desabei e comecei a chorar", e eu respondesse com a pergunta "Você viu o jogo ontem à noite?", ela presumiria que sua confiança foi mal depositada, e a conversa acabaria ali.

Voltando à CNY, nossa conversa em grupo prosseguiu e o tempo, que a princípio passava lentamente, ganhou velocidade, decolou e então acabou. Na sequência, todos os diversos grupos se reuniram em um círculo para comentar sobre suas experiências, sob a supervisão de Ron Gross. Algumas pessoas ficaram maravilhadas por seus grupos terem funcionado tão bem. Mais perguntas surgiram. Um homem perguntou: "É possível respeitar alguém de quem não gostamos?" Tímido, ele admitiu que não gosta de duas pessoas em sua vida. "Só duas?", brinca Gross. "Eu consigo pensar em dezenas... está com medo de quê?" Um homem latino, chamado Angel, contou de forma sarcástica a ironia de ter formado dupla com um homem mais velho e mal-encarado chamado Satan. Pois é. "Esse tipo de coisa só é possível aqui*", disse Angel. Outro, um participante negro de meia-idade, descreveu seu grupo da seguinte forma: "Crescemos juntos. Juntos ficamos mais sábios."

Ron Gross afirma que, segundo os relatos dos participantes, os eventos são sempre uma experiência rica — mesmo para aqueles que costumam não se envolver muito na conversa. "Eu sempre fico admirado quando ouço alguém dizer: 'Só queria lhe contar o que esse ano e a CNY signifi-

---

★ N. da T.: Os nomes dos participantes significam Anjo e Diabo, em inglês.

caram para mim", relata ele. Um participante enviou um e-mail para dizer que começou a participar dos eventos quando estava em um momento difícil da vida, e que a experiência de fato o ajudou a se recuperar. "Eu não fazia ideia de que isso influenciava pessoas nesse nível", disse Gross. "Para minha total surpresa, parece que os eventos têm um efeito profundo em algumas pessoas."

Ao que parece, nem eu mesmo sou imune à experiência. Após minha primeira conversa na CNY — que depois se tornaram muitas —, eu estava na rua em uma noite fresca de primavera e peguei o metrô para casa. Estava cansado — as conversas são fatigantes, como sabemos —, mas de uma forma prazerosa, e também um tanto eufórico.

Não direi que fiquei mais sábio, mas ter uma discussão profunda com estranhos cujas vidas são tão diferentes da minha foi um bom lembrete de que o caminho para a sabedoria sempre esteve ligado a conhecer pessoas novas. Não é o único caminho para chegar lá, obviamente, mas é uma via muito boa.

Capítulo 6

Falar com Estranhos: Edição Paleolítica

Encontramos um homem na biblioteca e aprendemos como rituais de saudação contribuíram para que estranhos — também conhecidos como "monstros não humanos mortos" — se tornassem amigos, pares românticos e colaboradores.

Permita-me contar outra história. Um tempo atrás, eu estava em uma filial da biblioteca pública próxima ao meu apartamento, trabalhando, quando a natureza chamou. Eu me inclinei na direção do homem que estava sentado à minha frente. Um completo desconhecido. Ele era magro, talvez na casa dos cinquenta anos de idade. "Com licença", disse eu, em voz baixa. Ele olhou para mim. "Você se importa de ficar de olho em meu computador? Preciso ir ao banheiro", perguntei. "Claro que não", respondeu ele, com um sotaque britânico bem carregado. "Pode ir." Eu fui, voltei e o agradeci. "Sem problemas", respondeu ele. Alguns minutos depois, seu telefone vibrou. "Desculpe", disse ele, apontando para seu notebook. "Se importaria?"

"De forma alguma, pode ir", respondi.

Meu notebook custou mais ou menos mil dólares. É pequeno, fácil de esconder e não pesa quase nada. Eu teria problemas sérios se ficasse sem ele. Presumo que o notebook dele também lhe seja valioso. Quando um de nós saiu para resolver suas coisas, o outro poderia pegar o computador alheio com facilidade, sair pela porta às pressas e desaparecer na cidade. Claro, existem leis, mas os policiais não chamarão um helicóptero para achar um notebook roubado. E, sim, sempre há a possibilidade de que a parte lesada consiga correr e pegar o ladrão na rua e dar uma boa surra nele, mas não se vê muitos brigões na biblioteca e eu não dou um soco há anos. Além disso, odeio correr.

O que estou dizendo é: pensando em todos os furtos possíveis, esse seria mamão com açúcar.

E, mesmo assim, não fizemos isso. Nem mesmo hesitamos diante da hipótese de defender a propriedade de outra pessoa contra um terceiro — o que é sempre uma possibilidade remota, já que minha amada biblioteca local recebe um número pequeno, mas notório, de pessoas problemáticas. Não: pedi ajuda a ele para proteger minha propriedade, e ele a protegeu. Depois ele pediu a mesma coisa, e eu retribuí o favor. E foi isso. Somos domesticados, afinal de contas. Somos macacos ultracooperativos.

Pouco depois, enquanto eu almoçava em uma mesa externa, ele se aproximou e puxou assunto. Disse que era do Haiti, que estava aqui há um ano e que, quando não estava se virando com vários empregos para sobreviver ou estudando na biblioteca, gostava de se sentar do lado de fora e falar com as pessoas para treinar seu inglês. Ele era quieto, amigável, determinado e disse estar feliz nos Estados Unidos, e desfrutar de sua companhia foi um daqueles lembretes vagamente embaraçosos de como algumas pessoas precisavam trabalhar duro para conseguir a bênção que recebi quando nasci, sem esforço.

O que ocorreu entre mim e aquele homem é uma cena corriqueira. Todos nós fazemos coisas assim o tempo todo. Mas o fato de fazermos isso tão prontamente, e quase sem pensar, é notável por si só. Como constatado, interações simples, mas estruturadas, como essa, são parte de nossa vida de uma forma ou de outra há muito tempo. Exemplos da aptidão social dos humanos, elas evoluíram como um mecanismo para nos auxiliar a interagir de modo pacífico e frutífero com estranhos. Antropólogos as denominam como rituais de saudação. E, assim como eu, quando você entender como eles funcionam e por que foram criados, começará a vê-los em absolutamente todos os lugares.*

Para grupos caçadores-coletores, seria um tanto raro encontrar um completo estranho — alguém sem conexão social alguma com um conhecido. Entretanto, conforme as redes sociais cresciam, foram surgindo os primeiros exemplos de uma categoria social totalmente nova: *estranhos intragrupais,* os quais surgiram, talvez, há 100 mil anos. O antropólogo Joe Henrich, de Harvard, explica desta forma: "Eles não são estranhos no sentido de você estar desconectado deles, mas no sentido de que é possível que você não os tenha encontrado, ou que possa levar algumas décadas até que se conheçam todos os membros do grupo geral." Antropólogos estimaram que esses grupos gerais — conhecidos como *nexos do bando* — podem compreender de setecentas a mil pessoas. Eles se mantinham coesos pela cultura, como discutimos no Capítulo 4.

Como foi possível que esses estranhos se encontrassem? Todas as sociedades são diferentes e, como eu disse, as estudadas por antropólogos podiam ser diferentes das de nossos antepassados, então é impossível ter certeza a respeito disso. Todavia, muitas sociedades ao redor do mundo desenvolveram rituais de saudação, que são "maneiras muito estilizadas de interação, as quais permitiram a abordagem por parte de estranhos", afirma Henrich. Eram formas de processar novas pessoas, de permanecer aberto à possibilidade de uma troca frutífera, mantendo, ao mesmo tempo, certa cautela no que se refere ao caos que um estranho poderia causar ao grupo.

Um pouco mais de conhecimento psicológico é útil para esse caso. Já discutimos o problema das mentes inferiores — a tendência de crer que estranhos em geral, os extragrupais em particular, têm mentes inferiores às nossas. E sabemos que temos tendência a pensar que nossos grupos são su-

---

* Uma nota importante: as ideias e observações a seguir foram extraídas de estudos de campo sobre sociedades caçadoras-coletoras, a maioria deles conduzida no século XX, alguns anteriores. Como humanos foram caçadores-coletores por 95% de seu tempo sobre a Terra, os pesquisadores normalmente recorrem ao registro antropológico para especular sobre como as sociedades humanas podem ter funcionado no passado distante — mas sempre com a ressalva de que não podemos saber disso ao certo, pois, como eu disse antes, comportamento não se fossiliza. Esses são nossos melhores palpites. Além disso, para fins de simplicidade, falarei sobre esses grupos no pretérito, pois muitas dessas culturas deixaram de ser caçadoras-coletoras puras, embora ainda haja algumas que seguem em seus modos tradicionais de vida.

periores. Na psicologia, isso é conhecido como *favoritismo intragrupal*. E não significa necessariamente que odiamos outros grupos. Contudo, estando sob ameaça — real ou meramente presumida —, nosso botão modulador da moral pode girar, e facilmente nos convencemos de que o estranho não é humano, mas, sim, um animal, um patógeno ou uma espécie de demônio. Há muitos exemplos trágicos dessa desumanização em ação. Porém, meu exemplo mais leve vem do povo Korowai da Papua Ocidental, uma província da Indonésia. A palavra deles para estrangeiro — *laleo* — adquiriu dois significados. O primeiro é "humanos estrangeiros". E o segundo: "monstros não humanos mortos". Posso chamar esse exemplo de "mais leve" apenas porque os Korowai eram entusiastas do comércio pacífico com forasteiros e se orgulhavam de sua habilidade de atrair visitantes.

Podemos pensar em rituais de saudação, portanto, como uma resposta, tanto ao favoritismo intragrupal quanto ao efeito das mentes inferiores. Quando nos deparamos com estranhos, tendemos a acreditar que eles não possuem, digamos, a mesma força de vontade que nós ou a mesma quantidade de miolos, e isso nos preocupa, o que é compreensível. "Uma das coisas que torna os estranhos assustadores é não saber suas intenções", diz Henrich. "Mas, se temos um acordo mútuo de que faremos esse ritual sempre que virmos estranhos, podemos, pelo menos, iniciar o contato com algumas práticas que afirmam: 'Ok, estamos prestes a ter uma interação pacífica, e, contanto que sigamos o ritual e ninguém se desvie dele, todos ficarão bem.'" Henrich nos dá um exemplo: "Ao se aproximar de um acampamento aborígine, não pode simplesmente entrar lá, porque todos ficariam irados e haveria um conflito", afirma ele. "Você teria que parar longe do acampamento, sentar-se com suas armas distantes de você e aguardar que eles se aproximem."

Vimos um exemplo recente do que acontece quando não se toma cuidado em tais abordagens. Anteriormente, mencionei as Ilhas Andamão, na Baía de Bengala. John Chau, missionário norte-americano, a visitou em 2018, pois acreditava que as pessoas de uma das ilhas — Sentinela do Norte — eram servas de Satanás. Ele chegou à praia e começou a gritar com eles em inglês sobre o poder redentor de Jesus Cristo. Eles responderam com flechas. O missionário escreveu em seu diário: "Senti um pouco de medo, mas, na maior parte, fiquei desapontado por não terem me aceitado logo de cara." Ele não deveria ter ficado surpreso. Essa é uma forma desaconselhável de se apresentar a membros de uma sociedade tradicional. E custou sua vida.

No entanto, ao executar um ritual de saudação bem-sucedido, estranhos conseguem demonstrar autocontrole, inteligência, que não são uma ameaça e que podem, na verdade, ser uma benesse. Desfazer a tensão entre estranhos de forma segura, encorajar a familiaridade e, com sorte, forjar um relacionamento é um processo altamente estruturado e de intensa observação. Em outras palavras, é a porta do olá do laboratório de chimpanzés, só que para pessoas.

O registro etnográfico exibe muitos exemplos ricos de rituais de saudação. Em 1932, o antropólogo Donald Thomson narrou uma situação ocorrida no Cabo York, ao norte da Austrália.

Três homens, cada um deles carregando um feixe de lanças, uma atiradeira e gravetos para fazer fogo, apareceram na beira do matagal ao norte do acampamento. Embora essa aproximação tenha sido vista de imediato, causando um clima de agitação no acampamento, não houve uma movimentação aparente até eles, que se aproximaram lentamente, ficarem a mais ou menos doze metros do limite norte, onde se agacharam, separados por alguns metros, abaixando suas armas à frente. Nenhuma palavra foi dita, e aparentemente não houve qualquer movimentação diferente no acampamento por dez ou quinze minutos. Então, um homem "grande" [mais velho] saiu desarmado e andou calmamente na direção do estranho à esquerda, cavou um sulco raso no chão próximo a ele com o pé, da forma que um nativo faz antes de se sentar, e então se agachou a mais ou menos um metro de distância do visitante […]. Até então nenhuma palavra foi dita. Eles nem sequer se olhavam, mantinham o olhar cabisbaixo.

Após alguns minutos, o velho do acampamento disse algumas palavras em tom de voz baixo — inaudíveis a mim, que estava a alguns metros de distância deles — e o outro respondeu no mesmo tom casual. Ainda assim, nenhum deles erguia o olhar — caso contrário revelaria aos atentos membros do acampamento o mais ligeiro sinal de interesse ou emoção. Por fim, o velho disse em voz alta uma única palavra, *Bat* (fogo), e um garoto trouxe um pequeno pedaço de madeira em brasa, entregou ao velho, que o colocou no chão, entre ele e o visitante com quem falou. Em tempos passados, isso teria, sem dúvida, concluído a cerimônia, mas, nessa ocasião, um cachimbo de tabaco foi aceso e entregue ao visitante. Então outro homem saiu do acampamento, seguiu calmamente até eles e falou com o homem na outra extremidade, entregando-lhe um presente, que foi retribuído.

Quatro décadas depois, o antropólogo australiano Nicolas Peterson tratou desse rito e de outros similares: "Por todo o continente, o fracasso de um visitante ou grupo de visitantes ao anunciar sua presença aos moradores locais é compreendido como um prelúdio a um ato de hostilidade e aumenta a probabilidade de agressividade por parte dos ocupantes do território", apontou ele. "Todavia, assim que a pessoa ou o grupo passa pelo rito de entrada, tem o mesmo acesso que os anfitriões a todos os recursos cotidianos do território."

Em 1934, os antropólogos Viktor Lebzelter e Richard Neuse observaram outro ritual entre os Sãs (conhecidos à época como Homens do Mato) no Deserto de Kalahari.* "Se dois Homens do Mato armados e que não se conhecem se aproximam, ambos se desarmam à primeira vista antes de se cumprimentarem. Quando um Homem do Mato vai a um vilarejo ou a uma fazenda, ele abaixa suas armas a uma determinada distância e senta-se para esperar pacientemente, por horas, se preciso for, até que lhe perguntem o que deseja ali."

Em 1957, a antropóloga norte-americana Lorna Marshall nos deu uma ideia sobre o que poderia ser essa conversa, em um livro escrito a partir do tempo que ela passou entre o povo !Kung, da parte ocidental do Kalahari: "A palavra deles para designar estranhos é *jũ/dole. Ju* significa *pessoa, dole* significa *estranha* ou *perigosa* — uma palavra para dois conceitos, no idioma !Kung, como se fossem um conceito único." Não obstante, ela descobriu que não era preciso muito esforço para que uma pessoa má virasse boa. "Quando um !Kung encontra um estranho e descobre que ele tem o mes-

---

* Os Sãs não são considerados caçadores-coletores *puros*, pois tiveram interações com povos pastoris por mil anos, mas a abordagem que utilizam para rituais de saudação é bastante semelhante à dos grupos caçadores-coletores que incluo aqui.

mo nome que um dos seus [...], ele se tranquiliza e vivencia um senso de pertencimento." Segundo Marshall:

> Gao, irmão de !U, foi até Khadum fazer uma tarefa para nós. Khadum fica a aproximadamente 186km ao norte de Gautscha e a cerca de 64km ao norte de Cho/ana, onde estávamos à época. Ele nunca havia estado em Khadum, e os Homens do Mato !Kung que viviam ali prontamente o chamaram de *jũ/dole*. Ele logo disse que soube que o pai de uma das pessoas de Khadum tinha o mesmo nome que seu pai, e que outro tinha um irmão chamado Gao. "Ah", disseram as pessoas de Khadum, "então você é o *!gun!a* de Gao" [o que pode significar homônimo, ou pessoa de mesmo nome] e eles o levaram para a fogueira e deram a ele goma comestível de presente.

Alguns rituais de saudação eram mais turbulentos, envolvendo provações ou jogos que pareciam trotes, servindo ao duplo propósito de dar boas-vindas ao estranho e de definir seu valor como um potencial confederado. Meu relato favorito data de 1885, quando o antropólogo Franz Boas publicou um registro memorável de rituais de saudação entre os Inuit, do Canadá, ao sudeste da Ilha de Baffin.

> Se um estranho desconhecido aos habitantes de um acampamento vem fazer uma visita, ele é bem recebido, com um grande banquete. Nas tribos do Sudeste, os indígenas se organizam em uma fila, com um homem à frente. O estranho se aproxima lentamente, com braços cruzados e cabeça inclinada para o lado direito. Então, o indígena dá um soco com toda a força em seu rosto, no mesmo lado e, ao seu turno, inclina sua cabeça, aguardando o golpe do estranho. Enquanto isso se desenrola, os outros homens jogam bola e cantam. Assim, eles continuam até que um dos combatentes seja derrotado.

Os rituais de saudação entre as tribos do Oeste são similares aos do Leste, contudo, somam-se "boxe, luta corporal e teste de facas" às menções de viajantes que os visitam. No Estreito de Davis, e provavelmente em todos os outros territórios, sempre se joga uma espécie de queda de braço quando um estranho chega. Dois homens sentam-se em uma grande pele de animal, com o peito desnudo, e um tenta esticar o braço do oponente, que por sua vez tenta mantê-lo dobrado. Esses jogos às

vezes são perigosos, pois o vitorioso tem o direito de matar o adversário, mas em geral o banquete termina de forma pacífica.*

Na rara hipótese de um caçador-coletor esbarrar com um estranho
fora do contexto adequado, ainda havia uma forma de evitar o conflito.
O antropólogo, historiador e geógrafo norte-americano Jared Diamond,
autor do livro *Armas, Germes e Aço,* explica como esses encontros podem
ser conduzidos. "[Uma situação tensa] poderia ser resolvida se os dois se
sentassem, dissessem seus nomes e os de seus parentes, bem como a exata
relação de parentesco, em uma tentativa de encontrar um parente em
comum, de modo que ambos tenham alguma relação entre si, não pos-
suindo base para se atacarem." Isso, aponta Diamond, pode continuar por
"muitas horas". Segundo ele, se nenhum vínculo fosse formado, haveria
duas opções: lutar ou fugir.

Quando as sociedades humanas aumentaram em população e complexidade, os rituais de saudação persistiram, embora com algumas modificações. Uma vez que pessoas se estabeleceram em vilarejos e domina-
ram a agricultura, atrair novos membros tornou-se tanto uma vantagem
pragmática quanto um símbolo de prestígio para os líderes. Alguns até
mesmo alegavam ter poderes mágicos para atrair estranhos para a comunidade. "Economicamente, um recém-chegado é um ativo para a tribo",
afirmou o antropólogo Otto Friedrich Raum sobre o povo Zulu da África
Meridional, em 1972. "Ele não apenas aumenta a população como também pode acrescer seu patrimônio em bens, em prole, em conhecimento
especializado [...] Estranhos eram bem-vindos, já que sua chegada auxi-
liava na variabilidade da sociedade, conferindo-lhe uma gama mais ampla
de personalidade e interesses." Eles apenas precisavam ser reconhecidos
como pacíficos antes de tudo. Dentro do povo Zulu, um estranho era visto

---

* Ao escrever sobre este ritual de saudação em 1977, o antropólogo Julian Pitt-Rivers se
perguntou: "Não seria provável que o direito de executar o estranho derrotado exista [...]
apenas para ser renunciado, estabelecendo-se o fato de que, subsequentemente à sua derrota,
ele 'devesse a vida' a quem o venceu? Esse fato certamente teria certo reconhecimento social
como uma espécie de vínculo; quando alguém lutou contra outrem por sua vida, perdeu e foi
poupado, esse alguém dificilmente consideraria tal relação como a de meros conhecidos." Da
mesma forma que o serviço militar, os esportes em equipe e as catástrofes podem unir estranhos de um jeito mais profundo, assim o faria esse ritual.

como fraco e forte ao mesmo tempo. Eram fortes devido às suas misteriosas e potencialmente perigosas influências estrangeiras, mas também fracos, pois não eram *nós*. Logo, o ritual de saudação precisava conciliar a ameaça e a oportunidade que eles representavam.

"A entrada de um estranho em uma [aldeia] pode ser comparada com a superação de uma sucessão de barreiras", escreveu Raum. Um estranho chegava aos portões e fazia as saudações. Um menino era enviado para descobrir de onde ele vinha. O menino, então, voltava para o interior da aldeia e passava essa informação ao líder e, sob seu comando, conduzia o estranho para dentro, onde lhe providenciavam uma cabana, às vezes o alojamento dos meninos. "Ele não pode sair da cabana que lhe foi designada", pontua Raum. "Se o fizer, levanta a suspeita de ser louco."

A antropóloga Harriet Ngubane escreveu sobre uma versão desse processo que observou na Reserva Nyuswa, em 1977: "Durante esse período, os povos locais têm a oportunidade de observar [os estranhos] e de decidir se são 'perigosos' ou não, e também se devem assimilá-los à sua vida social. Apenas após o período probatório, e quando as pessoas dos arredores mais próximos indicassem a aceitação dos estranhos, eles poderiam construir as próprias casas. Feito isso, eles chamariam um curandeiro local para preparar seus corpos e suas propriedades com remédios da região, para torná-los aptos ao novo ambiente."

No entanto, repare na temática que envolve todos esses rituais: regras, respeito, tempo, contato efetivo e algumas medidas de comunhão, ainda que breves. Quando você encontrava um estranho, sabia o que devia fazer e o fazia. Assim, demonstrava uma dose de previsibilidade, de familiaridade com a cultura mais ampla e de respeito pelos futuros anfitriões.* Ao seguir essas regras e sentar-se, às vezes desarmado, por horas ou permitindo que seja repetidamente socado na cara, você, o estranho, também demonstrava autocontrole — prova de que provavelmente não era um agente do caos, tinha todas as características humanas desejadas, gozava de plena sanidade e era, portanto, seguro admitir sua permanência.

---

* E boas maneiras básicas. Otto Friedrich Raum, que estudou os Zulu, foi elogiado em um obituário por demonstrar como "o comportamento ritualizado contribui para a distinção entre uma pessoa educada e uma mal-educada".

Retornemos à interação que tive na biblioteca. Quando iniciei o contato com o homem, não empurrei meu notebook na frente dele e disse: "Fique de olho nisso." Eu deliberadamente transmiti um ar calmo e previsível. Fiz contato visual, mas não o encarei. Educadamente e em voz baixa, pedi permissão para adentrar seu espaço — físico e psicológico — e utilizar seus recursos, deixando a decisão sobre concedê-los ou não a ele. Obviamente, imaginei que ele diria sim. As pessoas sempre dizem sim. Assim como em muitos grupos caçadores-coletores, sempre pede-se permissão, e ela sempre é concedida.

Ao permitir meu acesso, um relacionamento recíproco se formou. Isso me obrigou a retribuir o favor se a situação se apresentasse, e foi o que fiz. Mas mesmo que não o fizesse, talvez isso não impedisse o homem de ajudar outro alguém em um momento diverso. Falamos anteriormente sobre o conceito de reciprocidade indireta. Talvez ele apenas considerasse sua gentileza uma moeda no banco cósmico dos favores, que seria dada a alguém por outra pessoa, por uma força sobrenatural ou algo do tipo. Talvez, por ser um ultracooperador, ele não chegou nem a pensar nisso. O comportamento humano geralmente começa como uma resposta prática a um problema e, se o repetirmos com frequência, ele é codificado em nossos genes e se torna algo que simplesmente fazemos, sem pensar de fato sobre isso.

Não tornei a ver aquele homem desde então, e posso nunca mais vê-lo de novo, mas, por um momento, formamos um pequeno *nós*, tratando um ao outro como parente honorário: dezenas de milhares de anos de história humana culminando nesse momento ordenado e totalmente inexpressivo entre dois perfeitos estranhos em uma biblioteca pública. O fato de que essas coisas ocorrem em uma cidade de milhões de pessoas, entre estranhos de aparência e fala diferentes, aliado ao fato de elas acontecerem com tanta frequência que as tomamos como certas é evidência de uma conquista que, certamente, mesmo em nossos momentos de desesperança, devemos apreciar.

E é o que faremos agora, em uma longuíssima viagem de trem.

Capítulo 7

O Assassino e o Homem de Outra Dimensão

Viajo de trem por 42 horas em um esforço para aperfeiçoar minha conversa com estranhos e, no processo, faço amigos e aprendo os benefícios das verduras e as possibilidades emocionantes da viagem interdimensional.

Em algum lugar perto da fronteira da Califórnia com o Arizona, à luz da aurora, dois homens conversam sobre repolho. Um é alto, bronzeado, um cara robusto com uma camisa de flanela e aparência de fazendeiro. Vou chamá-lo de Rancheiro. Ele provavelmente está na casa dos sessenta anos. O outro é um homem sino-americano, mais velho. Ele está lendo um livro chamado *O Paradoxo dos Vegetais*. Vou chamá-lo de Vegetariano. São 5h30 e estamos todos acordados porque, por motivos que ninguém conseguiu explicar direito, foi o horário escolhido pela Amtrak para servir o café da manhã no trem. Estou bebendo café, com sono, enquanto olho pela janela do vagão panorâmico, observando os contornos escuros da paisagem passando, enquanto o árido Arizona se rende à Califórnia sob a luz dos primeiros raios de sol.

O Rancheiro se aproxima, dá uma olhada no livro do Vegetariano e se senta ao seu lado.

"Você gosta de ciências?", pergunta ele.

O Vegetariano responde que sim. O Rancheiro pergunta do que se trata o livro e o homem lhe explica. Diz que é sobre os perigos das lectinas, diz ele — proteínas de origem vegetal encontradas em muitas frutas e vegetais. Sem que percebam, a pequena interação se transforma em uma conversa sobre jejum e dieta. O Vegetariano conta que adotou esse estilo de vida há anos, desde que se aposentou. Ele também jejua regularmente. Eu me intrometo e pergunto se o jejum o deixa irritado. Um cara grande e barbudo atrás de mim ouve minha pergunta e dispara: "Eu, com certeza, ficaria! Preciso de carne, cara!" O Vegetariano assente com a cabeça e diz que sim, fica um pouco cansado quando jejua, mas que, no geral, nunca se sentiu melhor.

O Rancheiro pensa um pouco, estreita os olhos e pergunta: "Você gosta de repolho?"

"Repolho?"

"Sim, repolho."

"Repolho é bom."

"*Sério?*"

É maio de 2019 e estou em um trem — um percurso de 42 horas de Chicago a Los Angeles — porque, em minha busca para aperfeiçoar meus dotes em falar com estranhos, eu queria um contexto em que a conversa fosse a norma, mas em um local menos estruturado do que o das minhas experiências na Conversations New York. Se você procura um cenário em que conversar com estranhos seja praticamente obrigatório, os Estados Unidos são uma boa aposta. O país tem uma tagarelice que é incomum entre as nações ocidentais e isso sempre foi um dos aspectos que mais aprecio nele — mesmo em um momento histórico profundamente tenso como o atual. Somente nos EUA a frase clichê "para ele, não havia estranhos" seria considerada tão lisonjeira, tão desejável, tão virtuosa, que é comum vê-la citada em incontáveis obituários de norte-americanos todos os dias.

Em sua biografia de 1971, o grande ator britânico David Niven fala de um cruzeiro que fez quando jovem. "A travessia foi meu primeiro contato em massa com os norte-americanos e achei uma experiência deliciosa", escreveu. "A generosidade desprendida e curiosidade genuína deles foram um choque no início. Que inusitado ser questionado da forma mais pessoal possível nos primeiros minutos de contato ou ser agraciado com a reprise completa da vida de um estranho. Que diferença, para um estrangeiro desconhecido, ser convidado a juntar-se a um grupo de amigos ou a uma família para uma refeição."

Então ficou decidido: eu faria esse exercício nos Estados Unidos. Mas para que lugar específico do país eu deveria ir? Foi aí que o trem entrou em cena. Eu havia lido o livro *O Grande Bazar Ferroviário*, de 1975, do romancista e escritor de viagens Paul Theroux, que é praticamente uma narrativa sobre falar com estranhos durante uma viagem por meio mundo. Após uma interação frutífera, Theroux conta: "A conversa, como em muitas outras que tive em trens, gerou uma sinceridade imediata nascida da jornada compartilhada, do conforto do vagão-restaurante e da certeza de que nós não nos veríamos novamente." Além disso, na época, li um artigo em uma revista sobre viajar de trem pelo país, na qual o escritor observou que as pessoas nesse meio de transporte são "pessoas para quem conversar trivialidades é tão revigorante quanto uma carreirinha de cocaína". Era isso que eu queria.

Todavia, algo mais profundo me atraiu. Os norte-americanos são fascinados por trens. Eles transformaram os Estados Unidos e, portanto, os norte-americanos. Eu mantenho contato por correspondência com uma dessas pessoas, um músico chamado Gabriel Kahane. Após a eleição presidencial de 2016 nos Estados Unidos, Kahane ficou desanimado com o país. Então, decidiu passar duas semanas viajando de trem para sair de sua bolha e passar um tempo com seus conterrâneos. Na verdade, ele queria falar com estranhos — tanto no sentido de pessoas desconhecidas como pessoas das quais ele havia se distanciado, cultural e politicamente. A jornada resultou em seu aclamado álbum de 2018, *Book of Travelers*.

"Foi transformador", afirmou Kahane. "Isso reforçou, principalmente, minha crença de que as lentes do mundo digital por meio das quais interpretamos a conjuntura nacional são profundamente distorcidas. Não que não tenhamos diferenças ideológicas sérias, de vital importância, mas elas são muito mais fáceis de lidar quando você está diante de alguém de carne e osso em vez de um avatar digital cintilante e sem rosto." Kahane diz que a experiência o forçou a confrontar seus preconceitos sobre as pessoas de outras partes do país — embora raramente se discutisse política. Ele reparou que a maioria das conversas girava naturalmente em torno da família — em torno do amor que as pessoas têm por suas famílias e dos sacrifícios que fazem por elas. "Na verdade, isso me fez ter fé na humanidade", disse ele.

Foi o suficiente para me convencer. Reservei uma cabine no trem da Amtrak que cruza os Estados Unidos, o Southwest Chief. No dia da partida, peguei um táxi até o aeroporto LaGuardia. Uma senhora simpática na banca de jornal me perguntou para onde estava indo.

"Chicago, mas, de lá, na verdade pegarei um trem para Los Angeles."

"Minha nossa. Essa viagem leva quanto tempo?"

"Cerca de dois dias", respondi.

"Por que você não pega um avião?"

"Porque sempre quis fazer isso e descobri um jeito de viajar assim a trabalho."

"Não entendo, por que você não pega um avião?", indagou ela.

"Porque assim será divertido!", respondi.

Ela ficou me olhando.

"É uma aventura! Vou conhecer gente nova! A paisagem é linda! Terei uma cama!", disse a ela.

"Hotéis têm camas."

"Olha, você não vai mudar minha opinião sobre isso."

Ela deu uma risada e me desejou boa sorte. Peguei o voo para Chicago e, em uma esteira rolante do aeroporto, encontrei um homem com uma grande caixa de plástico, de formato estranho. Segui minha curiosidade, como me aconselhou Gillian Sandstrom.

"O que é essa coisa?", perguntei.

"É um cadáver", respondeu ele. E fez uma pausa. "Estou brincando. É um estande para uma exposição comercial."

Horas depois, entrei em um gigantesco trem na Union Station, encontrei minha cabine e lá fui eu.

Quando o trem parte e a viagem começa, o maquinista, um apresentador nato de origem colombiana, fez dois anúncios aos ocupantes de nosso vagão-leito de dois andares: "O café é quente, fresco, forte e colombiano. E eu também." Em seguida: "Não há Wi-Fi neste trem. Retiraram a internet do trem há dois meses. Sendo assim, vocês terão que conversar. Espero que se gostem." Conforme ele seguia enumerando as regras e as comodidades do vagão-leito, os viajantes já estavam circulando, espiando as cabines, apresentando-se e perguntando: "Você é o nosso vizinho?"

Minhas esperanças para essa viagem se concretizaram imediatamente. A beleza de viajar longas distâncias de trem é que os estranhos se misturam sem hesitação ou timidez. É um ambiente social completamente fluido. Como na sociedade de caçadores-coletores, o modelo é a fissão-fusão. As pessoas se misturam, se conhecem e apresentam quem acabaram de conhecer a outros. Além do mais, o constrangimento que as pessoas tendem a sentir com a ideia de falar com um estranho é reduzido. A mera presença no trem serve de convite à conversa — essa é a norma social — e você sempre tem uma boa frase de abertura: "Para onde você está indo?"

As pessoas quase sempre estão dispostas a conversar. Você não precisa se desculpar ou inventar um pretexto qualquer para falar com alguém. Os passageiros conversam ou entram em conversas alheias o tempo todo. Se ouvir algo que lhe interessa, basta se aproximar educadamente. Aposto que esse tipo de sociabilidade aberta tem a ver com alguns fatores. Primeiro, muitas dessas pessoas são do Sul e do Meio-oeste dos EUA, onde falar com estranhos é um costume. Em segundo lugar, estamos todos no mesmo contêiner de metal, o que significa que todos são reconhecíveis como membros do grupo à primeira vista. E terceiro, a menos que você faça parte de um quarteto, fará todas as suas refeições com estranhos. Se estiver sozinho, como eu, entrará no vagão-restaurante, lhe indicarão uma mesa e, então, você terá que conversar.

Meu primeiro jantar foi com um casal de aposentados, Penny e Bill, da Carolina do Sul. Eles estavam viajando para a Califórnia para visitar o irmão dele. Bill é um oficial da Marinha aposentado; seu trabalho exigiu que viajassem o mundo todo. Penny me contou que eles se mudaram 29 vezes. Uma vez, após fazerem planos de viajar à Nova Escócia de férias,

Bill comunicou à esposa que, na verdade, iriam a Paris. Penny ficou encantada, até ele esclarecer que estavam de mudança para lá. Então ela ficou devastada. Não queria se mudar novamente. Ela não falava francês, o que era um problema para uma tagarela nata. "Minha mãe costumava dizer: Penny, pare de falar e coma! Meus professores costumavam escrever '*Penny não fica quieta!*' em meus boletins. Mas sou assim!"

Ter um cachorro em Paris ajudou, disse ela. Foi uma similaridade incidental e derrubou barreiras entre ela e estranhos. Ela passou a dizer "olá" para um homem que sempre passava por ela enquanto passeava com sua cadela, Muffin. Um dia, ele respondeu: "*Bonjour* — qual é o nome dela?" Penny respondeu que era Muffin, e ele rebateu: "*Non, non, non!* O nome dela é... Croissant!" Depois disso, toda vez que eles se encontravam, o homem dizia: "*Bonjour*, Penny! *Bonjour*, Croissant!" Depois disso, as coisas melhoraram. Desde então, em todos os lugares aonde Penny vai, ela pergunta o nome dos cães a seus donos e conta que é uma maneira infalível de conhecer pessoas.

Conversamos muito, e ela nos contou tudo sobre suas aventuras, incluindo a vez em que acabaram ajudando uma amiga a fazer um parto de uma ovelha em uma fazenda na Inglaterra. Enquanto contava a história, ela se esforçou para se lembrar de uma palavra. Pergunta a Bill: "Como é a palavra para uma ovelha macho?"

"Bode."

"Não é bode!", responde ela

"Ei, eu não sei", exclamou ele. "Sou só um marinheiro!"

No decorrer da conversa, fiquei surpreso com minha sorte. Todas aquelas mudanças transformaram Penny em uma especialista em conversar com estranhos. Afinal, se ela não falasse com estranhos, nunca seria capaz de conhecer pessoas e desenvolver um senso de comunidade, segundo ela. Penny me contou que uma de suas técnicas é usar o seguinte truque: quando as pessoas dizem "Como vai você?", ela não responde "bem" e, sim, "estou ótima e melhorando a cada dia". Quando é ela quem pergunta, e eles respondem "bem", ela rebate com "Está mesmo?", e naturalmente surge uma conversa. De acordo com ela: "As pessoas *precisam* conversar."

Conversamos por duas horas — sobre a comida da Amtrak, sobre a vida, a política, qualquer coisa. A conversa simplesmente foi se desenvolvendo. Eu os achei fascinantes e adoráveis. Penny me chamou duas vezes de "um tesouro nacional" e, sendo bem franco, *já era hora de alguém notar isso*. Nossa quarta companheira de jantar, uma mulher de meia-idade, bronzeada e em boa forma, não tinha muito a dizer, exceto que os imigrantes estavam invadindo a Califórnia, como parte do que ela acreditava ser uma conspiração criminosa. Ela afirmou que nasceu na Inglaterra. E usa uma camiseta com a palavra AMOR estampada.

Naquela noite, fomos informados de que o trem faria uma parada devido a uma enchente no Kansas. À meia-noite, fomos conduzidos para fora do trem e levados até o ônibus, que seguiu viagem na calada da noite por três horas. E ainda assim as pessoas não pararam de conversar, pelo menos a princípio. Duas pessoas sentadas atrás de mim descobriram, depois das apresentações habituais, que *foram vítimas do mesmo tornado*. Depois de algumas horas, porém, as pessoas se cansaram e nosso ônibus ficou em silêncio. Um homem alto e agitado caminhou até a frente e disse algo para o motorista, depois deu meia-volta e retornou ao seu assento. Vinte minutos depois, ele repetiu esse ritual. Desta vez, o motorista lhe deu uma bronca: *"Senhor, volte para seu assento."* Os outros passageiros trocaram olhares. Vinte minutos depois, saímos da rodovia e entramos no estacionamento de um posto de gasolina cheio de viaturas de polícia. O homem se levantou, desceu do ônibus e se entregou aos policiais, sem dizer quase nada. Soubemos depois que ele pediu ao motorista para acelerar, porque, segundo ele: "Tenho que matar algumas pessoas na Califórnia."

No dia seguinte, aquele homem, que rapidamente ficou conhecido como "o Assassino", tornou-se o assunto do trem. Ao almoçar apenas um Bloody Mary com um aposentado de Indiana e duas mulheres mais jovens do Kentucky, olhávamos pela janela e conversávamos sobre a espantosa imensidão do Oeste norte-americano passando pelas janelas do vagão-restaurante. O homem nos disse que isso não era nada. Ele contou que recentemente começou a dar aulas para adultos sobre o tamanho do Universo. Sacou uma moeda de 25 centavos, colocou-a sobre a mesa e disse: "Se nosso sistema solar é essa moeda, nossa galáxia tem o tamanho dos Estados Unidos." Depois disso, a conversa girou em torno de nossa perplexidade com essa informação. E, quando o trem parou no meio do deserto do Novo México, alguém em outra mesa alertou: "Ô-ou, o que aconteceu agora?"

"Não sei, mas há alguns ônibus estacionados do lado de fora", brinquei.

"E quem está dirigindo um deles é o Assassino", disse uma de nossas companheiras. "Ele está acenando para nós!", brincou ela, acenando de volta.

O resto da viagem seguiu assim, conversas surgiam a todo instante, algumas casuais, outras mais profundas e pessoais — com uma assistente social, um fazendeiro, um professor de arte, entre outros. A maioria das pessoas era de meia-idade ou mais velha, mas não todas; provavelmente três quartos delas eram brancas. No entanto, todos interagiram nos dois dias que passamos juntos viajando pela metade ocidental do país. O tempo amplo e o cenário magnífico deixam as pessoas confortáveis e sem reservas sobre si mesmas. Depois de praticamente um dia, sinto que estou aprendendo a conversar de novo. A apenas relaxar e deixar tudo fluir. É uma colaboração, não uma competição. Porém, o clima no trem é tranquilo e revigorante. Evidencia a complexidade das pessoas. Todo mundo é uma boa companhia. A história de todos é muito boa. Eles são familiares o suficiente para nos identificarmos com eles, mas diferentes o bastante para serem interessantes.

O que nos leva de volta ao repolho. Depois que o Rancheiro e o Vegetariano esgotaram o assunto do jejum, comecei a conversar com o Rancheiro. Havia algo nele, em seu jeito de falar, que me deixou intrigado, algo excêntrico, que destoava de sua aparência. Perguntei o que ele fazia da vida, mas o homem se esquivou da pergunta. "Atualmente, eu penso. Talvez pense até demais", diz ele.

"Você pensa em quê?"

Depois de me repetir insistentemente que sua opinião não importava, ele começou a falar. Ele me disse que, na verdade, teve uma ideia naquela manhã, enquanto olhava pela janela de sua cabine. Contou que há muito acredita na existência de outras dimensões e crê cada vez mais que elas podem estar mais perto de nós do que pensamos. Segundo ele, quando passamos por um trem de carga que seguia na direção oposta naquela manhã, algo lhe ocorreu. Afirmou que percebeu que, de certa forma, o trem de carga bloqueava sua vista. Entretanto, se apertasse os olhos, ainda poderia ver o deserto à luz do luar pela fresta entre os vagões. Contou que imaginou esse trem de carga como a outra dimensão, cheio de um conteúdo não identificável, passando tão rápido que a única coisa que conseguíamos ver era nosso próprio mundo pelas frestas entre seus vagões.

"Talvez então", disse ele, "perceber outra dimensão seja simplesmente uma questão de velocidade". O Rancheiro se perguntou se seria possível desacelerar a mente o bastante para conseguir enxergar essa outra dimensão passando diante de nossos olhos. Ele se sente reconfortado em saber que ela está ali, mas ainda assim fica feliz em haver uma distância de metros entre a outra dimensão e a nossa. "Eu não gostaria de trombar com ela por aí", confessou ele, dando uma risada.

Então, o homem ficou quieto e eu comecei a pensar que sinto o mesmo em relação a estranhos: são veículos transportando carga desconhecida, contêineres de universos inteiros, passando silenciosamente diante de nós, dia após dia, sem que tenhamos a menor ideia disso. Algumas culturas tradicionais insulares acreditavam que estranhos eram — literalmente — visitantes de outras dimensões, além do horizonte conhecido. De certa forma, eles tinham razão. Estranhos são isso mesmo. E podemos viver a vida inteira sem nem sequer enxergá-los se não aprendermos a olhar direito.

O homem e eu olhávamos pela janela do vagão panorâmico quando o dia amanheceu no deserto da Califórnia, e ele disse que somente em um trem se pode ter tais pensamentos, então se levantou e foi embora antes que eu pudesse perguntar seu nome.

Capítulo 8

Como os Humanos Passaram a Contar com a Bondade de Estranhos

Aprendemos que ser hospitaleiro com estranhos não foi uma exceção na história profunda — mas uma lei sagrada que deu o alicerce da civilização humana, e quebrá-la fez com que os deuses transformassem você em um pássaro.

Dois caras entram em um vilarejo. Eles estão vestidos como mendigos e vão de porta em porta para verificar se as pessoas estão sendo legais com estranhos. Um deles é Jesus Cristo, o Filho de Deus, segundo a tradição cristã. O outro é São Pedro, seu braço direito e a rocha sobre a qual está construída a igreja d'Ele. Jesus e Pedro chegam à casa de uma velha camponesa e imploram por pão. Ela lhes dá algumas migalhas. Jesus lhe dá outra chance e milagrosamente faz com que o bolo no forno cresça, para que ela tenha mais alimento para compartilhar. Mas ela continua avarenta. Nesse momento, Jesus e Pedro decidem que já viram o suficiente e a transformam em uma coruja.

Esse é um conto folclórico europeu da Idade Média, mas existem outras versões. Em uma variação que apareceu nos países bálticos, Jesus e Pedro punem a avarenta, forçando-a a criar duas cobras como filhos adotivos. Em outra versão, desta vez escandinava, ela é transformada em um pica-pau. Na Alemanha, eles a transformam em um pássaro cuco.

Essas histórias não são apenas cristãs nem se limitam à Europa ou à Idade Média. Uma versão marroquina, que também apareceu na Espanha, Rússia e Turquia, apresenta o Profeta Maomé no papel de mendigo. Seu rico anfitrião se recusa a matar uma ovelha para alimentá-lo e, em vez disso, escalda um gato. Maomé reage trazendo o gato à vida e transformando o homem em uma coruja. Em um conto popular dos indígenas norte--americanos, uma senhora e seu neto são desprezados pelos mesquinhos habitantes da cidade. Eles punem os sovinas transformando-os e a todos os seus filhos em, isso mesmo, pássaros.*

Na tradição folclórica japonesa, o estranho — *ijin,* ou "pessoa diferente" — frequentemente aparece como um funileiro, um estrangeiro, um mendigo ou algum outro tipo de forasteiro vulnerável, mas na realidade é um deus, um sacerdote, um príncipe ou outra pessoa dotada de poderes mágicos. Em uma dessas histórias, um sacerdote budista chamado Kōbō Daishi chega a um vilarejo onde a água é escassa. Ele está vestido como um mendigo e implora por um copo de água. Uma mulher viaja uma grande distância até um poço e lhe traz o que deseja. Para agradecê-la, Kōbō Daishi bate seu cajado no chão e faz brotar uma borbulhante fonte de água. Na aldeia seguinte, onde a água é abundante, Kōbō Daishi é desprezado. Dessa vez, ele bate o cajado no solo com raiva. Os poços secam e o assentamento definha.

No Ocidente, os gregos antigos talvez sejam os mais conhecidos por promover a ideia de que deuses habitam os estranhos. Dizia-se que os estranhos eram protegidos por Zeus, que era tanto o pai dos deuses quanto o deus dos estranhos. Ele frequentemente assumia o disfarce de mendigo errante para verificar se as pessoas não estavam maltratando estranhos. Na *Odisseia,* o poema épico grego escrito no século VIII a.C., um ex-escudeiro do herói Odisseu encontra seu antigo mestre após um longo período separados. O homem não o reconhece, mas ainda assim lhe oferece sua hospitalidade. "Você deve comer alguma coisa, beber um pouco de vinho e me dizer de onde é e os tempos difíceis que viveu", disse ele. "Todos os andarilhos e pedintes vêm de Zeus." Em *As Leis,* de 360 a.C., Platão

---

* Ao ler essas histórias, chega um ponto em que você começa a se perguntar se foi delas que surgiram os pássaros.

advertiu: "Todo aquele, portanto, que for minimamente prudente tomará o máximo de cuidado de viver toda sua vida, até o seu fim, sem perpetrar qualquer ofensa contra estrangeiros."* Essa faísca queimou por milênios, entrando nas tradições folclóricas de todo o mundo. Em sua música *Stranger Blues*, o blueseiro norte-americano Elmore James cantou: "Bem, eu me pergunto como eles perseguem tanto um pobre estranho / Sim, eu me pergunto como eles perseguem tanto um pobre estranho / E todos eles deveriam se lembrar / Que colherão o que plantaram."**

Vimos nos capítulos anteriores que nos tornamos quem somos, em grande parte, porque aprendemos a cooperar com estranhos. Desenvolvemos a capacidade de formar parentesco honorário, o que nos permitiu tratar estranhos genéticos como família. Desenvolvemos a capacidade de estabelecer reciprocidade indireta, o que nos permitiu forjar relações cruciais com outros grupos. Desenvolvemos culturas nas quais simples adornos indicavam que o estranho era de fato um de nós e elaboramos rituais de saudação para interagir com eles de forma segura. Todos esses desenvolvimentos permitiram ao *Homo sapiens* escalonar o *nós* a dimensões que teriam atordoado a imaginação de seus ancestrais distantes.

Isso nos leva ao próximo grande salto evolutivo em nossa vida entre estranhos, nossa próxima renascença social: a hospitalidade. Assim como o parentesco honorário, a hospitalidade é algo que começou como uma solução prática para um novo problema e, com o tempo, se mostrou tão essencial para o sucesso dos humanos que acabou se tornando simplesmente parte de nossa moralidade, algo que fazíamos sem pensar, algo codificado em nossos genes. "Uma coisa que está clara é que os humanos entendem e praticam a hospitalidade de forma quase tão ampla quanto entendem e praticam o parentesco, as interações ou as dinâmicas de gênero", afirma Andrew Shryock, um antropólogo da Universidade de Michigan que se especializou em hospitalidade. "É algo que evoluiu conosco, como parte

---

* N. da T.: As palavras estranho e estrangeiro são usadas neste contexto de modo intercambiável, ambas significando "aquele que vem de fora", "aquele que não faz parte".

** N. da T.: "Sometimes I wonder why they treat a stranger so / Yes sir, sometimes I wonder why they treat a stranger so / They all should remember that / They're gonna reap just what they sow."

de nós", acrescenta. "Meu palpite é que a sociabilidade humana é impossível sem a hospitalidade."

A tradição de hospitalidade para com estranhos é, obviamente, mais do que apenas histórias populares de pessoas que parecem realmente odiar pássaros. É uma prática de milhares de anos. Em 1906, Edward Westermarck, um filósofo finlandês muito viajado, considerado um dos fundadores da sociologia, publicou *The Origin and Development of the Moral Ideas* ["A Origem e Desenvolvimento das Ideias Morais", em tradução livre], no qual ele examina dezenas de sociedades tradicionais que ofereciam hospitalidade generosa a estranhos. "O estranho com frequência é recebido com distinções especiais de honra", observou Westermarck. "O melhor assento é atribuído a ele; a melhor comida à disposição do anfitrião lhe é servida; ele tem precedência sobre todos os membros da família; goza de extraordinários privilégios."

Havia tanto prestígio associado a hospedar o estranho que as pessoas competiam para atraí-lo. Sobre os árabes do Sinai, Westermarck escreveu: "Se um estranho for visto de longe vindo em direção ao acampamento, ele é, por aquela noite, convidado da primeira pessoa que o identificar e que, sendo homem adulto ou criança, exclamar: 'Lá vem meu convidado!'" Westermarck descobriu que os conceitos de hospitalidade e sobrenaturalidade se misturam em muitas culturas. O estranho representava outra dimensão, em todas as suas graças e terrores. Segundo ele:

> Entre as doutrinas sobre aceitação, defendidas pelos instrutores religiosos dos iroqueses, havia o seguinte preceito: "Se um estranho perambular por sua morada, receba-o em sua casa, seja hospitaleiro com ele, use palavras amáveis e nunca se esqueça de mencionar o Grande Espírito." Os nativos de Aneiteum, nas Novas Hébridas, afirmavam que a hospitalidade generosa receberia a maior recompensa na Terra dos Mortos. Os Calmucos acreditam que a falta de hospitalidade será punida por deuses enfurecidos. Os Khonds dizem que o primeiro dever que os deuses impuseram ao homem é o da hospitalidade; e "as pessoas culpadas por negligenciar as observâncias estabelecidas são punidas pela ira divina, seja durante suas vidas atuais, seja quando retornarem posteriormente para animar outros corpos", sendo as penas de morte, pobreza, doença, perda de filhos ou qualquer outra forma de calami-

dade. Nos livros sagrados da Índia, a hospitalidade é repetidamente mencionada como o dever mais importante, cujo cumprimento será amplamente recompensado. O cântico védico nos diz que "O homem inóspito... não vive, embora respire". De acordo com o Vishnu Purana, uma pessoa que negligencia um estranho pobre e sem amigos que necessita de hospitalidade vai para o inferno. Por outro lado, ao honrar os hóspedes, o chefe de família obtém a maior recompensa. "Aquele que recebe convidados por uma noite obtém felicidade terrena; por duas noites, o espaço intermediário; por três, a bem-aventurança celestial; por quatro, o mundo de bem-aventurança insuperável; por muitas noites, conquista mundos infinitos. Assim foi declarado no Veda." É dito no Mahabharata que "aquele que dá comida gratuitamente a um viajante cansado, a quem nunca viu antes, obtém grande mérito virtuoso".

Havia poucos limites impostos à hospitalidade em muitas dessas sociedades. Se o homem que matou seu irmão pedisse hospitalidade, você devia concedê-la. E, se alguém viesse matar seu convidado, você tinha que defendê-lo, até com a própria vida.

Segundo Andrew Shryock, em muitas culturas, hospitalidade e religião não estão apenas relacionadas. São inseparáveis. "A hospitalidade desenvolveu-se junto com a religião", afirma ele. "É difícil dizer se a hospitalidade obtém seu poder de sua santidade ou se ela empresta seu poder ao sagrado." Em outras palavras, somos religiosos por causa da hospitalidade ou somos hospitaleiros por causa da religião? É impossível dizer. Shryock passou anos estudando a hospitalidade árabe — *Karam* —, pesquisa que o levou às tribos Balga, da Jordânia. Sobre os Balga, Shryock escreveu, em 2012: "Uma casa sem hóspedes, sem os espaços necessários para os receber e sem os materiais necessários para preparar comida e bebida não é apenas fraca, é vergonhosa." Segundo ele, a hospitalidade é uma espécie de fé profunda, "'uma marca a fogo na pele' herdada 'do pai e dos avós'". Um homem Balgawi disse a Shryock: "*Karam* não é apenas uma questão de comida e bebida. A hospitalidade vem da alma; vem do sangue."

A importância da obrigação era tanta que se dizia que os beduínos ocasionalmente hospedavam um estranho com um zelo que poderia levar a uma espécie de loucura, especificamente, a *hiblat al-'arab* — "a loucura árabe" —, na qual uma pessoa tomada pelo espírito dá tudo aos convidados.

Shryock passou anos procurando por uma história folclórica específica do Vale do Jordão em que um homem deu seus filhos a um estranho porque não tinha nada mais valioso a oferecer. Havia mais histórias semelhantes com a mesma mensagem. Da mesma forma que um fanático pode perder tudo em busca da face de Deus, também pode o *karim* — o homem hospitaleiro — aproximar-se demais do ideal ruinoso da hospitalidade total quando se deparar com o rosto de um estranho viajante.

Hoje, quando pensamos em hospitalidade, geralmente pensamos na indústria da hospitalidade privada, que hospeda viajantes cansados por uma taxa, substituindo a conversa pelo Wi-Fi, e os banquetes suntuosos de outrora por café ralo e muffins úmidos embrulhados a vácuo, servidos no saguão entre 7h e 9h. Mas, para nossos ancestrais distantes, a hospitalidade a estranhos era algo totalmente diferente, uma prática diária elevada a um plano sobrenatural, transformada em uma lei inviolável imposta por deuses, sacerdotes e qualquer outra pessoa com o poder de fazer você pagar caro por maltratar um estranho.*

O que nos leva à nossa próxima pergunta: por quê?

Os gregos valorizam muito a hospitalidade, denominada *xenia,* do radical *xenos,* que significa "estranho", de onde derivam as palavras "xenofobia" e "xenofilia". Mas os gregos não inventaram essa tradição. Ela é muito mais antiga. Não sabemos exatamente quanto, mas evidências arqueológicas sugerem que a hospitalidade como a entendemos hoje pode ter começado para valer há cerca de 10 mil anos, por volta da época da revolução agrícola, quando o estilo de vida caçador-coletor começou seu longo declínio. Assim como a cooperação, o parentesco honorário e os rituais de saudação,

---

* Às vezes, o poder sobrenatural também está nas mãos do anfitrião. Em um estudo de 1951 em Toraja, onde hoje é a Celebes do Sul, na Indonésia, Nicolaus Adriani e Albertus Christiaan Kruyt descobriram esta joia:

> Às vezes estranhos se comportavam de maneira rude e abriam um campo no território de outra tribo sem ter pedido permissão para fazê-lo. Isso era feito por pessoas que, entre outras razões, sabiam que os donos das terras não podiam se levantar contra sua tribo, evitando, assim, aborrecimentos. "Mas, nesse caso, amaldiçoamos as pessoas [disse um morador]... e então nossos ancestrais surgem na forma de ratos para comer seu arroz e milho, para que não haja nada a se colher."

a hospitalidade em seus estágios iniciais provavelmente não era apenas uma coisa boa ou virtuosa a se fazer. Era uma atitude eficaz. As pessoas a praticavam porque era benéfica.

O arqueólogo Martin Jones, da Universidade de Cambridge, estuda o fluxo de bens, alimentos e cultura por grandes distâncias na época em que os humanos começaram a se fixar e a cultivar terras. Segundo ele, esse período deixou muitas evidências demonstrando que os seres humanos, sempre uma espécie móvel, de repente começaram a percorrer distâncias cada vez maiores. Arqueólogos encontraram conchas que viajaram por toda a extensão do rio Eufrates, cerca de 2.800 quilômetros, e obsidiana, a reluzente rocha ígnea negra usada em lâminas ornamentais, em uma trilha que conecta o centro da Turquia ao Sudoeste da Ásia. Essas distâncias podem significar pouco para nós hoje, mas para a época eram extraordinárias, mesmo para uma espécie que carrega no sangue o impulso de viajar.

De acordo com Jones, a hospitalidade tornou isso possível. A humanidade começou sua transição da caça e da coleta para a agricultura, e de um estilo de vida nômade para o sedentário. Uma vez que as comunidades começaram a se formar, puderam ser usadas efetivamente como centros de trânsito para estranhos em deslocamento. Jones afirma que, ao estabelecer morada, esses colonos "estavam criando uma paisagem humana fixa que possibilitava um novo tipo de mobilidade para os viajantes, por distâncias consideráveis. Essas novas paisagens de permanência e mobilidade geraram novos tipos de encontros sociais, às vezes entre completos estranhos". Hoje temos cidades e vilas, hotéis, Airbnbs, aeroportos e terminais de ônibus para facilitar viagens de longa distância; naquela época, esses assentamentos incipientes serviam a esse propósito.

Baseando seu argumento em análises de DNA antigo, Jones acredita que esses viajantes eram, na maioria, homens. Mais especificamente, eram homens perdidos — machos "excedentes" ou "exportados". Jones acredita que, quando a caça — tradicionalmente um trabalho dos homens — começou a dar lugar à agricultura, eles simplesmente não tinham muito o que fazer. No mundo de hoje, uma abundância de homens excedentes, sobretudo mais jovens, pode ser um problema. "O comportamento dos jovens excedentes do sexo masculino também segue um padrão muito previsível", afirmam as cientistas políticas Valerie Hudson e Andrea den

Boer, que estudaram o problema. "A teoria sugere que, em comparação com outros homens na sociedade, [eles] estarão propensos a buscar satisfação por meio do vício e da violência e tentarão captar recursos que lhes permitirão competir em pé de igualdade com os outros." Todavia, há 10 mil anos, talvez porque os videogames e o nacionalismo branco ainda não tivessem sido inventados, esses homens pegaram a estrada. Jones acredita que eles se tornaram uma legião de andarilhos e vendedores ambulantes, carregando com eles objetos de status, como conchas decorativas, ferramentas, armas e também alimentos, como grão-de-bico, figos, feijões e diferentes tipos de trigo, de povoado em povoado, percorrendo grandes distâncias de diversidade extraordinária. "Sua migração para novos territórios se tornou uma força motriz influente no povoamento do mundo moderno", pontua Jones.

Cerca de mil anos depois, com o estabelecimento de teias sociais mais amplas, as pessoas viajavam para encontrar um lugar para fixar moradia, trazendo consigo animais domesticados, novas técnicas agrícolas e de construção e novas crenças culturais e espirituais. As teias sociais cresceram, a inovação acelerou, novas pessoas se encontraram e as populações se misturaram, formando teias sociais cada vez maiores. O que começou como encontros amigáveis entre indivíduos, com o tempo se transformou em uma tradição, e essa tradição, segundo Jones, se tornou a "pedra angular da civilização".*

É óbvia a razão pela qual a hospitalidade é um bom negócio para os viajantes. Você viaja de um lugar para outro e as pessoas lhe dedicam especial atenção e lhe dão comida e hospedagem de graça. Mas em que isso beneficia os anfitriões? Eles já têm casa, comida, roupas — por que compartilhá-los com um estranho aleatório? Ele pode ser perigoso. Por que deixá-lo

---

* Conheço o contra-argumento: a civilização humana é uma catástrofe ecológica, a humanidade é um câncer na Terra, e todos nós estaríamos melhor se tivéssemos permanecido como caçadores-coletores para sempre. Simpatizo com esses argumentos e admito que eles não são totalmente desprovidos de mérito. No entanto, embora a civilização humana ainda precise trabalhar muito para conseguir atingir seu potencial, continuo apaixonado por ela. Algumas das minhas pessoas favoritas, penso eu, ainda são pessoas.

entrar? Edward Westermarck se perguntou a mesma coisa em 1906: "O fato de um estranho que, em outras circunstâncias, seria tratado como um ser inferior ou inimigo, passível de ser roubado e morto impunemente, poder desfrutar de privilégios extraordinários como um convidado é certamente um dos mais curiosos contrastes que se apresentam a um estudante das ideias morais da humanidade. Pode-se perguntar: por que ele deveria ser acolhido?"

Existem algumas respostas possíveis para essa pergunta. Primeiro, há uma explicação caridosa: os anfitriões podem ter visto um estranho passando necessidade e talvez tenham sentido algo — empatia ou, pelo menos, simpatia. Em climas particularmente severos, digamos no deserto do Sinai, negar hospitalidade a um estranho equivale a assassinato. O estranho estava parado bem na sua frente, assassiná-lo era algo ruim e, portanto, era sua responsabilidade mantê-lo vivo. Se ele morresse, talvez nada acontecesse. Mas, talvez, seu deus se enfurecesse, seus vizinhos o humilhassem ou o estranho tivesse amigos por perto que podiam querer vingá-lo. Melhor arriscar a hospitalidade.

Entretanto a hospitalidade não se limitava à gestão de riscos. Um estranho era um aliado em potencial. No caso dos gregos antigos, por exemplo, a região do Mediterrâneo era tão sem lei que qualquer oportunidade de estabelecer um relacionamento com alguém de outro lugar era vista como algo que só um tolo deixaria passar. Em vez de estados centralizados, esses relacionamentos forneciam contatos, notícias e alianças potenciais que possibilitavam viajar pelo mundo grego. Você hospedaria alguém de outro lugar e, mais tarde, teria um lugar seguro para ficar quando precisasse. E, caso criasse uma reputação de bom anfitrião, outros podiam procurá-lo, aumentando o potencial para mais relacionamentos que garantiriam seu lugar no mundo e o protegeriam dos ventos em uma época impiedosa. A hospitalidade era muito importante. Para os gregos: "Todo homem considerava seu privilégio e dever inviolável receber e entreter qualquer estranho que solicitasse hospitalidade", escreve o historiador Oscar Nybakken. "Um estranho quase sempre era acolhido assim que chegava; a demora na acolhida era uma vergonha para o anfitrião."

Há uma passagem na *Odisseia* — às vezes conhecida como a Bíblia grega — que captura perfeitamente essa mentalidade. Quando Odisseu e seus homens encontram o Ciclope, eles lhe pedem hospitalidade. O Ciclope responde chamando Odisseu de tolo, diz que não tem medo de Zeus porque seu povo é mais poderoso do que qualquer deus e devora vários dos homens de Odisseu. Este responde com uma exasperação quase cômica. "Você é louco. Depois disso, algum viajante virá vê-lo?" A ideia é que, mesmo se você fosse literalmente um monstro de um olho só que tivesse tudo do que precisava e não temesse nenhum deus, ainda teria que ser louco para não querer que estranhos o visitassem. Eles eram valiosos nessa magnitude.

A hospitalidade não floresceu porque os anfitriões se convenceram da bondade essencial da humanidade. Eles não acreditavam necessariamente que as pessoas eram boas, confiáveis, interessantes ou divertidas. Na verdade, foi o oposto, como sugere a palavra latina para "convidado" — *hostis* —, que pode significar tanto "estranho" quanto "inimigo". A hospitalidade servia para aplacar o medo e aproveitar a oportunidade em um ambiente instável. As pessoas sentiam profunda ambivalência quando aparecia um estranho, porque ele representava o desconhecido, e isso, por sua vez, representava tanto uma ameaça quanto uma oportunidade. Uma ameaça porque eles podem matar sua família, roubá-lo ou semear o caos em sua vida ou em seu vilarejo de outra forma. E uma oportunidade, pois nunca se sabe que tipo de conhecimento, informação ou itens carregam nem quem são.

Ao oferecer hospitalidade, você leva esse medo para dentro de sua casa — literalmente domesticando-o —, serve-lhe comida e bebida e lhe dá um lugar para dormir. Ao fazer isso, você relaxa sua mente e conhece o indivíduo. O filósofo Nietzsche argumentou que a hospitalidade era uma forma de "paralisar a hostilidade em um estranho", mas isso também pode ter sido uma forma de paralisar o medo no anfitrião. Você se sentava com essa pessoa, comia, olhava nos olhos, conversava — por horas, muito provavelmente, já que eles não tinham iPhones para se distraírem, entorpecidos — e, ao fazê-lo, dissolvia a tensão.

Uma vez que isso ocorria, um pequeno *nós* podia se formar, e algo especial podia acontecer. Naquele momento: "Estranhos temíveis podiam se tornar hóspedes, revelando aos anfitriões toda a promessa que carregavam consigo", escreveu o teólogo holandês Henri Nouwen, em 1975. Essa promessa podia ser amizade, uma aliança ou uma parceria comercial. Talvez ele pudesse lhe dizer onde encontrou água; dar-lhe algumas sementes para uma nova safra ou revelar uma técnica de cultivo. Talvez o presente que ele esteja oferecendo seja uma faca, contas decorativas, uma boa piada, uma música, uma história engraçada ou apenas um pouco de boa companhia para quebrar a monotonia. E, se você viajar para a terra dele, ele retribuirá o favor. Esse é o início daquela reciprocidade indireta que vimos em grupos de caçadores-coletores. E a reciprocidade é "a cola que mantém qualquer sociedade unida", argumenta o grande antropólogo Julian Pitt-Rivers. "Depois de uma interação, você se torna um parente."

Todavia algo muito mais profundo do que favores ou entretenimento pode ser trocado nessas interações — uma coisa que nos aproxima do cerne de nosso pequeno projeto. Filósofos, antropólogos, sociólogos e teólogos do século passado argumentaram que existem benefícios muito mais profundos e intangíveis na hospitalidade para com estranhos, além de apenas obter informações ou assegurar alianças. "A chegada de um estranho rompe a eterna recorrência dos acontecimentos diários e abre as portas para o extraordinário", aponta o antropólogo social alemão Florian Mühlfried. "O estranho recebe, portanto, o poder de romper com o rotineiro."

Em 1985, Thomas Ogletree, ex-reitor da Yale Divinity School, explicou da seguinte forma:

> Oferecer hospitalidade a um estranho é dar boas-vindas a algo novo, não familiar e desconhecido... Estranhos têm histórias para contar que nunca ouvimos, que podem redirecionar nossa visão e estimular nossa imaginação. Elas nos convidam a ver o mundo de uma perspectiva nova. Compartilhar histórias pode ser ameaçador, mas nem sempre. Pode gerar um clima festivo, uma alegria em celebrar o encontro de mentes que supera as diferenças sociais e culturais. O estranho não apenas desafia ou subverte o significado de nosso mundo presumido; ele pode enriquecer e até transformar esse mundo.

Na maioria dos lugares, sobretudo no Ocidente, esse tipo de hospitalidade praticamente cessou. Os governos assumiram parte do trabalho por meio de programas de bem-estar, moradia pública, abrigos, canais formais de imigração e asilo para refugiados. A indústria da hospitalidade privada entrega uma porção disso para viajantes domésticos com recursos. Ainda assim, Andrew Shryock — o antropólogo que estudou os Balga na Jordânia — acredita que o surgimento de sociedades enormes e complexas como a nossa "criou problemas de hospitalidade que ainda não fomos capazes de definir, diagnosticar ou consertar". Os países industrializados continuam a receber novas pessoas, imigrantes e estranhos culturais, como muitas sociedades sempre fizeram, mas o que perdemos com o declínio da hospitalidade pessoal foi o *contato*.

Normalmente, os cidadãos não interagem com esses novos estranhos, não os conhecem. Alguns o fazem — alguns são voluntários ou trabalham para organizações em suas comunidades que ajudam a acolher os recém-chegados. Contudo, na maioria das vezes, o Estado assumiu esse papel, e isso transformou esses recém-chegados em meras abstrações na mente de muitos cidadãos. Bi Puranen, uma pesquisadora sueca, me mostrou a contradição em seu próprio país, que aceitou muitos refugiados do Oriente Médio e reagiu contrariamente a isso de forma intensa. "[A Suécia] acolheu mais refugiados per capita do que qualquer outro país", afirmou ela, por e-mail. "Mas isso é hospitalidade? Pouquíssimos deles foram convidados para um lar sueco."

Hospitalidade é superar o medo para abrir as portas para a oportunidade que o estranho representa e vice-versa. Mas, sem esse contato, o medo é mais difícil de ser aplacado. Desconfiamos naturalmente dos estranhos e, com o incentivo certo, nossos preconceitos contra eles podem ser ativados, nossa imaginação pode correr solta e podemos passar a considerá-los subumanos. Provavelmente não retornaremos a uma época em que recairá sobre os indivíduos a incumbência de hospedar estranhos de passagem pela cidade, mas permanece sendo um instinto humano básico fornecer e receber hospitalidade, hospedar e se conectar com novas pessoas, algo que decorre de milênios de prática e da fé de que tudo não apenas ficará bem, mas de que nossa hospitalidade será retribuída em multiplicidade. O que devemos fazer com esse instinto?

Para responder a essa pergunta, vamos fazer uma viagem a Los Angeles, onde há uma esquina especial e uma experiência um tanto mortificante pela frente.

Capítulo 9

Como Ouvir Estranhos

*Por meio de uma experiência temperada com um leve pânico,
descobrimos que até mesmo ouvir estranhos pode ter um
efeito poderoso sobre nós e sobre eles, aliviando a solidão,
aumentando o senso de pertencimento e abrindo o caminho
para a compreensão.*

Estou em uma esquina de Los Angeles segurando uma placa de papelão grosseira rabiscada com os dizeres *Escuta Grátis*, ao lado de um homem chamado Ben Mathes, esperando alguém vir falar comigo. Mathes é ator, coach de artes cênicas e — o que serve a nossos propósitos — o fundador de uma organização chamada Urban Confessional. A Urban Confessional incentiva as pessoas a fazerem os próprios cartazes de papelão e a se posicionarem em locais de muito movimento, oferecendo-se como ouvintes a qualquer pessoa que queira falar. Eu havia lido sobre a Urban Confessional e, francamente, reagi com ceticismo, talvez com um leve toque de pânico, à perspectiva de estar em plena luz do dia em uma rua movimentada com uma placa improvisada convidando estranhos aleatórios a desabafar comigo. Mesmo assim, entrei em contato com Mathes, que me convidou para ir a Los Angeles com ele para ouvir estranhos. Desembarquei da viagem de trem de 42 horas, dormi um pouco e fui encontrá-lo para o café da manhã.

O que deu em uma pessoa para fazer isso: expor-se, vulnerável, em público e se oferecer como receptáculo para qualquer estranho aleatório descarregar o que quiser? No caso de Mathes, foi uma crise. Ele cresceu na Geórgia e veio para a Califórnia em 2005 para fazer mestrado em artes cênicas pela Universidade da Califórnia, em Irvine. Ele conseguiu alguns papéis — atuando em *Sniper Americano* e trabalhando como coach de diálogo no filme *Robin Hood*, estrelado por Russell Crowe, bem como alguns outros filmes e séries de TV — e dava aulas em paralelo, atividade de que gostou tanto que inaugurou a própria escola de atuação. Ele se casou aos 26 anos. As coisas iam bem.

"Então, como a Urban Confessional começou?", perguntei durante o café da manhã. "Eu me divorciei", respondeu ele. "É assim que todas as boas histórias começam."

O divórcio, como costuma acontecer, deixou Ben Mathes na fossa. Mas ele não era um caso perdido. O ator havia feito trabalho voluntário no passado, e seu pai dirige uma organização sem fins lucrativos que faz trabalho missionário no exterior. "Eu sabia que servir aos outros tinha um efeito restaurador em quem serve", afirmou ele. Então Mathes começou a procurar maneiras de ser útil. Um dia, em maio de 2012, enquanto se dirigia para sua escola, um morador de rua se aproximou dele e pediu dinheiro. Mathes não tinha nada consigo, mas um impulso o dominou. Ele sugeriu que eles orassem juntos.

"Eu nunca havia feito isso", contou ele. "Mas fui lá e fiz." Ele não conseguiu explicar exatamente por quê. Não foi uma tentativa de conversão; o objetivo não era tentar salvar a alma do homem. Foi apenas uma oração ecumênica simples de bem-estar, uma espécie de "oração gratuita", explicou Mathes. Eles oraram e, de forma inesperada, Mathes sentiu-se em comunhão com o homem, como se todo o resto não importasse e, por um momento, estivessem ali apenas um para o outro.

Cada um seguiu seu caminho após a oração. Mas o sentimento permaneceu com Mathes. "Eu pensei: *Como faço para sentir isso de novo? O que seria o mais próximo de uma oração gratuita?* E conclui: *Bem, talvez uma escuta gratuita.*" Ele entrou em sua escola naquele dia e anunciou aos alunos que sairia na quinta-feira para ouvir estranhos de forma gratuita. Alguns se juntaram a ele. No primeiro dia, uma mulher se aproximou e disse coisas bem profundas, seguida por outra, que riu deles. "Escuta grátis?", zombou ela. "Ninguém me ouviu em trinta anos. Por que *vocês* fariam isso?" E foi embora.

Mathes, no entanto, foi fisgado. Ele saiu todos os dias, por quatro horas, durante um período de um ano, enquanto juntava os cacos após o divórcio e criava o que se tornaria a Urban Confessional. Durante o processo, ele também percebeu que as sessões pareciam ter um efeito profundo nas pessoas que ele ouvia. Depois que você afasta as suspeitas de que está vendendo algo, é um cientologista, pretende convertê-las ou de que faz parte de algum tipo de pegadinha de mídia social, elas realmente se abrem. Mathes descobriu que isso também o ajudou. "Seria muito inteligente de minha parte descobrir que todos os outros também estão em uma situação ruim e que me solidarizava com o sofrimento deles", disse ele. "Isso de fato aconteceu, mas o mais importante é que foi muito bom não me concentrar em mim mesmo por um tempo."

Outros começaram a se juntar a ele, e, conforme a Urban Confessional crescia, Mathes desenvolveu algumas diretrizes simples para voluntários com base nas próprias experiências. A primeira era entender que não se trata de você. Não se trata de ser validado por todas as pessoas que vêm conversar com você ou de ter seu valor especial reconhecido. "Isso só vai atingi-lo se achar que elas *precisam* vir falar com você", diz ele. O seu papel é servir, ser um canal para os outros.

Em seguida, veio a ideia de "conversa desequilibrada", também conhecida como regra 80/20. Os ouvintes gratuitos são desencorajados a falar sobre si mesmos por mais de 20% do tempo. Em terceiro lugar, a "concordância empática", que significa que o ouvinte busca entender o que a outra pessoa está dizendo, não se opõe a um ponto de vista que considera incorreto nem tenta resolver os problemas delas. Para isso, deve-se fazer perguntas abertas, como: "Por que você se sente assim?", e não oferecer opiniões ou conselhos, nem discutir, nem julgar. Em quarto, os ouvintes praticam a "atenção não verbal", que consiste em fazer contato visual, assentir, usar interjeições de incentivo, como *"ahã"* e, o mais importante, não olhar o celular. Isso demonstra a quem está falando que se está prestando atenção.

E, por último, "respeitar o silêncio". Quando alguém faz uma pausa, você não deve entrar e preencher o espaço. Deixe que pensem. Deixe que eles organizem os pensamentos. É simples. E também muito mais difícil do que parece.

Mathes não alega ter qualquer especialidade clínica; ele apenas desenvolveu esse método a partir da própria experiência. Mas seus instintos são aguçados. Uma gama substancial de pesquisas chegou a muitas conclusões semelhantes — remontando a um dos pais da psicologia clínica, Carl Rogers, que acreditava que a escuta empática poderia curar indivíduos, amenizar problemas sociais e acabar com a guerra.

Mais recentemente, Guy Itzchakov e Avi Kluger — dois proeminentes professores israelenses de escolas de negócios que se especializaram em técnicas de escuta — afirmaram na *Harvard Business Review* que a melhor maneira de gerentes se tornarem bons ouvintes é fazer exatamente o que Mathes recomenda: "Ofereça 100% da sua atenção ou nem escute"; "Não interrompa"; "Não julgue nem avalie"; "Não imponha suas soluções" e "Faça mais (boas) perguntas", ou seja, que ajudem a pessoa a articular melhor o que está dizendo. Os pesquisadores descobriram que aqueles que se sentem ouvidos têm um senso maior de bem-estar, ficam menos ansiosos, se sentem mais livres para falar o que pensam sem medo de rejeição ou repúdio, e isso os torna menos defensivos e mais propensos à sinceridade.

Carl Rogers argumentava que, quando as pessoas se sentem confortáveis e são alvo de perguntas abertas, elas têm a oportunidade de ponderar mais profundamente sobre o que estão dizendo de fato e sobre o que acreditam, porque não sentem a necessidade de ficar na defensiva. Isso as ajuda a refletir com mais clareza sobre um pensamento ou uma experiência, o que lhes permite compreendê-la e lembrar-se dela com mais clareza, e isso as torna mais autoconscientes, revelando potenciais complexidades ou contradições às quais, anteriormente, não prestavam atenção. Paradoxalmente, ser ouvidas de modo adequado na verdade as torna melhores oradoras e pensadoras: mais calmas, mais lúcidas, mais diversas e autoconscientes.

Quando os voluntários da Urban Confessional saem às ruas, trabalham em duplas, uma regra criada por Mathes para ajudá-los a se sentirem seguros, mas também porque ter duas pessoas para conversar torna a experiência, a princípio, menos intensa para quem está sendo ouvido. Quando alguém se aproxima para falar, os voluntários guardam o cartaz, para que não se sinta constrangida ou estigmatizada. Para os demais passantes, parece que são apenas três pessoas conversando na rua. Obviamente, nada é gravado, então, quando a conversa termina, nada ficou registrado. Ela vive apenas nas memórias dos participantes, e de mais ninguém. Não será processada pelo Google e vendida a um anunciante. Não ressurgirá de modo inesperado quando algum concorrente ou adversário ideológico — ou qualquer pessoa mal-intencionada — escavar as profundezas de seu feed do Twitter para prejudicá-lo. É uma coisa efêmera, de verdade; ela se desvanece em pleno ar.

Os benefícios desse exercício, entretanto, são reais. Mathes e seus alunos e amigos ouviram pessoas de graça durante anos, e ninguém realmente percebeu isso, até pouco tempo. Alertados sobre as taxas crescentes de solidão relatada por pessoas como o cirurgião geral dos EUA, Vivek Murthy — que em 2016 afirmou que: "Apesar da onipresença das mídias sociais, estamos enfrentando uma epidemia de solidão e isolamento social", que também pode prejudicar seriamente a saúde física de seus portadores —, pesquisadores, ativistas e governos ocidentais começaram a procurar maneiras de combater o problema. Isso levou alguns deles à Urban Confessional. A organização se tornou viral, nacional e globalmente. Mathes começou a receber mensagens de pessoas em todo o mundo perguntando como poderiam se envolver. Existem agora afiliados da Urban Confessional em mais de cinquenta países.

Uma das interessadas foi a Dra. Sarah Tracy, uma célebre professora de comunicação humana na Universidade Estadual do Arizona. Ela estava cada vez mais preocupada com a falta de contato presencial que via entre seus alunos. Para ela, passar a vida se comunicando digitalmente prejudicava as habilidades sociais básicas que as gerações consideravam como certas. Ela viu alunos ficando mais isolados, com dificuldades para se conectar com outras pessoas. Uma de suas alunas confessou que evita pedir pizza em lugares para os quais precisa ligar de forma convencional, porque conversar com o estranho do outro lado da linha a deixa estressada.*

A pesquisa confirma as preocupações de Tracy. Um estudo da American College Health Association descobriu que mais da metade dos estudantes universitários afirmam sentir-se solitários. Uma pesquisa em grande escala de 2018 feita pela seguradora de saúde Cigna revelou que jovens de 18 a 22 anos relataram níveis mais elevados de solidão do que todas as outras faixas etárias. Dentre eles, 69% acreditam que não podem, de fato, contar com as pessoas ao seu redor e 68% acham que ninguém os conhece de verdade. Outras gerações se saíram muito melhor, por um motivo simples: "Quem se envolve em interações pessoais significativas e frequentes têm índices de solidão muito mais baixos do que aqueles que raramente interagem de forma presencial com os outros", concluíram os autores do estudo. Essa falta de contato pode ir além de tornar as pessoas solitárias. Pode prejudicá-las como animal social. Outro estudo relatou uma queda de 40% na empatia entre estudantes universitários nos últimos 30 anos — o contato presencial é a chave para a formação da empatia.

A Dra. Tracy ouvira falar da Urban Confessional e pensou que poderia ser uma ferramenta valiosa para ajudar seus alunos. Decidiu aplicar a escuta gratuita para ensiná-los a ouvir e, sobretudo, a se sentirem mais confortáveis ao se conectarem com outros estranhos offline. "As pessoas presumem que [ouvir] é algo naturalmente cultivado, mas, nos dias atuais, não mais", afirma Tracy. A especialista acredita que a escuta gratuita proporciona aos alunos um modo de experimentarem "a enorme recompensa disponível simplesmente ao estar aberto e ouvir os pontos de vista e as histórias dos outros, sem necessidade ou expectativa de dizer algo em troca ou fazer um julgamento rápido", pontua ela, por e-mail. "Eles também aprendem que outras pessoas muitas vezes se sentem tão sozinhas e desconectadas quanto eles — e isso por si só contribui para aplacar os sentimentos de solidão.

---

* A propósito, achei uma história em um jornal local de Massachusetts sobre Danielle Crafford, uma mulher que se tornara uma empreiteira de sucesso. Ela atribuiu parte de seu sucesso aos esforços do pai para acostumá-la a falar com estranhos. "Meu pai me fazia ligar todas as sextas-feiras à noite para pedir pizza", disse ela. "Eu odiava ligar para as pessoas. Eu odiava falar com as pessoas ao telefone... e meu pai me obrigava. Ele falava assim: 'Você precisa saber falar com as pessoas.' E me fazia ligar para o cara da pizza."

Ainda, evidencia o quanto é raro que eles realmente convidem pessoas — sobretudo estranhos — para seus mundos, e como é difícil ouvir sem que surja, a todo tempo, uma certa resistência."

Uma de suas alunas foi Nikki Truscelli, uma californiana que recentemente obteve doutorado em comunicação no estado do Arizona. Quando Truscelli ouviu falar sobre a escuta gratuita, pensou: *Seja o que for, eu tenho que fazer isso.* Ela começou a praticá-la no campus e adorou. "De início, é desconfortável", confessa ela, "mas, depois que começa a praticar, sente quase um instinto natural de que é isso que deveríamos fazer". Ela achou que isso também poderia ser útil para seus alunos. A ASU é uma das maiores universidades dos Estados Unidos, e Truscelli começou a "notar como havia pouquíssimas conexões se formando" entre os jovens. "Meus alunos sabem, ao menos, como falar uns com os outros?", perguntou-se ela. "Não sei." Então, Truscelli começou a incorporar a escuta gratuita nas próprias aulas.

"Eu sempre fiz da escuta gratuita algo opcional, mas os alunos que a praticaram tiveram experiências que mudaram suas vidas", contou ela. "Ouvi de alguns deles histórias como 'Não fazia ideia de que também havia outros alunos sofrendo de ansiedade, superdeprimidos, com muita saudade de casa ou que também tinham um amigo que cometeu suicídio'", relatou. "Talvez a experiência tenha lhes dado uma oportunidade para uma conversa agradável com o professor, algo que nunca fizeram antes. Isso cria um ambiente realmente especial — mas, além disso, cria uma comunidade. Eu só queria que estivéssemos em um lugar onde não precisássemos da placa de *Escuta Grátis*."

Em 2018, Ben Mathes conversou com Tracy, Truscelli e com alguns outros pesquisadores sobre a possibilidade de fazerem um estudo sobre escuta gratuita para entender melhor o que exatamente acontece quando as pessoas a praticam. Um dos pesquisadores foi Cris Tietsort, aluno de doutorado e amigo de Truscelli. Ele e um colega, Kyle Hanners, desenvolveram um estudo no qual recrutaram quatorze participantes, todos de dezoito ou dezenove anos, e os orientaram a praticar a escuta gratuita por cinco semanas e relatar a experiência.

As respostas se enquadraram em alguns grupos distintos, diz Tietsort. Em um deles, os alunos consideravam a escuta gratuita "uma coisa inédita e estranha". Eles não estavam acostumados a ficar parados no campus, observando em silêncio, sem mexer no celular. E notaram que "raramente percebem de fato o que está ao seu redor", afirma Tietsort. Além disso, eles estão acostumados a ter o controle das interações interpessoais, sejam elas virtuais, sejam presenciais. "Os alunos não têm conversas que não podem controlar", explica ele. "Eles não iniciam conversas com outras pessoas; não estão acostumados ao silêncio nem a serem ignorados ou a se sentirem vulneráveis." Um desses estudantes relatou a Tietsort: "Eu nunca falo com alguém a menos que *queira* falar com esse alguém." Portanto, ficar parado ali e abrir mão do controle sobre uma interação foi desconfortável para muitos deles.

No entanto, depois que superaram o desconforto inicial, o efeito foi profundo. Uma aluna relatou que, depois que estranhos lhe contaram confidências, "eles ficaram visivelmente muito mais felizes — ou, ao menos, um pouco mais relaxados". Outro aluno reportou uma sensação de prestar uma "utilidade pública". Um participante sentiu como se oferecesse um "presente" à comunidade — o que remete à prática entre as sociedades tradicionais de trocar presentes ao interagir com estranhos. Alguns alunos que se orgulhavam de ser ousados e opinativos perceberam que, ao dominar as conversas, na verdade, as inibiam, eliminando todos os potenciais insights, histórias e surpresas que o diálogo poderia trazer. Alguns participantes que antes ficavam perturbados com o silêncio em uma conversa perceberam que, ao intervir para preenchê-lo, impediam que a conversa se aprofundasse. Ao se conter e deixar a outra pessoa descobrir sozinha o que estava tentando dizer, a conversa fluiu naturalmente. "Foi muito bom manter minha boca fechada um pouco mais para que eu pudesse realmente entender essas pessoas", disse um jovem.

Tietsort permitiu que eu examinasse os dados — sem qualquer informação pessoal dos participantes. A experiência de uma aluna foi especialmente ilustrativa. Vamos chamá-la de Bree. "Foi definitivamente muito, muito intimidante", contou ela. "Só de estar ali parada já era estranho. Segurar a placa, mais estranho ainda. E, depois, ficar sozinha — na primeira vez acho que ninguém se aproximou de mim por uns 25 minutos. Eu me senti um pouco humilhada." Mas então as pessoas vieram e começaram a falar, e Bree descobriu que gostava disso. Ela percebeu que "nunca teve um momento na vida" em que não estivesse ocupada, falando ou distraída no celular. "Senti uma certa paz", revelou.

Quanto mais praticava, mais intenso era o efeito da escuta sobre ela. "Pode ter acontecido só comigo", comentou Bree, "mas continuei praticando e, todas as vezes, eu ficava com aquela sensação de 'Eu tenho fé na humanidade agora'. Se eu não estava tendo um bom dia, isso me fazia me sentir melhor. Não tenho certeza se é uma questão existencial ou, talvez, apenas uma oportunidade de interagir com pessoas aleatórias, algo que você normalmente não faz. Às vezes, estamos em um elevador com alguém e trocamos algumas palavras — é estranhamente satisfatório quando estamos fazendo alguma coisa ou esperando algo e alguém puxa conversa. Sério, quem faz isso hoje?". Ela disse aos pesquisadores que se considera uma boa ouvinte, mas é uma exceção entre seus pares nesse aspecto. "Tenho amigos que não gostam de ouvir", contou, principalmente se alguém tem algo pesado para compartilhar. "Eu tenho amigos que dizem: 'Ah, isso me deixa desconfortável. Eu costumo evitar a todo custo.' E eu penso: *'Como você se conecta com outras pessoas?'"*

Mesmo os alunos introvertidos relataram certa facilidade na escuta gratuita assim que superaram a ansiedade inicial. Muitos que temiam não ter assunto com estranhos ficaram surpresos ao ver como, ao abrir mão do controle, as conversas aconteciam de maneira orgânica e muitas vezes se aprofundavam rapidamente. Alguns mencionaram que a experiência os tornou mais conectados e empáticos e contrariou os estereótipos que criaram sobre outras pessoas. Um aluno disse que costumava entrar em uma sala de aula e pensar: *Está cheia de gente*. Agora ele entra e diz: "Existem *pessoas* aqui." Um aluno relatou que, ao ouvir, "sinto que aprendi a conversar de verdade".

Voltando a Los Angeles. Ben Mathes e eu terminamos o café da manhã e saímos a fim de encontrar uma esquina adequada para praticar a escuta gratuita — uma perspectiva que não me agrada muito, para ser honesto.

Naturalmente, fazer perguntas e escutar é meu ganha-pão, mas em geral estou blindado pela identidade de jornalista, trabalhando conforme regras e parâmetros definidos pelo processo de entrevista. Não sou apenas um cara segurando uma placa de papelão na rua. Também sou altamente suscetível a constrangimento, devo acrescentar, não estou exagerando. Não que eu precise, porque, quando fico envergonhado, meu rosto, em geral branco que nem vela, fica em um tom vermelho profundo e mortificante. Contudo, para uma escuta gratuita eficaz, você precisa sufocar essa parte de si mesmo. Não é sobre você. É uma questão de se abrir e acolher o outro. A ideia é que, se você estiver aberto, as pessoas sentirão isso e serão atraídas até você.

Assim, quando finalmente encontramos nossa esquina, perguntei a Mathes: "Então, como inicio a conversa? Se alguém chegar perto e perguntar 'Que porcaria é essa?', o que eu digo?"

Ele me respondeu: "Muitas pessoas dirão: 'Por que você está fazendo isso?' E então explicamos: 'Por você.' Em geral, é o suficiente para deixá-las atônitas. Ou simplesmente começarem a chorar ali mesmo. Já passei por isso. Algumas pessoas simplesmente não conseguem entender a ideia de que alguém faça algo sem esperar reciprocidade. E eu amo isso. É a parte que mais gosto." Ele acenou com a cabeça para um carro esporte que estacionava na nossa frente. O rapaz ao volante estica o pescoço para fora para ver o que diz a placa. Então ele sai do carro.

"Lá vamos nós", avisou Mathes.

O rapaz nos indagou: "O que vocês estão fazendo? O que é isto? Passei de carro aqui umas três vezes e tive que vir perguntar."

"Estamos aqui para ouvir", informou Mathes.

Ele não conseguiu acreditar, ficou encantado. Então, nos contou que parou de beber havia pouco tempo, e que o que estamos fazendo o fez lembrar-se dos Alcoólicos Anônimos, da chance de falar abertamente com pessoas empáticas. Ele nos disse que o AA o ajudou muito mais do que médicos ou terapeutas. Que estava atrasado para um compromisso, mas queria descobrir o que estávamos fazendo. Ele permaneceu ali e continuou falando. Ouvimos sobre o hábito de beber e sobre alguns problemas no trabalho relacionados a isso, sobre como ele e a esposa tentaram, durante anos, ter um filho e finalmente conseguiram, e que mais dois filhos vieram logo após o primeiro, e agora ele está preocupado que três possa ser demais. O rapaz deu uma risada, falou mais um pouco e entregou seu cartão a Ben, dizendo que talvez queira participar do projeto, parecendo empolgado. Então, nos agradeceu e foi embora.

Uma mulher se aproximou e perguntou se éramos assistentes sociais. Disse que devíamos trabalhar como voluntários para o poder público; que o governo tem projetos iguais a esse — ela mesma já havia participado; e que são de vital importância, pois "as pessoas podem cometer suicídio quando sentem que não têm com quem conversar".

Um cara em um Cadillac conversível ano 1962 parou no sinal vermelho logo após a conversa com a mulher, olhou para nós como se nos examinasse e gritou pela janela: "Quero reclamar do câmbio do meu carro!"

Finalmente, quase no fim de nossa sessão, um cara alto e mais velho se aproximou e nos perguntou se achamos que Deus tem nome. Eu mordi a isca. Isso me levou a um longo discurso sobre as Testemunhas de Jeová. Normalmente, essa seria minha deixa para dar o fora, mas aguentei firme e fiz algumas perguntas de esclarecimento. Ele disse que nasceu católico, mas recentemente participou de sessões de estudos com Testemunhas de Jeová, que o levaram a um estado de paz e clareza apocalípticas. O homem nos disse que está aposentado, mas não quer falar sobre trabalho, quer nos falar sobre Jeová.

Ele falou sem parar, e, enquanto eu ouvia, comecei a me perguntar sobre a fonte de sua devoção. Perguntei se era casado, ele contou que era, mas que a esposa morreu há alguns meses. A lembrança o deixou comovido e ele nos disse que estava perdido até encontrar as Testemunhas de Jeová, um mês atrás. Disse que se sente reconfortado em saber que o mundo acabará em breve e se surpreende por ninguém mais enxergar isso. Prega que, quando chegar o dia da grande ressurreição, a Bíblia diz que os primeiros serão os últimos e os últimos serão os primeiros. Isso significa que Abel, morto pelo irmão, Caim, no primeiro homicídio da Bíblia, será o último a ser ressuscitado; mas o mais importante é que ele seria ressuscitado antes da esposa, o que é bom, porque ele precisa atualizá-la sobre os acontecimentos. Precisa contar o que ela não viu. "Há tanta coisa", disse ele, em meio às lágrimas.

Ele nos agradeceu várias vezes, apertou nossas mãos e partiu. Mathes olhou para mim como quem diz: *Viu?* E ele está certo sobre uma coisa: depois que o constrangimento passa, é muito fácil ouvir. Sim, é difícil ficar de boca fechada, não intervir, principalmente nos tempos atuais, em que estamos todos condicionados a rebater com veemência sempre que discordamos de alguém em questões urgentes, que podem variar de diplomacia nuclear a torradas de abacate. Mas, quando você mostra abertura, as pessoas simplesmente vêm até você. Você faz perguntas abertas, eles falam, você ouve, e eles falam mais. E não ter que se preocupar em fazer comentários inteligentes ou engraçados foi realmente libertador. Fiquei exausto de um jeito agradável, com um sentimento de êxtase. Uma estranha sensação de bem-estar, que é, obviamente, causada por doar mais do que recebe.

Pergunto a Mathes como a experiência o mudou e como afetou sua perspectiva do mundo. "Se você faz isso por muito tempo, é impossível passar incólume pela experiência", informou ele. "Observar a todos e à sua docilidade. As pessoas são *realmente* maravilhosas. Acho que isso mudou meu modo de pensar. É avassalador. Ouvir nos leva naturalmente a assuntos delicados. É algo que nos cura. Curou a mim, eu acho."

Depois, me perguntei se esse efeito que experienciamos por ter tido uma conversa íntima, olho no olho, tinha algo a ver com nossa amiguinha assustadora, a ocitocina, o hormônio da empatia. Conversar com um estranho pode desencadear a sua liberação? Perguntei a Larry Young, que dirige um laboratório de pesquisa sobre ocitocina na Emory University. O pesquisador me disse que é possível, especialmente se houver contato visual efetivo. "Um dos objetivos de olhar nos olhos do outro é fazer com que ele sinta uma conexão positiva com você", explicou ele. "E, se você é bom nisso, então, provavelmente está desencadeando a liberação de ocitocina em outras pessoas, e isso faz com que elas tenham mais propensão a aceitá-lo como parte de seus grupos." Segundo ele, o toque pode ter o mesmo efeito, desde que seja apropriado à situação e não seja assustador ou agressivo (não que eu estivesse tocando alguém).

No entanto, será que apenas *falar* pode desencadear a liberação de ocitocina? Young responde: "Penso que, se o assunto realmente desencadeia uma conexão com o próximo, um sentimento de que estão no mesmo grupo, eu suporia que sim." Perguntei a ele se a estranha sensação de alívio que sinto após uma interação positiva com um estranho pode estar associada à ocitocina. De acordo com ele, sim, porque a ocitocina é um ansiolítico, ou seja, um redutor de ansiedade. "A ocitocina induz uma sensação de calma e relaxamento", explicou ele. "Quando você vê uma mãe amamentando, ela aparenta certa serenidade. E isso é efeito desse hormônio."

Há um fato peculiar que acontece depois que você pratica a escuta gratuita. Primeiro, você realmente se sente melhor. Eu, pelo menos, me senti assim, e também aliviado porque o experimento funcionou. Mas também me senti mais leve, e, assim como os alunos do estudo sobre escuta gratuita, um pouco mais calmo, mais presente, mais aberto e, sim, mais otimista com o mundo. Foi como ficar levemente embriagado, e talvez estivesse mesmo: obra da ocitocina.

Entretanto, também senti que estava acontecendo algo a mais. As pessoas que estudam a escuta costumam usar palavras como "disponibilidade", "abertura" e "espaço acolhedor" para descrever o que fazem. Quando as pessoas praticam a escuta gratuita, elas ficam paradas e os estranhos que se aproximam, um pouco receosos, são bem recebidos e, após um breve período de constrangimento e incerteza, sua atitude defensiva se dissipa. Sentem-se mais à vontade e começam a falar e, ao fazê-lo, aliviam seus fardos e dão aos ouvintes um vislumbre de vidas que estão além de seus próprios horizontes, trazem informação sobre outros mundos. Lembrando as palavras da acadêmica Nikki Truscelli: "Depois que começa a praticar, sente quase um instinto natural de que é isso que deveríamos fazer." Talvez essa sensação nos pareça tão agradável porque estamos satisfazendo um impulso fundamental, que está em nosso sangue, queimando em nossa pele, algo gravado de forma indelével em nossa natureza, e que foi negligenciado por muito tempo. Talvez estejamos praticando a hospitalidade.

Parker Palmer, um teólogo quaker, define hospitalidade como "convidar o estranho para nosso espaço privado, seja o de nossa própria casa, seja o de nossa consciência e preocupação pessoais. E, quando o fazemos, ocorrem algumas transformações importantes. Nosso espaço privado é repentinamente ampliado; deixa de ser pequeno, apertado e restrito e se torna aberto, expandido e livre". Isso certamente se aplica à escuta gratuita. As pessoas e eu fizemos trocas. Talvez isso tenha criado um vínculo, e talvez por isso eu tenha me sentido mais conectado com o mundo. Não sei o que houve, mas sei que, depois de alguns dias de minha aventura segurando aquela placa em Los Angeles, as pessoas simplesmente passaram a falar mais comigo. Na rua, nas lojas, no metrô. Isso foi o mais estranho. Durante o café da manhã, Mathes previu que isso aconteceria: "Você está ampliando essa abertura", disse ele. "Dessa forma, as pessoas falarão com você onde quer que vá."

Depois de nossa sessão, chamei um carro por aplicativo a fim de cruzar a cidade e ver um amigo. O motorista prontamente me disse que era melhor apertar o cinto, pois era o seu primeiro dia e ele não sabia o que estava fazendo. "Sério?", respondi, e ele deu uma risada. "Você caiu nessa? Eu pareço um novato? Isso aqui é Hollywood! Eu a conheço como a palma da minha mão." Era um homem corpulento, aparentando estar chegando aos sessenta anos e de origem estrangeira. Decidi tentar a escuta gratuita com ele, honrando a regra 80/20, fazendo perguntas abertas. E assim, em minutos, ele narrou uma história trágica que se estende por dois países. Ele era bem-sucedido em seu país de origem. Tinha o próprio negócio e dava à família a vida que sempre desejou na época em que era uma criança criada na pobreza. Mas sua sorte mudou; seu empreendimento começou a dar errado.

A princípio, ele tentou esconder a situação. Em parte porque estava envergonhado, e em parte porque temia que a família não lidasse bem com o fato de perder todas as regalias que ele provia. O motorista pensou que teriam vergonha dele. Então, começou a mentir para a esposa quando ela começou a perceber que algo estava errado. A derrocada continuou e sua empresa finalmente desmoronou, levando consigo quase todo o seu patrimônio. Seu casamento mal sobreviveu às consequências. Ele relatou que estava totalmente envergonhado de si mesmo.

No entanto, atualmente ele está se sentindo melhor — com o trabalho como motorista, tenta juntar algum dinheiro para começar um novo negócio. Seus filhos são inteligentes e saudáveis. Ele se sente bem agora, e acha que as coisas estão prestes a mudar, diz que desta vez estará preparado para isso. O motorista me disse que passou a enxergar a vida com mais clareza, que a calamidade lhe proporcionou isso. Afirmou que Steve Jobs possuía todo o dinheiro e prestígio do mundo, mas podia apostar que o magnata teria trocado isso tudo por apenas mais um dia na Terra com a família, sob o sol da Califórnia.

Capítulo 10

O Deus dos Estranhos

*Aprendemos sobre uma era (que não é a nossa) caracterizada
pelo medo, pela doença, pelo caos e pelo ódio, em que
expandimos nossos grupos para dimensões sem precedentes e
desenvolvemos uma fé em estranhos que cobriu
metade do mundo.*

Ben Mathes é um homem de fé — de muitas maneiras, na verdade — e,
quando ele criou a Urban Confessional, foi inspirado por uma oração, um
simples ato de comunhão entre ele e um homem em dificuldades. Eles
eram estranhos, divididos por diferentes status, circunstâncias e outros mil
fatores, mas por um momento se tornaram parentes honorários, hóspedes
e anfitriões, compartilhando algo profundo: sua humanidade e suas tris-
tezas. Naquele momento surgiu uma organização que ajudou muitas pessoas, diminuindo efetivamente as barreiras entre elas e criando um novo
nós, mesmo que apenas por um instante. Nesse sentido, a escuta gratuita
é semelhante à religião. E a história da religião é a história dos estranhos.

Abraão era um estranho. No Livro de Gênesis, Deus disse ao homem
espirituoso de 75 anos: "Sai-te da tua terra, da tua parentela e da casa de
teu pai, para a terra que eu te mostrarei." Abraão deixou sua cidade natal, a
cidade suméria de Ur, e passou 115 anos de vida como estrangeiro, e nesse

processo lançou as bases para o que viria a ser conhecido como as três religiões abraâmicas: judaísmo, cristianismo e islamismo.

Ele morou em Hebrom — na atual Cisjordânia — por algum tempo e era estrangeiro. Quando sua esposa, Sara, morreu jovem, aos 127 anos, Abraão não conseguiu adquirir um pedaço de terra para a sepultura. Ele teve que apelar para seus superiores sociais, "o povo da terra", para que autorizassem a compra. Diante deles, abriu sua fala com uma declaração simples: "Estrangeiro e peregrino sou entre vós."

Ao longo da Bíblia, ouvimos isso repetidamente. "A terra não será vendida perpetuamente, pois que a terra me pertence e vós sois para mim estrangeiros e hóspedes", disse Deus aos israelitas. "Diante da tua presença somos estrangeiros e forasteiros, como nossos antepassados", disseram os israelitas a Deus. "Ouve, SENHOR, minha oração [...] porquanto, perante ti, sou um estrangeiro, como foram todos os meus antepassados", clamou o rei Davi a Deus. Mas Abraão foi o primeiro, e sua súplica deu certo. Eles lhe concederam o direito de comprar o terreno. Ele enterrou Sara lá, e depois ele mesmo foi enterrado ali, e as pessoas têm lutado por Hebrom desde então.

O argumento secular contra as religiões, especialmente contra as grandes e monoteístas, é que elas são segregantes, que se apropriam da capacidade humana inata de desumanizar membros de outros grupos e a amplificam com a crença de que o fiel está agindo sob ordens expressas do divino. Esse argumento é especialmente popular contra os ímpios selvagens nas grandes cidades — um subconjunto da população no qual me incluo. E é claro que há muitas evidências históricas que o corroboram, tanto nas Escrituras quanto no mundo. Não sou um homem de fé, e esse é o motivo.

No entanto, comecei a pensar sobre as religiões de massa de maneira diferente. Em conjunto, eu as vejo como uma conquista humana extraordinária. Um salto sem precedentes em nossa capacidade de aumentar o *nós* de modo que inclua milhões de estranhos. E percebo que há muita sabedoria nos textos, o que pode nos mostrar o valor dos estranhos e nos ajudar a aprender a conviver com quantidades maiores de pessoas diferentes.

Afinal, as pessoas não precisavam da religião para justificar a carnificina. Lembre-se de que os arqueólogos descobriram evidências de assassinatos em massa que datam de 10 mil anos atrás, 6 mil anos antes do surgimento das religiões abraâmicas. Douglas Fry, o antropólogo que estudou a violência em sociedades caçadoras-coletoras, observou que esse tipo de massacre em massa surgiu após o advento da agricultura, quando as pessoas se estabeleceram e as sociedades se tornaram mais populosas e mais complexas, mais hierárquicas e menos igualitárias. Em outras palavras: quando as pessoas adquiriram status, patrimônio a ser protegido e terras para defender. A humanidade não estava esperando por uma bandeira estampada com uma cruz ou uma lua crescente para legitimar o caos, que não apenas precedeu as religiões monoteístas, deu-lhes à luz. O caos foi a razão pela qual foram inventadas.

À medida que a humanidade se aproximava da Era Comum — E.C., anteriormente conhecida como A.D., *anno Domini, o ano do senhor* —, impérios surgiram e ruíram antes que alguém sequer pronunciasse com reverência os nomes de Jesus ou de Maomé. No século XII a.C., os impérios grego, hitita e egípcio entraram em colapso. Antigamente, os historiadores acreditavam que a pilhagem dos "povos do mar" fora a causa — marinheiros de Creta e da Anatólia que chegaram do Mediterrâneo e invadiram o Levante, saqueando aldeias e cidades. Todavia, os historiadores modernos não têm tanta certeza disso. "Os povos do mar podem ter sido mais um sintoma da catástrofe do que sua causa", afirma a historiadora da religião Karen Armstrong. "Mudanças climáticas ou ambientais podem ter levado a longo período de estiagem e fome que destruiu as economias locais, que careciam de flexibilidade para responder criativamente à disrupção."

Independentemente da causa, o resultado foi puro caos: violência, instabilidade social, migração em massa, escassez, alienação, desigualdade e sofrimento humano em uma escala imensa. A vida tornou-se insuportável, as populações estavam migrando, se misturando e entrando em conflito, e esses humanos precisavam encontrar um novo modo de ser, unir as pessoas, ajudar a lidar com a dor de estar vivo. E, para muitos, essa forma foi a religião.

Os fiéis compreendem intuitivamente o poder da religião. Em seu sentido mais simples, a religião de massa oferece consolo e pertencimento, cria a ordem a partir do caos e aplaca nosso medo do desconhecido — seja ele um estranho, seja a morte, seja Deus, seja o destino etc. — com seus rituais, cerimônias e comunidade. Até mesmo os cientistas enfatizaram a importância social da religião. O antropólogo Joe Henrich, cujo trabalho apareceu algumas vezes neste livro, a descreveu como "uma tecnologia para expandir as sociedades humanas". Era uma forma de fazer com que um número cada vez maior de pessoas aceitasse estranhos como parentes honorários e cooperasse entre si. Já sabemos que os humanos há muito tempo são capazes de transformar estranhos em parentes honorários a partir da linguagem, ou por meio da cultura ou da ritualística e, assim, trabalhar, se sacrificar e se preocupar com eles como se fossem da família. As religiões — especialmente as ocidentais — realizaram isso em uma escala imensa, abordando muitas das coisas que mantinham as pessoas afastadas: tribalismo, diversidade, superlotação e doenças — todos os ônus causados por passar uma vida entre uma multidão de estranhos em constante mudança.

Na verdade, os pesquisadores descobriram uma conexão entre o tamanho da população de uma sociedade e os tipos de crença religiosa que se desenvolveram a partir dela. Uma pesquisa global de 2019 liderada por Harvey Whitehouse, da Universidade de Oxford, analisou dados de 414 sociedades nos últimos 10 mil anos. Eles descobriram que, assim que as sociedades atingiram cerca de 1 milhão de pessoas, apareceram deuses moralizadores. Poderia ser o Deus cristão, por exemplo, ou algo como o carma: uma força que zela pelas pessoas, recompensa as boas ações e pune as antissociais.

Superficialmente, tal força funcionaria como uma espécie de sistema de vigilância celestial para sociedades que se tornaram tão grandes que já não era mais possível ter controle de todos. Em um nível mais profundo, porém, a ascensão das grandes religiões ajudou a aliviar um novo tipo de tensão social. Os autores do estudo acreditavam que esses credos ajudaram a sustentar impérios formados por membros de muitas etnias diferentes — pessoas que, em outro cenário, travariam constantemente guerras entre si —, criando uma nova forma de pertencimento, que ultrapassava as fronteiras tribais. É como se tivessem construído uma tenda maior, que pudesse acomodar diferentes grupos sociais, culturais, étnicos e raciais e aumentar a confiança nos estranhos sem exigir que as pessoas perdessem tempo conhecendo-os. A religião ofereceu um modo de viverem cercados de pessoas desconhecidas sem que se sentissem sozinhos.

Essa é sua genialidade. "As religiões parecem entender muito sobre nossa solidão", argumenta o filósofo inglês Alain de Botton. "Mesmo se crermos muito pouco no que elas nos dizem sobre a vida após a morte ou sobre as origens sobrenaturais de suas doutrinas, podemos admirar sua percepção daquilo que nos separa de estranhos e suas tentativas de sumir com alguns preconceitos que normalmente nos impedem de construir conexões com outras pessoas." De Botton menciona a missa católica como um modelo para superar diferenças e cruzar fronteiras. "Os participantes tendem a não ter uniformemente a mesma idade, raça, profissão, nível educacional ou de renda", afirma ele. "Eles são uma amostragem aleatória de almas unidas apenas pelo compromisso comum com certos valores. A missa rompe ativamente os subgrupos econômicos e de status dentro dos quais normalmente operamos, lançando-nos em um mar mais amplo de humanidade."

Neste capítulo, concentro-me nas religiões ocidentais. Sem dúvida, as tradições orientais têm muito material sobre a convivência com estranhos. Versões da meditação da gentileza amorosa — na qual quem medita deve enviar bons sentimentos à família, aos amigos e aos estranhos — aparecem no confucionismo e no budismo. Confúcio tinha uma série de ensinamentos que se relacionam com nosso propósito, entre eles: "Não se aflija por não ser conhecido dos homens, mas por não os conhecer" e "As pessoas ideais são universais, não restritas aos seus. As pessoas de mente pequena são restritas aos seus, e não universais". O hinduísmo e o budismo ensinam que não existem verdadeiros estranhos, que cada indivíduo é uma parte indispensável de um todo, que não somos nada sozinhos. Particularmente para os primeiros seguidores de Buda, essa era uma ideia radical em uma época em que vigorava um sistema de castas.

Entretanto, o foco nas religiões ocidentais neste livro se dá porque suas origens refletem nosso próprio momento histórico. Arvind Sharma, professor de religião comparada na Universidade McGill, analisa a diferença entre as religiões ocidentais e orientais da seguinte maneira: "As comunidades religiosas constituídas de religiões ocidentais são tipicamente compostas de grupos de pessoas culturalmente diferentes, que podem ser consideradas iguais por serem filiadas ao mesmo credo. As comunidades religiosas das tradições orientais em geral consistem em grupos de pessoas culturalmente semelhantes, que estão preparadas para permitir que outros se vinculem a diferentes credos." Em outras palavras, as religiões ocidentais foram formadas por pessoas heterogêneas — estranhos — vivendo em uma época de crise, não muito diferente da nossa.

Conforme mencionado, conheço bem os abusos da religião. Fui criado em Boston, em lar católico. Embora eu tenha visto o lado bom disso — a comunidade, a caridade —, hoje minha arquidiocese local é mais famosa por funcionar como uma organização criminosa. Mas a história da fundação das religiões ocidentais pode nos deixar mais próximos de entender por que devemos conviver com estranhos e como podemos fazer isso. Para começar, vamos visitar aquele turbilhão de dilúvio, sangue, varíola, baleias famintas e sarças falantes, o terror que relincha e galopa que tanto me assustou quando eu era uma criança: o Velho Testamento.

Quando eu disse a uma amiga que estava relendo o Velho Testamento para saber o que ele dizia sobre estranhos, ela respondeu: "Deixe-me adivinhar: 'Mate e coma todos eles.'" E, sim, há de fato uma grande quantidade de chacinas de estranhos (embora, por sorte, haja pouco canibalismo contra eles). Isso é um reflexo dos tempos em que a Bíblia foi escrita. Era "literatura de guerra", segundo o estudioso católico James Carroll. "A violência da Bíblia [...] veio do mundo em que viviam as pessoas que a escreveram. A única certeza delas era a violência."

Surpreendentemente, há um lugar sereno reservado para estranhos no Antigo Testamento, escondido nessas histórias de ira e conquista, de cidades arrasadas e multidões consignadas à terra e ao céu pela lança e pelo fogo. A alguns deles, pelo menos. Esses estranhos são catalisadores de ação e agentes de influência, e sem eles a história da Bíblia simplesmente não se desenrola.

Voltemos a Abraão. Em Gênesis, Abraão oferece hospitalidade — novamente ela — a três estranhos. Eles se revelam anjos falando em nome de Deus. Um deles promete que Sara, então com noventa anos, terá um filho. Ele viria a ser Isaque, um dos patriarcas de Israel. Os outros dois anjos informam a Abraão sobre a iminente destruição da iníqua cidade de Sodoma. Abraão os exorta a poupar seu sobrinho Ló e a família dele, os únicos forasteiros justos em Sodoma. Os anjos concordam e vão para

Sodoma alertar Ló, novamente se passando por estranhos precisando de hospitalidade. Ló os hospeda generosamente, mas a mera presença dos seres divinos leva os sodomitas à ira. Uma turba de homens exige que Ló os entregue. Dependendo da interpretação, o pecado principal dos sodomitas pode ser o desvio sexual (eles querem estuprar os anjos) ou a falta de hospitalidade (eles querem estuprar os anjos), mas em ambos os casos a má conduta sela seu destino: Sodoma é destruída.* Posteriormente, no Novo Testamento, quando Cristo avisa a seus seguidores: "Não vos esqueçais de receber estranhos, porque assim alguns receberam anjos, sem o saberem", você quase consegue sentir o cheiro da fumaça e podridão emanando das ruínas de Sodoma.

No Livro do Êxodo, acompanhamos os israelitas escravizados no Egito. Lá, outro profeta, Moisés, viu um estranho maltratando um companheiro israelita e o matou. Temendo por sua vida, Moisés fugiu e, vagando pela terra de Midiã, encontrou sete irmãs sendo assediadas por pastores e as protegeu. As meninas foram para casa e relataram o caso ao pai, Jetro, um sacerdote midianita, que insistiu que elas encontrassem Moisés e o trouxessem para jantar em sua casa. Não importava que Moisés fosse um estranho, um israelita. Elas fizeram o convite a Moisés, e ele o aceitou, ficando ali e se casando com uma das filhas de Jetro, Zípora, com quem teve um filho.

Olhando para trás, para sua vida desde o assassinato, Moisés refletiu: "Tenho sido estrangeiro em uma terra estranha." Assim, ele batizou seu filho com o nome Gérson, que significa "estranho em uma terra estranha". Todavia, Jetro, um estranho cultural, mostrou-se fundamental na história dos judeus, porque atuou como um sábio conselheiro de Moisés, ajudando-o a ter sucesso na missão de libertar os israelitas da escravidão. Segundo a estudiosa Christiana van Houten, Jetro sintetiza "um certo tipo de estranho bíblico, no qual *eles* não é oposto a *nós,* mas, em vez disso, seu complemento". Ele é o estranho que nos ajuda, que nos torna melhores.

---

*É importante frisar que Ló responde oferecendo suas duas filhas virgens à turba voraz, o que é visto como a atitude "correta". Mais tarde, depois que a esposa de Ló é transformada em uma estátua de sal, as filhas, escondidas em uma caverna sobre os escombros de Sodoma com o pai, o embebedam e fazem sexo com ele a fim de engravidarem. Elas atingem o objetivo, e a cidade de Moab, em Utah, leva o nome de um de seus descendentes, um fato que provavelmente deveria ser levado ao conhecimento da autoridade de turismo local.

Sem esses estranhos, o êxodo nunca aconteceria, os israelitas nunca escapariam da escravidão no Egito e toda essa história praticamente terminaria aí.

Obviamente, o Velho Testamento é cruel com os diversos estranhos não israelitas que seus heróis encontram na marcha para a Terra Prometida. Esses estranhos são definidos apenas por sua afiliação a seus respectivos grupos. Eles não têm nenhum traço de humanidade.

No Livro de Josué, em uma narrativa hedionda e genocida, os israelitas, agora liderados pelo sucessor de Moisés, Josué, cruzaram o rio Jordão e entraram em Canaã com a intenção de exterminar os povos das sete nações que lá habitavam. Eles estão agindo sob as ordens de Deus, que, no Livro de Deuteronômio, lhes disse: "Quando o Senhor teu Deus te trouxer à terra que vais possuir, e tiver expulsado muitas nações de diante de ti [...] tu as ferirás, e as destruirás completamente; não farás pacto algum com elas, nem lhes exibirás misericórdia. [...] É o Senhor, teu Deus, quem vai entregá-los a ti: eles ficarão grandemente apavorados até que sejam absolutamente destruídos."

Várias dessas nações, de fato, são absolutamente destruídas, a campanha se desenrola como uma litania entorpecente de mortes violentas, sem a menor misericórdia: Josué tomou Maquedá e matou o rei e seu povo. Tomou Libna e matou o rei e seu povo. Tomou Laquis e matou seu povo. Matou Horã, rei de Gezer, e matou seu povo. Queimou Ai e a transformou em uma pilha de escombros para sempre. "Quanto ao rei de Ai, enforcou-o numa árvore, e ali permaneceu seu corpo até à tarde. Ao pôr do sol Josué mandou que tirassem o cadáver do rei da árvore e que o atirassem à porta da cidade." É compreensível que alguém considerasse essa narrativa como um padrão nos milhares de anos de violência religiosa que se seguiram. Trechos desse Livro parecem algo que se veria no caderno de um adolescente emocionalmente perturbado. O teólogo L. Daniel Hawk escreveu sobre isso: "Para muitos leitores vivendo em uma época assombrada pela violência — muitas vezes endossada, sancionada e santificada por ideologias religiosas —, essa é uma história repugnante e terrível que não deveria ser recontada."

No entanto, discordo disso. Porque, mesmo em meio à carnificina, estranhos desempenham um papel fundamental. Quando lemos sobre os estranhos nas várias cidades cananeias vistos como um bloco, constatamos que eles são sobrepujados e mortos sem remorso. Mas, quando eles surgem como indivíduos, o tom de Josué muda. Sua caracterização se torna mais complexa. Os estranhos tornam-se pessoas. Fogem do estereótipo, surpreendem os israelitas e até os ajudam. Sim, o Antigo Testamento se deleita com a matança de estranhos, mas também conta a história de um movimento que simplesmente não teria acontecido sem os estranhos. Ele carrega consigo a ambivalência humana em relação aos estranhos — o medo e a necessidade que temos deles — estampada em todas as páginas.

Observe a história de Raabe. Quando Josué enviou seus espiões a Jericó para investigar a cidade antes da invasão israelita, eles foram parar na casa de Raabe, uma prostituta. Por sorte, a casa era adjacente à face externa da famosa muralha de Jericó. O fato de ser prostituta e cananeia significava dois pontos depreciativos contra ela. Mesmo assim, Raabe foi inabalável, leal e ágil. Surgiram rumores de que havia espiões nas redondezas, e o rei de Jericó exigiu que Raabe os entregasse. Ela enganou os homens do rei, escondeu os espiões e forneceu informações valiosas: os habitantes locais estavam apavorados e não apresentariam oposição significativa. Munidos dessa informação, os espiões partiram, o exército israelita avançou e, circulando sete vezes o exterior da cidade com a Arca da Aliança, soou suas trombetas, derrubou as paredes e matou todos os habitantes, exceto Raabe e sua família. A estudiosa Adriane Leveen trata da ironia de tudo isso: "O primeiro encontro entre os israelitas e uma estranha no Livro de Josué foi altamente favorável a uma meretriz que se tornou nada menos do que uma salvadora do povo de Israel. Raabe, não os israelitas, foi quem deu início à implementação dos planos de Deus."

Existem mais histórias como essa — nas quais se encontra, aborda e reconhece um estranho ou estranhos como totalmente humanos e, portanto, são poupados de um fim terrível. L. Daniel Hawk resume bem essa dinâmica: "Enquanto as pessoas da terra permanecerem sem rosto, podem ser mortas sem remorso, [mas] reconhecer a humanidade dos outros torna esse massacre uma empreitada muito mais perturbadora."

Outra característica inesperada da Bíblia Hebraica — especialmente para quem se recorda dela como um banho de sangue inflamado e xenofóbico — é a presença do *ger*. O *ger,* frequentemente mencionado como "estranho" nas traduções inglesas da Bíblia, é um não israelita que vive entre eles, um estrangeiro residente. Ele é diferente de um forasteiro comum, que é tratado como alguém totalmente de fora. Na Bíblia Hebraica, o *ger* recebe um tratamento muito melhor do que as massas de estranhos sem rosto aos quais o exército de Josué leva à espada. Muitos dos direitos dos israelitas são concedidos a esses estranhos, desde que respeitem as regras locais — não praticar incesto, não blasfemar, não adorar outros deuses — e seguirem as leis de pureza que se aplicam a todos os israelitas, como lavar-se adequadamente depois de lidar com cadáveres de animais ou de humanos e não compartilhar sangue.

Como contrapartida por seguir os estatutos locais, o *ger* tem muitos dos direitos dos quais goza um israelita. Tem acesso ao sistema de justiça, pode descansar no sábado, pode fazer oferendas a Deus e celebrar a Páscoa, caso fosse circuncidado; um *ger* pode ser comprado como escravo por um israelita, mas um *ger* abastado também pode comprar um israelita como escravo. Como Deus disse a Moisés no Livro de Levítico: "A sentença será entre vós a mesma, quer se trate de um natural da terra ou estrangeiro, pois Eu sou o Senhor, vosso Deus!"

Existem também algumas circunstâncias exclusivas dos *ger,* vantajosas ou não. Os israelitas não podiam cobrar empréstimos com juros de compatriotas, por exemplo, mas do *ger,* sim. Se um fazendeiro, no ato da colheita, deixasse cair um pouco de sua safra no chão, deveria deixá-la para que o *ger* a comesse, e isso valia para uvas de um vinhedo, embora pudesse vender ambas as colheitas para um estrangeiro.

Se um israelita encontrasse um animal morto naturalmente e quisesse obter sua carne, não poderia comê-la; em vez disso: "Vós o dareis a um estrangeiro residente, de qualquer de vossas cidades, e ele, sim, poderá comer tal animal. Podereis também vender o animal encontrado morto a outros forasteiros."* Essas leis serviam para reforçar que existia uma fronteira entre israelita e *ger.* Um israelita permaneceria israelita, com todos os direitos e privilégios que isso implicasse, e um *ger* permaneceria *ger,* com acesso ao sistema de justiça, relações razoavelmente cordiais com a maioria e todas as carcaças de animais que tolerasse consumir.

*Hahahahahahah.

Dessa forma, isso não seria uma forma de apartheid? Como uma situação em que uma maioria impõe a cidadania de segunda classe permanente a uma minoria vulnerável pode ser vista como um avanço? Por três razões. Em primeiro lugar, esse tipo de arranjo era praticamente inédito na época. Embora as leis que regiam o tratamento especial destinado a órfãos e viúvas tenham surgido inicialmente na Mesopotâmia — talvez mais notavelmente no código de leis do grande rei babilônico Hamurábi —, os estudiosos não detectaram muitas evidências sugerindo que houvesse algum tipo de proteção legalmente imposto em relação aos estrangeiros, tais como os *ger*. Isso não quer dizer que anteriormente estava aberta a temporada de caça contra essas pessoas — isso seria uma possibilidade, embora a tradição de hospitalidade já estivesse bem estabelecida naquela época, como sabemos. Significa apenas que a preocupação moral com esses estranhos não necessariamente merecia ser consagrada em lei escrita. E o estatuto jurídico conferido aos *ger* era novo. E, nesse sentido, foi um progresso.

Em segundo lugar, a importância dos *ger* também está enraizada na empatia e na experiência pessoal. Ao contrário do respeito pelos órfãos e viúvas, que uma pessoa poderia ter sem necessariamente ter sido nenhuma das duas coisas, alguns estudiosos acreditam que o Antigo Testamento conferiu tamanha ênfase em tratar bem estranhos e peregrinos porque os israelitas sabiam como era ser considerado um estranho. É um ponto que Deus afirma repetidamente nesse Livro: "Não maltratareis nem oprimireis nenhum estrangeiro, pois vós mesmos fostes estrangeiros nas terras do Egito", diz Ele em Êxodo 22, complementando no capítulo seguinte: "Não oprimirás o estrangeiro: conheceis bem a vida de estrangeiro, porque fostes forasteiros no Egito."

Os israelitas sabiam o que era ser um estranho — eles foram escravizados longe de casa, sofreram, passaram fome e vagaram pelo deserto; teoricamente, isso lhes conferiu a capacidade de ter empatia com a situação de outros estranhos. Os *ger* representaram uma expansão do círculo de preocupação moral de um fiel para além dos limites do tribalismo. E isso foi codificado em uma proteção legal para pessoas que não são *nós*. Naquela época da humanidade convivendo com estranhos, isso foi uma conquista e poderia ser um alicerce a ser trabalhado.

Então veio Jesus Cristo. O mundo em que ele nasceu também era um caos, principalmente nas cidades. "As cidades do império eram incrivelmente desorganizadas", aponta o sociólogo e historiador da religião Rodney Stark. E a densidade demográfica nessas cidades era inconcebível para os parâmetros modernos. Uma cidade, Antioquia, tinha uma densidade populacional de 29.250 pessoas por quilômetro quadrado. Isso é 2.125 pessoas por quilômetro quadrado a mais do que Manhattan tinha em 2010. Mas a Big Apple é uma cidade vertical. Em Antioquia, poucos edifícios tinham mais de cinco andares. Era um poço de sofrimento, com construções precárias e cortiços abarrotados de gente. Desabamentos de edifícios eram frequentes, ocorreram incêndios catastróficos, geralmente causados por fogões instalados em ambientes fechados. Houve terremotos e uma enorme pobreza e crise habitacional. O esgoto da cidade era a céu aberto e o sabão ainda não havia sido inventado. Como Rodney Stark observa, esses habitantes urbanos devem ter "vivido em uma imundície além de nossa imaginação".

E havia estranhos. Como o Império Romano estava unido pelo comércio de longa distância e pela atividade imperial, seu povo era capaz de viajar em uma escala que o mundo nunca vira antes; assim, se locomoviam e se misturavam. Falamos sobre diversidade hoje como se ela não tivesse precedentes, mas tem. O mundo romano "era um caldeirão ideal", segundo o historiador Ramsay MacMullen. "Se imaginássemos o império britânico de cem anos atrás como um todo aglutinado, com todos os seus territórios sendo fronteiriços, de modo que se pudesse viajar por terra [...] de Rangum a Belfast sem a interposição de oceano algum, e se, portanto, pudéssemos observar uma diversidade quase ilimitada de línguas, cultos, tradições e níveis de educação, a verdadeira natureza do mundo mediterrâneo [na época] nos deixaria atônitos."

Esse fluxo de pessoas era bom para as cidades. Em parte porque possibilitava um tráfego vibrante de mercadorias e ideias, mas também, pelo lado negativo, porque a taxa de mortalidade era muito alta e eles precisavam manter os níveis populacionais. "As cidades greco-romanas exigiam um fluxo constante e substancial de recém-chegados simplesmente para a manutenção de suas populações" no início da era cristã, comentou Stark. "Como resultado, em um determinado momento, uma parcela considerável da população consistia de *recém-chegados* — as cidades greco-romanas eram povoadas por estranhos." Viver em tais condições desencadeou o instinto desses estranhos de cerrar fileiras, e as cidades se dividiram em enclaves étnicos que lutavam abertamente e se insurgiam com frequência. Era um inferno, a morte estava por toda parte, e isso fez os habitantes se perguntarem se estavam testemunhando o apocalipse.

Jesus veio da Galileia — um lugar heterogêneo e turbulento por si só, relativamente distante de Jerusalém, com uma mistura de judeus, samaritanos, gregos e sírios convivendo lado a lado. Era o último lugar de onde as elites esperariam que o Filho de Deus viesse. É como se o messias tivesse nascido em Nova Jersey. Jesus chegou a Jerusalém e começou a pregar um evangelho radical que argumentava três coisas: a vida é terrível, Deus é a resposta e as pessoas precisam encontrar uma forma de viver em um mundo povoado de estranhos e dividido por conflitos tribais. Isso implicava amar o próximo — uma ideia baseada na lei judaica, mas expandida para incluir a todos —, não apenas estrangeiros residentes, como os *ger*. Ele percebeu que isso era difícil. Disse Ele: "E, se saudardes somente os vossos irmãos, que fazeis de notável?" Nada. Cuidar de sua família, de sua tribo, de seus vizinhos — isso é bem fácil. Contudo, cuidar de estranhos, pecadores e párias é difícil.

Você se lembra de como Zeus costumava se passar por um estranho para garantir que as pessoas estivessem se comportando e sendo hospitaleiras? Jesus vestiu esse manto, dizendo a seus seguidores que tudo o que eles fizessem ao mais inferior entre eles, estaria sendo feito *diretamente* a Ele. "Pois tive fome, e me destes de comer, tive sede, e me destes de beber; fui estrangeiro, e vós me acolhestes. Quando necessitei de roupas, vós me vestistes; estive enfermo, e vós me cuidastes; estive preso, e fostes visitar-me." E o filho de Deus complementa: "Com toda a certeza vos asseguro que, sempre que o fizestes para algum destes meus irmãos, mesmo que ao menor deles, a mim o fizestes."

Outra história, mais famosa, é a que Jesus contou sobre um samaritano — um membro de um grupo odiado pelo povo judaico — ajudando um judeu. A inversão é um golpe de mestre e revela um grande conhecimento de psicologia. Acreditar que *meu* grupo é correto o suficiente para ajudar um estranho é fácil. É o favoritismo intragrupal. Nós somos os mocinhos.

Temos moral. Mas forçar as pessoas a aceitarem a possibilidade de que seus inimigos possam se comportar moralmente e ajudá-los em um momento de necessidade é uma exigência para que se aprecie e honre a complexidade dos estranhos. Lembre-se do que falamos sobre a desumanização: temos a tendência a subestimar estranhos, a fazer vista grossa à sua riqueza, a suas vidas interiores, e temos a capacidade de fazer coisas terríveis com eles quando a situação é propícia a isso, de atormentá-los e massacrá-los sem nem ao menos levar em consideração sua humanidade. Grande parte dos ensinamentos de Cristo são salvaguardas contra isso. Os estranhos não eram apenas humanos; na verdade, eram a personificação de Jesus. E, da mesma forma que Zeus, detinham o poder de punir e de recompensar.

E isso foi além de meras palavras. Após a morte de Cristo, o sucesso da igreja foi construído sobre o auxílio a estranhos. Os primeiros cristãos criaram "um estado de bem-estar em miniatura em um império que, em grande parte, carecia de serviços sociais", pontua o historiador Paul Johnson. No ano 362 d.C., o imperador Juliano escreveu uma carta reclamando que os cristãos abalavam a reputação de Roma por causa de "sua benevolência para com os estranhos". Em outra carta, escreveu: "Os ímpios galileus alimentam, além dos seus pobres, também os nossos; os nossos, porém, evidentemente, carecem da nossa assistência." Juliano seria o último imperador pagão de Roma antes que o império se convertesse ao cristianismo, no ano 380 d.C.

De muitas formas, os ensinamentos de Cristo foram uma solução para os problemas da cidade. "Para as cidades cheias de desabrigados e pobres, o cristianismo ofereceu caridade e também esperança. Para cidades cheias de recém-chegados e estranhos, o cristianismo ofereceu uma base imediata para que vínculos fossem criados", afirma Rodney Stark. "Para as cidades dilaceradas por conflitos étnicos violentos, o cristianismo ofereceu uma nova base para a solidariedade social. E para cidades que enfrentavam epidemias, incêndios e terremotos, o cristianismo ofereceu uma assistência de saúde eficaz."

Os judeus do Antigo Testamento eram estrangeiros e peregrinos, escravizados em uma terra estrangeira e obrigados a vagar pelo deserto por décadas, sem fincar raízes. As pessoas da época de Jesus eram estranhas e peregrinas, sempre em movimento, se misturando e batalhando em um

mundo cruel e caprichoso que não fazia mais sentido. Jesus era um estranho, um imigrante, um forasteiro. Mas esse reconhecimento mútuo de
que somos todos estranhos, de que estamos todos à deriva e com medo,
criou uma nova forma de solidariedade social. Um novo *nós*, mais amplo.
E isso possibilitou aos cristãos, de uma forma mais confortável, ter contato
significativo com pessoas que, sem o cristianismo, poderiam ser estranhas
para sempre. "Eles puderam se tornar um povo peregrino, encontrando em
sua jornada de vida novos companheiros, de todas as raças, nações e estra-
tos sociais", aponta Thomas Ogletree, ex-reitor da Yale Divinity School.
"Como todos são estranhos, ninguém mais é." A consequência disso foi
a maior comunidade unida de estranhos já concebida. E isso segue sendo
verdade atualmente: 2,3 bilhões de humanos, ou seja, um terço do planeta,
se identificam como cristãos.

O islã também é uma religião de estranhos. Muito de seu DNA é origi-
nado na história de Abraão, considerado pelos muçulmanos o primeiro
deles. No Antigo Testamento, antes do nascimento de Isaque, a esposa de
Abraão, Sara, não podia ter filhos. Ela ofereceu a Abraão sua serva, Agar,
como substituta. Abraão aceitou a proposta, e Ismael foi concebido.

É nesse ponto que as tradições começam a divergir. Quando Abraão e
Sara têm um filho, Isaque, ela se convence de que Ismael é má influência
e bane Agar e seu filho para o deserto. Quando acabam a comida e a água,
Agar entra em pânico e implora pela ajuda de Deus, que diz a ela para
tomar o bebê em seus braços. Ela o faz, e a água brota da terra, formando
uma fonte chamada Zamzam. Os pássaros, percebendo que havia água ali,
começaram a voar em círculos acima deles. Grupos de estranhos viram
os pássaros e se aproximaram, pedindo água. Agar a trocou por comida
e suprimentos. De acordo com a tradição islâmica, dessa troca surgiu a
cidade de Meca (uma cidade que foi, de forma incidental, ampliada como
um importante porto comercial por um descendente de Ismael, Zaid ibn
Kilab, apelidado de Qusai, que significa Pequeno Estranho).

Na época em que um comerciante de sucesso chamado Maomé ficou
famoso, no século 7 E.C., Meca havia entrado em declínio. As rotas co-

merciais costeiras estavam roubando seus negócios, e antigos ódios tribais voltaram a explodir à medida que o mundo como um todo estava sendo dilacerado pela competição entre o Império Romano e o Persa. Depois de ser visitado por Alá, que lhe disse para unir a todos sob um único Deus, Maomé decidiu realizar esse feito. Acusou os habitantes de Meca de serem idólatras egoístas, indiferentes uns aos outros, bem como aos órfãos e aos pobres; acusou a elite de ser gananciosa. Naturalmente, isso não correu bem. A elite de Meca se voltou contra ele e atormentou seus seguidores de forma tão violenta que mesmo os moradores que não gostavam dele ficaram enojados com a crueldade exibida nas ruas de Meca. Maomé fugiu para Medina no ano 622 d.C.

Lá, pregando seu evangelho, ele uniu as tribos sob o islã. Mas também se esforçou para garantir que os locais não se voltassem contra os refugiados, em grande parte carentes, que o seguiram quando saiu de Meca. "Para integrar os imigrantes aos muçulmanos locais, o Profeta declarou fraternidade entre todos os imigrantes e habitantes de Medina e pediu aos locais que dessem suporte aos que vieram de longe", explica o estudioso Zeki Saritoprak. "Essa fraternidade histórica no islã é chamada de *mu'kh't*." Ela compreendeu dois grupos: os *muhajirun* (imigrantes) e os *ansar* (ajudantes). Essa irmandade constituiu uma forma de parentesco honorário e trouxe benefícios reais. Os ansar forneciam moradia e comida, não importando como. Quando um ansar morria, seu muhajirun se tornava seu herdeiro. Essa tradição eliminou de fato os conflitos raciais e tribais, tornando o *mu'kh't* mais importante do que laços familiares ou étnicos. "Pode-se argumentar que essa declaração de fraternidade pode ser considerada uma das práticas mais importantes e exemplares de integração de fragmentos díspares da sociedade na história humana", afirma Saritoprak.

Enquanto Maomé unificava toda a Medina, Meca seguia ladeira abaixo. O ódio a Maomé e a seus seguidores uniu a cidade por um tempo, mas, com o desaparecimento da maioria dos muçulmanos, todas as tribos se voltaram novamente umas contra as outras. Uma delas, a Banu Bakr, massacrou os Khuza'a, que eram aliados dos muçulmanos. Maomé organizou um exército de 10 mil pessoas, um grupo heterogêneo que representava as muitas tribos de Medina, uma demonstração sem precedentes de unidade entre estranhos. Diz-se que o rei de Meca, ao vislumbrar essa força, se perguntou: "Que tipo de exército é esse?" Maomé entrou na cidade sem sofrer oposição e, em vez de matar a todos, concedeu anistia a qualquer um que se rendesse. "Sigam seus caminhos, vocês estão livres", decretou.

No islã, os estranhos são um tema dominante. Como nos livros do judaísmo e do cristianismo, o Alcorão considera a bondade para com os estranhos inferior apenas à adoração a um único deus: "Adorai a Alá [...] Tratai com benevolência vossos pais e parentes, os órfãos, os necessitados, o vizinho próximo, o vizinho estranho, o companheiro, [e] o viajante." No entanto, para além disso, ser um estranho no islã é de fato uma marca de distinção, de santidade, da mesma forma que no judaísmo e no cristianismo. "O islã começou como algo estranho e voltará a ser algo estranho, assim como no início, por isso, dê as boas novas aos estranhos", disse Maomé. O profeta aconselha: "Viva neste mundo como se fosse um estranho ou um viajante." No caso dele, isso significa continuar sua jornada, pois seu verdadeiro lar o aguarda no final. No islã, assim como no cristianismo e no judaísmo — religiões de estranhos e peregrinos —, o fato de estar segregado forma a comunhão, é a fonte da solidariedade. É uma comunidade de estranhos que, ao adorar a um deus, conseguem transcender as divisões tribais e se tornar uma família.

De um ponto de vista, essa sensação de estranheza permanente pode nos conduzir a um caminho sombrio, e tem feito isso mesmo. Os fanáticos chegam a pensar que, como ser um estranho é uma honra enorme, eles deveriam permanecer estranhos, não fazendo sentido se misturar com os outros, não muçulmanos. Que devem erguer muros e guarnecer as ameias ou punir os infiéis. Nos primeiros dois séculos de existência do islã, essa religião, assim como o cristianismo, se mesclou às ambições do império, impulsionando uma marcha brutal por todo o país e construindo um império ininterrupto que se estendia da Espanha à Ásia Central.

Não entrarei em uma discussão sobre a suposta natureza genuína do islã aqui. Assim como ocorre com as partes mais sombrias do Antigo Testamento, estou ciente das passagens que extremistas e críticos do islã apontam como justificativas para atos violentos. Moro na cidade de Nova York. Vejo o bem cotidianamente e vivo sob a indelével sombra do mal. Dessa forma, estou mais interessado no que o islã diz sobre a união de sociedades turbulentas, sobre seus ensinamentos a respeito do tratamento a estranhos. No Alcorão, há duas séries de versículos, uma destinada aos fiéis, e outra, à humanidade como um todo; esta última começa com a frase: "Ó, humanos! Ó, humanos, em verdade, nós vos criamos de macho e fêmea, e vos dividimos em povos e tribos, para conhecerdes uns aos outros."

Na tradução, pode parecer confuso, afinal, o tribalismo é, por definição popular, uma aversão a conhecer outras pessoas. Mas, de acordo com o Imã Khalid Latif, o primeiro capelão muçulmano da Universidade de Nova York e ex-capelão da Polícia e do Corpo de Bombeiros da cidade, a raiz semântica do *conhecerdes* nesse verso — que se pronuncia *li ta'arifu* — não tem a ver com o conhecimento usado para responder a uma questão de vestibular; está mais relacionada com familiaridade ou conhecimento por vivência. "Em suma, o versículo está dizendo que criamos você nesta diversidade", explica Latif. "A passagem diz que você e eu, vindo de origens raciais aparentemente diferentes, fomos feitos a partir dessas origens para que não tivéssemos apenas consciência do outro, ou consciência de que ambos existimos, mas para que talvez pudéssemos, por experiência, *compreender* uns aos outros, nos conhecermos, o que fundamentalmente se torna um componente da humanização."

Em outras palavras, nessa concepção, a presença de pessoas diferentes não é uma aberração nem o distanciamento de uma espécie de ordem natural edênica. A diversidade é a chave. Mais que isso, é uma oportunidade. Uma oportunidade de conhecer os outros, a fim de servi-los, e uma oportunidade de se conhecer mais nesse processo, descobrir suas verdadeiras convicções no contexto do mundo e na vida de estranhos. "[Ele diz] que há uma diferença categórica quando alguém realmente passou certo tempo com outra pessoa, em vez de apenas passar tempo com um estereótipo dessa pessoa. E esse contato é a chave", argumenta Latif.

Maomé enfatizou esse ponto em seu sermão final. "Sabes que todo muçulmano é irmão de outro muçulmano", disse ele. Mas ele prossegue: "Toda a humanidade vem de Adão e Eva. Um árabe não tem superioridade sobre um não árabe, assim como um não árabe não tem qualquer superioridade sobre um árabe; da mesma forma, um branco não tem superioridade sobre um negro nem um negro, qualquer superioridade sobre um branco — exceto por sua piedade e boas ações." Hoje, 1,8 bilhão de humanos, um quarto da população no planeta, se identificam como muçulmanos.

Menciono tudo isso por alguns motivos, e nenhum deles tem intenção de convertê-lo. Como já disse, sou um ímpio selvagem, a quem a religião nunca fez muito sentido. James Joyce descreveu a religião como uma armadilha e, assim como a nacionalidade, algo a ser evitado se você quiser atingir todo o seu potencial, e estou inclinado a concordar com ele. Dito isso, certamente não tenho problemas com a crença de ninguém e sei que ela pode ser um grande conforto para os fiéis e pode levar, na melhor das hipóteses, ao cuidado com as outras pessoas, independentemente de quem sejam. Qualquer coisa que o inspire a superar seus obstáculos é boa para mim, contanto que não seja usada para espancar pessoas que discordam de você. Baseando-se no trabalho do cientista político Robert Putnam sobre capital social: religião, em sua melhor forma, constrói pontes; na pior das hipóteses, dá início a guerras.

Digo isso porque, apesar de tudo, vejo a religião de massa como uma realização extraordinária, mais que isso, uma fonte de esperança. Não espero que haja um deus que curará nossas feridas, recompensará nossa bondade e nos acertará as contas depois que abandonarmos nosso invólucro mortal. Para mim, a religião de massa é uma fonte de inspiração porque, em uma época de intensa luta e divisão, os seres humanos foram capazes de descobrir uma forma de pertencer a um número infinito de estranhos. Admito que isso é blasfêmia e peço desculpas — mais ou menos —, mas para mim a religião não é um fim. Não é um produto acabado. É apenas mais um passo em uma série de renascimentos sociais, e ele mostra que temos uma notável capacidade de nos ligarmos a um imenso número de estranhos, e que podemos escalonar a fé na bondade dos outros em um grau quase infinito, com base em algo que, na realidade, consiste em alguns pequenos pontos em comum: seguir os mandamentos de um livro, fazer uma oração, trajar vestimentas específicas e seguir alguns preceitos éticos básicos, como não roubar e ser gentil com estranhos. Para mim, isso é um progresso. Se um cristão norte-americano pode se sentir imediatamente confortável na companhia de um cristão sudanês que nunca viu antes na vida, não deveria ser possível para qualquer norte-americano se sentir confortável na companhia de um estrangeiro sudanês?

Eram dois os problemas mais prementes que o mundo greco-romano enfrentava na época de Cristo e que o mundo árabe enfrentava na época de Maomé: uma crise de necessidade e uma crise de pertencimento em um mundo habitado por estranhos. A crise da necessidade surgiu em parte da falta de instituições centralizadas: policiais, assistência social, serviços médicos, abrigos etc., e a ausência deles inspirou renascimentos sociais anteriores. A crise de pertencimento não foi diferente de nossa situação atual. A sociedade havia se tornado estranha. Estranhos estavam surgindo de todos os lados, e, quando eles aparecem, podemos acabar desorientados. Definimos a nós mesmos a partir do contexto de nosso mundo. Quando ele muda, isso coloca nossa autocompreensão sob estresse e perturba nosso relacionamento com o mundo em que vivemos. Quando isso acontece, temos duas opções: tentar restaurar o passado, e isso nunca funciona, ou descobrir uma nova forma de pertencimento. As religiões ensinaram a muitos humanos uma nova maneira de pertencer, que transcendeu tribos, etnias e raças. Não acredito que a religião por si só nos levará à linha de chegada. Há muitos conflitos históricos entre elas. As fronteiras se endureceram. Para chegar aonde precisamos ir, será necessário um novo renascimento social. Precisamos falar com estranhos.

Mesmo assim, não chegamos lá, e não fazemos isso. Apesar de todo o bem que conversar com estranhos pode causar — do âmbito pessoal ao civilizacional —, existem muitas forças contrárias a realizarmos essas interações simples e poderosas. Essas forças podem ser maléficas como o problema das mentes menores, sombrias e complicadas, como o sectarismo e o preconceito, ou muito simples, como um espaço público mal projetado, o ritmo de vida em uma cidade ou, como veremos, a cidadania na Finlândia. Seja qual for o motivo, uma coisa é evidente: se eu e você desejamos ficar bons nisso, primeiro precisamos entender melhor o que nos impede.

PARTE II

Por que *Não* Falamos com Estranhos?

Capítulo 11

Estranhos na Cidade

Aprendemos que os humanos inventaram cidades para que pudessem estar perto de muitas pessoas novas e diferentes, mas criaram um monte de regras não escritas que os impediam de falar uns com os outros, que agora devemos quebrar.

Em 2011, um homem chamado Hunter Franks decidiu viajar a pé pelos Estados Unidos com um amigo. Ambos eram jovens artistas em Los Angeles e planejavam documentar a jornada para um projeto multimídia chamado *talk2strangers* [fale com estranhos]. Eles só conseguiram chegar ao Novo México, mas isso bastou para que Franks definisse um rumo para o resto de sua vida. "Quando comecei a ver quantas histórias, comunidades e tipos de pessoas diferentes existiam, comecei a entender que havia valor em ouvi-las", contou ele. Essa experiência mudou sua vida, alterando sua percepção acerca da grande massa disforme formada pelas *outras pessoas*. "Comecei a entender como elas são gentis. Havia pessoas que nos davam água e comida a troco de nada, mesmo sem saber quem éramos. Comecei de fato a ver a bondade dos humanos."

Em 2012, depois de estudar comunicação e artes plásticas na faculdade, Franks conseguiu um emprego como community manager no departamento de inovação cívica, ligado ao gabinete do prefeito de São Francisco, no qual teve liberdade e financiamento para inaugurar projetos voltados para o redesenho do desgastado tecido social da cidade. Ele vislumbrou o potencial de projetos públicos que combinam arte e diálogo com estranhos. Viu esses projetos como uma forma de combater a solidão e a alienação, em parte porque observou o efeito pessoal que essas interações tinham sobre ele. "Achei que, se às vezes me sentia solitário, então outras pessoas provavelmente sentiam a mesma coisa. E, quando comecei a fazer isso, descobri que era algo de que todos careciam muito." A partir daí, seu futuro ficou mais claro.

Franks se tornou um artista em tempo integral em 2013, fundando a própria organização, a League of Creative Interventionists. Desde então, atraiu uma série de subvenções de prestígio e montou projetos em todo o país. Um deles é o Fear Doctor. Franks monta um estande na calçada — muito parecido com a barraquinha de psiquiatria de Lucy, no desenho animado *Peanuts* —, no qual as pessoas podiam contar-lhe seus medos. Depois de fazer algumas perguntas, ele prescreve uma "receita filosófica", que geralmente envolve alguma pequena atitude a ser tomada — algumas respirações profundas, estar mais disponível a alguém, tirar alguns minutos para si mesmo ou apenas telefonar para a mãe. Segundo ele, é uma forma "de lembrar às pessoas: *Ei, tudo bem. Você chegou até aqui. Tudo bem ter medo. Sentir isso é perfeitamente natural*".

Assim como acontece com o Urban Confessional, a ideia de tal empreendimento é um gatilho para meu ceticismo inato — pessoas como eu não são muito propensas a se expor de forma tão ampla a estranhos na rua. Então, perguntei a Franks como ele fazia para deixar as pessoas tão confortáveis a ponto de lhe contarem suas particularidades. "Sendo franco, eu não preciso fazer nada. Acho que as pessoas estão simplesmente loucas para compartilhar o que pensam — principalmente as coisas difíceis —, porque não temos muito espaço para fazer isso. Eu não tinha que me esforçar muito, sério." Se alguém lhe dissesse que tem medo de cobras, por exemplo, Franks faria algumas perguntas abertas e talvez elas revelassem que havia algo mais profundo por trás disso. Às vezes, as pessoas admitem que, no fundo, têm medo de ficar sozinhas.

Quando Franks estava em São Francisco, trabalhou em um projeto envolvendo um bairro de péssima reputação. Ele criou o Neighborhood Postcard Project, no qual coletava histórias positivas dos moradores do bairro, escritas em cartões-postais e, em seguida, as enviava para pessoas de bairros diferentes — com isso, apresentava-lhes a riqueza e a complexidade de um lugar que eles talvez considerassem irrecuperável. Os resultados deixaram Franks ainda mais motivado. Posteriormente, ele recebeu uma bolsa da Fundação Knight, que fomenta projetos voltados para a coesão social, para criar ações em quatro cidades onde atua. Uma dessas cidades foi Akron, Ohio. Aproveitando seu sucesso com o projeto dos cartões-postais, Franks teve a ideia de realizar uma grande refeição comunitária. Ele foi a cada bairro de Akron em busca de embaixadores que o ajudassem a recrutar mais pessoas. Cada uma deveria contribuir com uma receita, que seria impressa nos pratos do jantar para que os demais convidados levassem para casa. Franks soube de um trecho de rodovia que estava interditado para ser demolido, e este se tornou o local para uma mesa longa e curva, com capacidade para quinhentas pessoas.

Quando os convidados chegaram, eles se sentaram junto a estranhos de outras partes da cidade. "Você via um cara mais velho, rico e branco sentado ao lado de alguém que aparentava ser uma pessoa com deficiência cognitiva, e outra, não branca, talvez de uma renda mais baixa", relatou Franks. "Em qualquer outro contexto, não se veriam essas pessoas sentadas lado a lado." Havia moderadores dispersos para facilitar as conversas e fazer perguntas sobre os problemas relacionados àqueles indivíduos e à cidade como um todo — ou seja, os convidados não apenas tinham permissão para falar, como tinham assunto — o que matava duas questões que normalmente impedem estranhos de falar, especialmente quando são de grupos diferentes. Além disso, como era uma refeição, eles não tinham muito como fugir. E, quanto mais conversavam, mais profundo o diálogo ficava. Foi um sucesso. As pessoas adoraram.

"Queremos nos conectar como humanos", afirmou Franks. "Precisamos de conexões para que nossa existência nesta Terra seja agradável. Porém, existem muitas forças que nos impedem de fazer isso." Nos últimos cinco anos, Franks se concentrou em fatores externos que evitam que estranhos conversem — como a segregação ou os costumes. Entretanto, mais recentemente, ele começou a refletir sobre o componente interno disso. Ele se perguntou se poderia encontrar mais pessoas como ele, que se sentem da mesma forma e que encham de esperança a partir desse tipo de interação, e se essas pessoas poderiam, a seu turno, mostrar a outras os benefícios de levar a vida nesse estilo, até que todos alcancem um ponto drástico de mudança cultural. "Como se consegue gente suficiente para criar um movimento grande de modo que seja totalmente normal andar pela rua e dizer oi para todos?", indagou ele. "É preciso criar um mundo no qual a curiosidade e a conexão superem o medo e o isolamento. Acho que isso começa com pequenas interações diárias; e, com sorte, isso se espalhará por todos os aspectos da cultura e da sociedade."

No entanto, sendo bem sucinto, é mais fácil falar do que fazer.

Cerca de 12 mil anos atrás, os humanos fincaram bases. Tornaram-se agricultores. Não precisavam mais viajar e caçar animais de grande porte para sobreviver, eram capazes de cultivar sua própria comida. Poderiam possuir terras de uma forma que antes era impossível e viver nela por gerações. Para muitos, os dias de peregrinação acabaram. "Os indivíduos passavam a vida inteira na companhia das mesmas pessoas", relata a arqueóloga Monica Smith, da UCLA. "Rostos novos só eram vistos em casamentos quando vendedores ambulantes traziam suas mercadorias. A familiaridade era a constante das relações humanas, e estranhos eram vistos com cautela e receio."

No entanto, periodicamente havia peregrinações, segundo Smith. Os residentes de pequenas aldeias viajavam para locais ritualísticos, onde podiam se encontrar e se misturar com pessoas de outras aldeias e tribos, negociar produtos e técnicas e arranjar parceiros românticos. Em suma, eram basicamente festivais, encontros marcados pelo prazer de se reunir, com a vantagem adicional de manter relacionamentos positivos com vizinhos mais distantes. "Ao reunir pessoas para um propósito comum, os locais ritualísticos viabilizaram o desenvolvimento e a prática de habilidades de comunicação e interação que lhes possibilitaram lidar com tantos estranhos", comenta Smith. Essas reuniões e as habilidades que elas aprimoravam em cada pessoa acabaram levando ao surgimento das cidades, cerca de 6 mil anos atrás. Foi outro renascimento social da humanidade.

As cidades constituíram a primeira forma difusa de organização social humana que não surgiu por pura necessidade. "Tínhamos tudo de que precisávamos para uma vida bem-sucedida na agricultura em pequena escala, o que permitiria que, de aldeiazinha em aldeiazinha, o crescimento populacional cobrisse todo o planeta", pontua Smith. "Claramente, aquela vida simples e linear na aldeia não foi suficiente para nossos ancestrais urbanos. [Eles] Queriam muitas coisas intangíveis que não conseguiam no campo: a emoção de estar em uma multidão, a empolgação do contato com novas invenções e com novos alimentos e a tentação fascinante de encontrar um parceiro romântico que vivesse além das divisas da aldeia."

Depois de muitos milênios sendo cautelosos no trato com estranhos — o que era expresso por meio de rituais de saudação, hospitalidade e, ocasionalmente, matança violenta —, os humanos adotaram um estilo de vida que não somente incluía mais estranhos, mas que, na verdade, era *definido* pela presença de estranhos — isto é, pessoas desconhecidas, bem como pessoas diferentes de nós —, que eram ao mesmo tempo a essência da cidade e sua principal razão de ser. "Uma cidade é composta de diferentes tipos de homens", escreveu Aristóteles na obra *Política*. "Pessoas semelhantes não podem fazer surgir uma cidade." Essa foi outra diferenciação radical de nossos ancestrais chimpanzés. Os seres humanos agora estavam se colocando em uma situação em que seriam superados em número por estranhos de forma irremediável e permanente — e lembre-se: essa é uma situação que os chimpanzés simplesmente não tolerariam.

Naturalmente, essa ideia era, e continua sendo, perturbadora para alguns, trazendo consigo uma perspectiva aterradora de violência e depravação. No Antigo Testamento, a primeira cidade foi fundada por Caim, o filho mau, que assassinou o irmão. Roma foi fundada por Rômulo, que também assassinou o irmão. Os críticos da cidade frequentemente a acusam de desencadear a podridão no caráter humano. O filósofo Jean-Jacques Rousseau idealizou a genialidade simples das pessoas de cidades pequenas e chamou os moradores urbanos de "macacos da cidade grande". Segundo ele: "Em uma cidade grande, cheia de pessoas arengueiras, desocupadas, sem religião, sem princípios, cuja imaginação depravada pela ociosidade, pela preguiça, pelo amor ao prazer e por grandes necessidades engendra apenas monstros e inspira apenas crimes."*

---

* N. da T.: *Carta a D'Alembert sobre os Espetáculos Teatrais*. Jean-Jacques Rousseau. Tradução e notas Fábio Stieltjes Yasoshima. Ed. UNB.

Toda uma corrente tradicional da sociologia foi quase integralmente dedicada a apontar todos os supostos transtornos mentais que as cidades causavam aos desafortunados que precisavam viver nelas — grande parte dessa corrente foi produzida por volta do início do século XX, pela inquietude com a ascensão do individualismo.

Em 1987, o sociólogo Émile Durkheim afirmou que estar cercado por tantos estranhos confundiria nossos cérebros e nos levaria à calamidade. Ele acreditava que os moradores da cidade, por terem que se ajustar forçadamente a cada estranho com quem se deparassem em algum momento da vida — o que alguns chamariam apenas de "ter habilidades sociais" —, sofreriam um deterioramento progressivo de suas autocompreensões, levando à desordem, ao desespero e, finalmente, ao suicídio. O sociólogo alemão Georg Simmel — que em 1908 redigiu um ensaio breve, mas influente, a respeito de estranhos, definindo-os como uma junção da proximidade física com o afastamento social — admitiu que a cidade pode ser excitante, mas também afirmou que morar nela requer "mil modificações individuais" na personalidade de um indivíduo, e que a aniquilação brutal de todos os seus estímulos deixaria os moradores em um estado "blasé", emocionalmente entorpecidos, "indiferentes a todos os aspectos pessoais" e restritos a se relacionar com os outros apenas como "números" de uma equação matemática.* No entanto, esse modo de pensar é compreensível, argumentou Simmel, porque, se os moradores da cidade se importassem com todos à sua volta da mesma forma que as pessoas das pequenas aldeias, "acabariam em uma condição mental inimaginável".

Em 1938, Louis Wirth, em consonância com Simmel, comentou que, embora fossem "um terreno fértil para novos híbridos biológicos e culturais", as cidades tornavam amizades íntimas impossíveis e levavam a relações humanas que são "amplamente anônimas, superficiais [e] transitórias". Embora admitisse de forma louvável que, de fato, fosse possível que os moradores da cidade fizessem novos amigos, essas amizades eram consideradas estritamente "um meio para atingir nossos próprios fins".

---

*Lembre-se de que, no Capítulo 2, a psicóloga Juliana Schroeder discorreu sobre o fato das pessoas nas cidades tratarem umas às outras como objetos. Simmel, há um século, já falava disso.

Apesar da destruição da ideia de que as pessoas sofreriam uma crise de identidade e teriam sua capacidade de realizar conexões humanas genuínas, quando as cidades foram inventadas, há 6 mil anos, os humanos se afeiçoaram a elas imediatamente. Com certeza, elas lhes apresentavam oportunidades econômicas, assim como hoje. No entanto, segundo Monica Smith, havia algo a mais por trás disso. "É como se houvesse um potencial reprimido para tudo aquilo que, de alguma forma, estava codificado em nossa consciência coletiva, esperando apenas uma oportunidade para se libertar." Qual seria esse potencial reprimido? Vejamos.

Sabemos que expandir nossas teias sociais é algo inato. E, como a cidade tem mais pessoas, esse é um de seus atrativos. Contudo, há algo mais pessoal e mais intangível que pode ter nos levado aos portões das cidades — dentro das quais mais da metade da população mundial atual reside. É um conceito em psicologia de autoria de um influente psicólogo norte-americano chamado Arthur Aron: a expansão do *self*.*

Aron elabora a noção de que uma pessoa não tem uma identidade totalmente fixa nem uma personalidade definida. Não existem barreiras intransponíveis entre quem eu sou e quem você é. Em vez disso, de acordo com ele: "Cada *self* é, majoritariamente, um produto de vários relacionamentos ao longo da vida." Isso significa que, à medida que crescemos, encontramos mais pessoas e nos envolvemos em mais relacionamentos, mudamos. Talvez a essência de quem somos permaneça estável, mas, conforme avançamos em nossas vidas, absorvemos um pouco de cada pessoa com quem tivemos interações significativas, e isso contribui para que nos tornemos mais complexos. Pense no indivíduo como se fosse um rio. A água é fluida, mas também assume a forma dos leitos dos rios por onde passa. De certa forma, assim são os humanos.

"De acordo com o gradiente de inclusão do outro no *self*, assumimos os recursos, as perspectivas e as identidades dessa pessoa", escreveu Aron, em 2013. "O outro, então, conforma quem somos, aprimora as ferramentas que sentimos ter à nossa disposição [e] molda a forma como vemos o mundo." Esse processo é a "expansão do *self*" de Aron. Grande parte dela

---

* N. da T.: Na psicologia, o *self* ("eu", ou "si mesmo", em tradução livre) é um conceito de autoria do pensador Carl Gustav Jung, e consiste na essência do ser, consciente e inconsciente, de uma pessoa.

advém de relacionamentos íntimos, mas também pode ser alcançada por meio de muitas fontes — conhecidos, livros, viagens, experiências pessoais e, como me disse Aron: "Isso também deve se aplicar a estranhos." Ele teoriza que esse é um dos impulsos mais fortes dos seres humanos — ou seja, buscamos naturalmente por oportunidades de expansão.

Esse impulso para expandir o *self* pode se referir ao potencial reprimido relacionado à vida na cidade descrita por Smith. Também pode se vincular à força por trás do parentesco honorário e da hospitalidade. Se as circunstâncias permitissem, talvez tenha sido nossa intenção constante interagir com novas pessoas como um meio de expandir não apenas nossas teias, mas a nós mesmos. Foi preciso apenas que houvesse maneiras de nos sentirmos seguros ao fazer isso. Uma vez que as cidades foram inventadas, surgiram essas oportunidades em uma escala incomparável. Esse é o poder delas. "As cidades podem ser mal administradas, tomadas pelo crime, sujas, decadentes. Mesmo assim, muitas pessoas acham que vale a pena viver no meio disso tudo. Por quê? Pois as cidades têm o potencial de nos tornar seres humanos mais complexos", aponta o sociólogo urbano Richard Sennett.

Meu amigo Billy Giraldi captou isso muito bem em seu livro *The Hero's Body* ["O Corpo do Herói", em tradução livre], em um trecho sobre sua partida de sua cidade natal, Nova Jersey: "Eu saí pelas razões que sempre fazem as pessoas deixarem as cidades pequenas: não foi por não valorizá-la, mas porque eu acreditava que meu desenvolvimento me aguardava em um lugar diferente." Meu escritor favorito, o argentino Jorge Luis Borges, também bateu nessa tecla: "Na verdade, não tenho certeza se existo", narrou ele em uma ocasião. "Sou todos os escritores que li, todas as pessoas que conheci, todas as mulheres que amei; todas as cidades que visitei." Talvez essa seja a "condição mental inimaginável" contra a qual Simmel nos alertou.

A ironia da cidade, portanto, é que ela nos impõe a companhia de centenas de milhares, ou milhões, de estranhos e, então, sutilmente (ou não) sinaliza que não devemos falar com eles. Essa foi a norma social que despertou o interesse de Gillian Sandstrom, e o efeito que Nicholas Epley e Juliana Schroeder observaram em seu experimento no metrô: membros de uma espécie hipersocial em um espaço apertado, sem dizer uma palavra porque passaram a acreditar que ninguém quer papo. Como isso aconteceu?

Você pode ter ouvido falar de Stanley Milgram. Ele foi o psicólogo norte-americano que realizou aquelas famosas experiências em que os participantes aparentemente eletrocutaram estranhos até a morte apenas porque um homem trajando um jaleco os comandou a fazê-lo. Felizmente, ele também conduziu uma série de outros estudos importantes, com menos probabilidade de gerar pesadelos em alunos do ensino médio. Essas pesquisas analisaram como os humanos convivem com estranhos em um ambiente urbano. Os experimentos de Milgram foram variados: desde enviar alunos para pedir que estranhos lhes cedessem seus assentos no metrô sem justificativa (os alunos ficaram mortificados por pedir, mas a maioria dos passageiros cedeu os lugares) a tentar descobrir quantas pessoas em uma calçada precisavam estar olhando para cima antes que outras pessoas parassem e também olhassem (4% pararam quando uma pessoa estava olhando para cima; quando 15 pessoas fizeram isso, esse número subiu para 40%).

Todavia, para nossos propósitos, a grande sacada de Milgram é a *sobrecarga*. Ele afirmou que, de forma semelhante a um computador, existe um limite de informações que um ser humano pode processar antes de começar a queimar os circuitos. O pesquisador se indagou: como lidamos com a sobrecarga? Milgram acreditava que isso é feito por meio da regulação de "entradas". Gerenciamos a atenção que dispensamos às coisas e a quantidade de estímulos que absorvemos. As estratégias para regular as entradas variam: podem consistir desde um olhar distante ou uma expressão sisuda para desencorajar a conversa até manter a maior parte de nossas interações diárias como algo passageiro e superficial. Para esse fim, desenvolvemos "roteiros" — coisas que podemos dizer para indicar que notamos a presença de terceiros, ao mesmo tempo em que sinalizamos sutilmente que não estamos interessados em conversar. Dizemos um breve "bom-dia" a um operador de caixa, embora não estejamos ouvindo o que dizem ou olhando para eles e não nos preocupemos de fato com o dia que terão, e ele nos devolve um "bom-dia" com a mesma indiferença.

Lyn Lofland, outra influente socióloga do século XX que fez muitos trabalhos de campo urbanos, observou uma série de métodos que as pessoas empregavam para regular as entradas. "Se estiver sentado ou em uma situação de espera, fixe os olhos em algum objeto, como um livro, uma revista ou uma carta", escreveu ela. "Concentre o olhar em objetos inanimados [...] Se quiser dar uma olhada em volta e nas pessoas, faça isso focando abaixo do pescoço." Se algo incomum acontecia, Lofland observou que as pessoas se afastavam ou agiam como se aquilo fosse completamente normal, a fim de evitar dar margem para que outras pessoas comentassem sobre o fato.

A norma social contrária a falar com estranhos também pode ser reforçada pela velocidade. Se você sair para dar um passeio, é mais provável que veja outras pessoas, observe as coisas e talvez dê um olá. Mas passeios como forma de lazer são menos comuns em cidades maiores e mais prósperas, que tendem a um ritmo mais acelerado. Desde a década de 1970, pesquisadores observaram correlações positivas entre a velocidade média de caminhada e o tamanho da população e a riqueza de uma cidade. Lugares muito grandes e densos, como Tóquio ou Londres, podem apresentar um ritmo de vida mais rápido, fazendo com que os cidadãos estejam menos propensos a interações espontâneas, enquanto cidades menores se moverão a um ritmo menos vertiginoso. Argumenta-se que isso acontece porque tempo é dinheiro em lugares maiores. De acordo com Stanley Milgram, a sobrecarga sensorial estava desencadeando um reflexo de fuga. Seja qual for o motivo, isso resulta em menos oportunidades de interação com estranhos.

Entretanto, nada disso implica que os moradores das cidades sejam totalmente cegos a outras pessoas nas grandes cidades. Pelo contrário, geralmente estão muito cientes uns dos outros. Eles apenas têm maneiras mais sutis de demonstrar isso, o que nos leva à nossa próxima grande ideia, nascida a partir de outro influente sociólogo urbano do século XX, Erving Goffman. A contribuição de Goffman é chamada de desatenção civil, que é o ritual silencioso que ocorre entre dois estranhos caminhando na rua de uma cidade. Ao contrário do que pensadores mais alarmistas acreditavam sobre a vida urbana, o pesquisador observou que os transeuntes não são completa e friamente indiferentes uns aos outros. Muitos não dialogam por mera cortesia. Não é uma expressão de indiferença insensível, mas, sim, uma forma peculiar de cooperação: uma ajuda recíproca para lidar com a sobrecarga.

Um indivíduo pode praticar a desatenção civil de formas variadas. Ele pode se afastar para a lateral a fim de dar passagem a alguém, pode fazer um breve contato visual ou dar um aceno rápido com a cabeça e, logo em seguida, olhar para baixo.* Assim como ocorre com os rituais de saudação, a desatenção civil é uma forma de polidez ritualística que surge, em parte, da ambivalência. "Ao praticar a desatenção civil, o indivíduo tacitamente indica que não tem razão para desconfiar das más intenções de terceiros nem para temê-los, ser hostil ou desejar evitá-los [...] Que ser visto e ser flagrado observando não é algo a se ter receio ou a se evitar, e que ele não está envergonhado, nem de si mesmo, nem do lugar e das pessoas que o acompanham", escreveu Goffman.**

Lyn Lofland alegou que há algo ainda mais significativo sendo transmitido pela desatenção civil. Ela acha que isso "indica que o indivíduo entende [o estranho] como detentor de um nível básico de humanidade, que o admite na família humana e que aceita que ele seja detentor de direitos de cidadania". É um teste contra a desumanização e o problema das mentes inferiores. Ou seja, a desatenção civil é importante para a saúde de uma cidade. É uma forma sutil, mas poderosa, de unir os cidadãos, as cidades e estabelecer uma humanidade compartilhada. Mesmo assim, sendo honesto, quanto mais procurei por ela, mais fui percebendo que é uma situação um tanto rara. Em minha experiência, raramente há contato visual, não há um rápido aceno com a cabeça nem lampejo de reconhecimento da humanidade alheia. Não há praticamente nada disso. Por quê? Para ajudar a responder a essa pergunta, gostaria de apresentá-lo a um homem chamado Cliff Adler.

Cliff Adler é um taxista de Nova York, na estrada há mais de quatro décadas. Gente boa e muito fã de conversas, Adler observou uma mudança

---

*Lembre-se: o que inspirou a pesquisa de Gillian Sandstrom foi perceber que ela ficava olhando para baixo logo após fazer contato visual com estranhos enquanto caminhava pela rua. Isso é a desatenção civil.

**Isso não quer dizer que a humanidade de todos seja reconhecida, seja em uma cidade, seja em qualquer outro lugar. Goffman também observou que isso pode ser negado a pessoas com deficiência e membros de grupos minoritários, que por vezes eram encarados com curiosidade, medo ou ódio.

marcante na maneira como seus passageiros interagem com ele ao longo dos últimos anos. Ele me contou em um café da manhã que "as pessoas eram diferentes" quando ele começou. "Elas geralmente eram mais que propensas a conversar. Por exemplo, se eu me virasse e dissesse: 'Você torce para os Yankees ou para os Mets?', respondiam: 'Ah, sou Yankee de carteirinha' ou 'Meu negócio é torcer para os Mets' etc. etc. Falavam que cresceram no Bronx, que seu tio isto, que seu pai aquilo, e isso virava uma conversa." Adler tomou um gole de café nesse momento e brincou: "Eu sou Mets, torcedor doente. Se eu pego um passageiro Yankee eu até deixo vivo, mas se me der na telha eu arrasto ele para fora do carro e deixo ele na pista."

O estudo de Epley e Schroeder que discutimos anteriormente incluiu um experimento no qual as pessoas conversaram com taxistas e relataram que gostavam deles e gostavam mais de suas corridas, lembra? Adler me disse que hoje em dia isso é uma raridade. Os passageiros entram no táxi olhando para o celular, dizem o destino rispidamente e continuam absortos no celular durante toda a corrida. "Se tem uma coisa que eles não são é amigáveis ou abertos", revelou ele. "Não dizem bom-dia, boa-tarde, nada disso." Às vezes, não dão 'nem um pio', nem em uma corrida até o aeroporto, que dura uma hora. Eles chegam ao destino, pagam e vão embora. "Você diz 'Obrigado, tenha um bom dia', e não respondem nada. Nem um resmungo. Simplesmente pegam suas coisas e vão embora", contou ele. "Para eles, você é uma máquina."

Perguntei o que ele diz quando isso acontece. Como ele se sente e o que faz.

"Eu vou para outra dimensão e ignoro completamente", comenta, encolhendo os ombros. "É isso."

Erving Goffman se referia a revistas e jornais como "telas". Afirmou que essas telas funcionavam para impedir o contato indesejado em público. Desde então, desenvolvemos muito mais opções com telas de verdade que cumprem esse objetivo. Podemos direcionar a maior parte da nossa comunicação para um e-mail ou por texto a fim de permanecer no controle da interação; inserimos nossos nomes em cadastros de não recebimento de chamadas para que estranhos não nos importunem tentando vender coisas;

podemos fazer compras na internet e no delivery por meio de aplicativos e, quando vamos a uma loja, podemos usar os caixas de autoatendimento; usar fones de ouvido e quase não tirar os olhos de nossos celulares quando estamos em público. Todas essas atitudes podem ser estratégias para lidar com a sobrecarga,* mas, ao nos valermos delas, podemos corroer nossa habilidade de interagir com as pessoas na vida real, porque essas estratégias contribuem para que nosso cotidiano tenha pouquíssimo contato humano. Vimos em um capítulo anterior que os estudantes universitários têm dificuldade em falar cara a cara com pessoas que não conhecem. Alguns especialistas especulam que a falta de interação é uma força motriz por trás da epidemia de solidão, porque a erosão das habilidades sociais dificulta conhecer novas pessoas.

Por favor, entenda que este não é mais um sermão sobre como a tecnologia está arruinando tudo que é especial na humanidade. Reconheço que sou um tanto avesso à tecnologia, mas também sei que ela pode ser uma tábua de salvação para pessoas marginalizadas ou que vivem em lugares distantes e não conseguem encontrar redes de apoio em casa, por exemplo. Como um estudo sobre mídia social usada por indivíduos transgêneros, conduzido por Yuliya Cannon na Universidade do Texas, em San Antonio, concluiu: "A mídia social se tornou uma plataforma para estabelecer laços sociais, educar-se e compartilhar recursos que de outra forma não seriam disponíveis a indivíduos à margem da sociedade."

Da mesma forma, a tecnologia pode conceder acesso a novas ideias e perspectivas que estranhos apresentam em outras culturas e outras terras, o que pode ser muito enriquecedor nas circunstâncias certas. Essas conexões, se feitas de boa-fé e com ânimo de curiosidade — ou seja, não se tratando de um esforço para reacender a chama do nazismo —, podem ser profundas e inspiradoras. Lembre-se de que um dos experimentos de Gillian Sandstrom foi conduzido em plataformas digitais e, mesmo assim, fez com que os participantes se sentissem mais felizes, mais conectados e mais otimistas em relação ao mundo. Organizações como a Living Room

---

* Pode-se afirmar que estamos substituindo uma carga de estímulos por outra, muito maior. Um estudo de 2009, realizado por Roger Bohn e James Short junto à Universidade da Califórnia, em San Diego, constatou que as pessoas consumiram 400% mais dados em 2008 do que em 1980. Esse número tem continuado a subir vertiginosamente.

Conversations oferecem outras oportunidades promissoras (embora moderadas) para as pessoas conversarem online com estranhos sobre tópicos fascinantes. Já fiz isso algumas vezes e foi desafiador, agradável e edificante.

A despeito disso, os pesquisadores descobriram que a tecnologia pode prejudicar nossa capacidade de interação no mundo físico. A mera presença de um smartphone em uma situação social pode ser deletéria, pois leva ao que os psicólogos chamam de *presença ausente*. Você está lá, mas não está. Um estudo conduzido pelo psicólogo Ryan Dwyer descobriu que os participantes instruídos a manter os celulares na mesa durante o jantar com a família ou amigos relataram ter apreciado menos a refeição, pois se sentiram mais distraídos do que os demais participantes, instruídos a manter os aparelhos no bolso. Kostadin Kushlev, da Georgetown, conduziu outro estudo, formando pares de estranhos e fazendo-os passar dez minutos em uma sala de espera. Metade estava com seus telefones, metade, não. Enquanto 94% das pessoas sem os celulares optaram por interagir com as outras, esse número caiu para 70% em se tratando dos que estavam com seus aparelhos à mão. Além disso, quem ficou com os smartphones sorriu 30% menos que suas contrapartes. Em um estudo e revisão literária de 2019, Kushlev e seus colaboradores concluíram que "os smartphones podem levar as pessoas a perder os benefícios emocionais das interações sociais casuais, suplantando-os completamente [...] Acreditamos que esses dispositivos interferem de maneira muito consistente nos benefícios emocionais que as pessoas poderiam, de outro modo, extrair de seu ambiente social mais amplo". Os dados da pesquisa confirmam isso. Uma pesquisa de 2015 do Pew Research Center revelou que quase metade dos jovens entre 18 e 29 anos admitem usar os telefones para evitar a interação com outras pessoas.

Os smartphones e as redes sociais têm se mostrado viciantes: tecnologias que disparam pequenas doses de dopamina e que podem nos viciar e tornar seu uso compulsivo. Isso explica parte da atração por eles. Mas há outro motivo para esse arrebatamento tão veloz que é relevante para nossa busca aqui. De acordo com o denominado *princípio do mínimo esforço*, os humanos tendem a seguir o caminho de menor resistência. Como interagir com estranhos pessoalmente é exigente à nossa cognição e implica, pelo menos em certa medida, não estar no controle da conversa, as pessoas tendem a gravitar naturalmente para a comunicação digital. A comodidade oferecida pelos celulares economiza tempo e facilita algumas interações. Mas, quanto mais se comunica desse jeito, menos social você se torna em modo offline e mais ansioso fica ao pensar em falar com um desconhecido. Quando você se dá conta, está morando em uma cidade, cercado por milhões de pessoas, só realiza pedidos em restaurantes por meio de aplicativos, e a perspectiva de ligar para a pizzaria e falar com um estranho é simplesmente assustadora.

Essa absorção do coletivo pela tecnologia pessoal também alterou a conformação do espaço público. Em 1989, o sociólogo Ray Oldenburg escreveu um livro muito influente chamado *The Great Good Place* ["O Lugar Bom e Ótimo", em tradução livre], que tratou do que ele chamou de "terceiros espaços" — pontos de encontro públicos, como bares, cafés ou salões de beleza. Oldenburg pensava que eles eram essenciais para o bem-estar dos indivíduos e para a coesão das cidades e vilas. Ele percebeu que o ponto mais positivo dos terceiros espaços é unir as comunidades, dando aos moradores um espaço para se encontrar e interagir como iguais; eles servem como "portas de entrada" para os recém-chegados — um lugar para aprender sobre o novo lar, fazer contatos e amigos e talvez encontrar trabalho; em tempos de dificuldade, esses locais podem se tornar áreas destinadas a socorro emergencial ou à cura coletiva.

"Nada contribui tanto para o senso de pertencimento a uma comunidade quanto a 'afiliação' a um terceiro espaço", concluiu Oldenburg. "Ele está relacionado à sobrevivência e, com certeza, à *prosperidade*." Oldenburg lamentou o desaparecimento desses lugares com a migração de muitos norte-americanos para bairros residenciais afastados dos centros, na década de 1980, resultando em estilos de vida que "por conta da aquisição material e da busca de conforto e prazeres, são acometidos pelo tédio, pela solidão, pela alienação e por um preço bastante alto". Nem é preciso dizer que essa tendência criou uma situação abaixo do ideal, de acordo com Oldenburg, "visto que a vida pública está mais povoada de estranhos do que nunca [e] os estranhos nos assustam mais do que nunca".

Nos anos seguintes, muitas pessoas voltaram para as cidades, mas a tecnologia ainda lhes nega os benefícios essenciais dos terceiros espaços. Em uma noite, bebendo, perguntei a Joaquín Simó — um renomado mixologista e dono de um bar de coquetéis chamado Pouring Ribbons, localizado na região de Alphabet City, em Nova York — o que mudou em seu negócio desde que ele o abriu. Simó disse que era simples: as pessoas não falam mais, principalmente os jovens. "É uma coisa dessa geração. Moleques de vinte e poucos anos se sentam, pedem algo e depois voltam para o conforto de seus celulares. Eles estão perdidos. E isso é estranho, porque eu costumava ir a bares para conhecer pessoas." Simó conta que, há mais ou menos quinze anos, muitos espaços ali começaram a se desfazer dos aparelhos de TV, e o efeito disso foi o estímulo para que houvesse mais conversas. "Isso deu certo durante uns vinte minutos", brincou, pegando seu iPhone e o balançando na mão. "E então veio esse aparelho e prejudicou muito a disposição das pessoas a interagir com outras que estão à volta. Que droga."

Hoje, quando contrata funcionários, Simó procura alguém que goste de conversar, que tenha interesses além de coquetéis e mais coisas a dizer. Ele dá uma grande importância a esse aspecto do setor hospitaleiro: conectar-se com estranhos. Mas é uma batalha. A norma social contra isso está ficando mais rígida. Quando alguém tenta falar com outra pessoa hoje, normalmente ocorre certa mistificação, constrangimento ou medo. Simó acha que isso é fruto da falta de compreensão sobre a essência de um bar, ou seja, da essência de uma cidade. "Seu espaço pessoal se encerra quando você entra em um espaço público. Você não deve ficar chateado quando alguém entra na sua bolha, porque está em público. Eu sinto que a bolha se tornou algo muito sagrado para as pessoas."

Existem outros fatores atuando para nos manter separados, mesmo quando estamos compartilhando um espaço físico. Pense na desigualdade de renda — um problema grave das cidades modernas. Uma série de experimentos em ambientes controlados constataram que, em uma conversa entre pessoas abastadas e não abastadas, as ricas farão mais interrupções, monopolizarão a conversa e não exibirão sinais de "atenção não verbal" — acenar com a cabeça, fazer contato visual, dizer "ahã" ou qualquer outra forma sutil de mostrar que estamos prestando atenção em uma pessoa.

Em 2009, Michael Kraus e Dacher Keltner, psicólogos da Universidade da Califórnia em Berkeley, conduziram um estudo no qual alunos mais ricos eram pareados com alunos menos ricos e informados de que participariam de uma entrevista de emprego simulada. Eles passariam cinco minutos se conhecendo e depois seriam entrevistados em conjunto pelo condutor do experimento para uma vaga de emprego fictícia.

Essa última parte era apenas um pretexto. O que os psicólogos realmente queriam analisar era a fase em que se conheciam e se entrosavam. Para isso, deram aos participantes uma lista de perguntas, tais como "Você se descreveria de que maneira?", a fim de dar abertura à conversa, e monitoraram a sessão em busca de sinais de envolvimento social (acenos com a cabeça, um erguer de sobrancelhas, risadas e fitar o parceiro) e de desengajamento social (comportamento focado no corpo, mexer em um objeto próximo ou rabiscar algo). Eles descobriram que os participantes com níveis socioeconômicos mais altos mostraram significativamente menos engajamento, e os de classes mais baixas, mais. (Além disso, notaram que as mulheres eram mais engajadas do que os homens.) Kraus e Keltner cadastraram mais voluntários para observarem esses diálogos; embora esses observadores não soubessem nada sobre o status socioeconômico de cada participante, foram capazes de julgá-los com precisão apenas por meio dessa observação.

Em um estudo seguinte, Kraus, Keltner e um colaborador conduziram outro experimento para verificar a precisão com a qual pessoas de diferentes classes podem julgar as emoções de um estranho. Os participantes de nível socioeconômico mais baixo se saíram melhor na tarefa do que os mais ricos. Por quê? Kraus e Keltner acreditam que isso tem a ver com maior dependência de terceiros e com a reação ao ambiente quando faltam recursos. Você deve estar mais atento a ameaças e a potenciais colaborações. Precisa estar presente no mundo. E estar presente no mundo muitas vezes significa lidar com estranhos de carne e osso. Pessoas mais ricas não têm necessidade imediata de desenvolver essa habilidade.*

Isso é, reconhecidamente, uma generalização. Não quer dizer que a riqueza faz de todos antissociais; os empresários costumam agir de forma

---

*E digo isso como um homem de classe média que trabalha em casa. Eu poderia literalmente passar semanas sem falar com alguém além de minha família se quisesse.

oposta a isso — devido à necessidade de encontrar novos clientes, fazer networking e dar visibilidade a novas ideias, por exemplo. E há pessoas atenciosas, amigáveis e engajadas em qualquer classe. Mas essa tendência antissocial pesa, em geral, para os ricos, e pode privá-los do aumento na qualidade de vida decorrente de conversar com estranhos, além de lhes negar uma compreensão mais complexa da vida de outras pessoas — vidas que se tornam cada vez mais abstratas em uma época de grande desigualdade. A falta de contato significativo entre o topo e a base de uma sociedade pode levar ao reforço de estereótipos e à desumanização, e isso pode acarretar políticas ruins e, em último caso, a fragmentação das sociedades. Em 2011, o filósofo inglês Alain de Botton afirmou que "quem não possui status é praticamente invisível. Eles são tratados de forma truculenta por outros, suas complexidades são pisoteadas e suas singularidades, ignoradas".

Darei um exemplo disso. Há pouco tempo, eu estava em um supermercado Whole Foods no meu bairro. Era uma tarde de domingo e o lugar estava bastante cheio. Havia um leve clima de pânico, como se os clientes, opressivamente brancos e ricos, quase invariavelmente trajando roupas de academia de grife, estivessem disputando o último avião partindo de Casablanca. Diante desse caos, uma operadora de caixa parecia um farol: ela estava sorrindo, conversando com clientes, brincando e fazendo comentários. Trabalhando de fato para criar conexões, ou pelo menos tentando. Quando os clientes tiravam os olhos de seus celulares, olhavam para ela como se fosse um avestruz falante. Não pareciam saber o que fazer. Alguns ficaram irritados; outros apenas davam sorrisos amarelos de tensão. Obviamente, queriam que ela fosse um objeto, um módulo de serviço. Mas ela não era isso, e sim uma pessoa plena, que continuava tentando contato.

Quando cheguei à frente da fila, disse-lhe que deveria receber adicional de periculosidade por trabalhar nas tardes de domingo naquele lugar. Seu sorriso desapareceu e ela me disse que preferia que contratassem um terapeuta para ocupar uma sala no local. Perguntei a ela qual seria o conselho do terapeuta, e ela respondeu: "Ele falaria: *Eles não são seus amigos, e isso não é culpa sua.*" Pronto: via-se ali a complexidade de uma estranha sendo pisoteada, suas singularidades ignoradas, a negação de uma simples conexão em uma cidade de milhões. E ela não era a única.

Capítulo 12

Por que Temos Tanto Medo de Estranhos?

Como uma expressão curta e cativante nos transformou em uma nação de paranoicos, minando nossa capacidade de confiar nos outros, nossa disposição de interagir com estranhos e talvez até nossa capacidade de nos curar de traumas.

O povo semai vive nas montanhas do centro da Malásia. Eles são horticultores e o medo permeia todos os aspectos de suas vidas. "No mundo dos semai, perigos de todos os tipos são onipresentes", escreveu o antropólogo Clayton Robarchek, em 1979. "Eles temem estranhos, seres sobrenaturais, tempestades e animais; quase tudo em seu ambiente culturalmente constituído é visto como real ou potencialmente ameaçador."

Para os semai, rir de uma borboleta ou mesmo pronunciar a palavra "libélula" em sua língua é um convite à calamidade. Muitas vezes, acredita-se que grandes tempestades são uma punição do deus Ngku para uma *terlaid* — ou afronta — provavelmente perpetrada por uma criança semai, cujo cabelo será cortado e queimado no auge da tempestade na esperança de acalmar Ngku. "Muitas vezes, o cabelo de todas as crianças é queimado apenas pela mera suposição de terem cometido alguma violação *terlaid* sem saber", afirma Robarchek.

As crianças são treinadas para ter medo. "Para manter seus filhos protegidos de sequestradores, os semai os ensinaram a temer os estranhos", comentou o antropólogo Robert Dentan, que viveu com eles em três ocasiões distintas, entre o final dos anos 1960 e o início dos anos 1990. Quando uma pessoa desconhecida — semai ou não — aparece na aldeia, as mães arrebatam seus filhos para longe, chorando: "Estou com medo! Com medo!" "Eles contam histórias de arrepiar aos filhos, sobre o que acontecerá se os semai deixarem de proteger uns aos outros dos estranhos... Os adultos semai acreditam que as crianças precisam aprender a ter medo, a fugir de estranhos amigáveis, a não confiar em nada nem em ninguém que já não lhes seja íntimo."

Esse medo persiste na idade adulta, muitas vezes se manifestando em crenças em bichos-papões — estranhos humanos que assumiram uma dimensão sobrenatural. "Na área em que trabalhei, os bichos-papões eram... malaios, chineses, indianos ou mesmo os semai desconhecidos, que, dizia-se, vinham buscar as cabeças dos pares distantes, que seriam enterradas para garantir o sucesso das construções realizadas por forasteiros", lembra Robarchek. "O nome semai para esses bichos-papões, *mai kahanoh kuui,* é traduzido literalmente como 'estranhos decapitadores'."

Os semai são devotamente não violentos, mas os antropólogos sugerem que seu pacifismo, assim como sua xenofobia, é resultado de um trauma: anos de perseguição violenta por seus poderosos vizinhos, os malaios, que os escravizaram e massacraram, sequestraram seus filhos, saquearam e queimaram suas casas até o século XX. Esses horrores cessaram, mas o medo não, ele ficou codificado na cultura. *Tornou-se* a cultura.

Temos outra história, com a qual os ocidentais se identificarão mais. Em 1981, um menino chamado Adam Walsh foi sequestrado em um shopping em Hollywood, na Flórida, e assassinado por Ottis Toole, que depois se revelaria um assassino em série. A cabeça de Adam foi achada em uma vala ao lado da estrada e seu corpo nunca foi encontrado. Em 1984, os pais de Adam, John e Revé Walsh, fundaram o National Center for Missing and Exploited Children (NCMEC) [Centro Nacional de Crianças Desaparecidas e Exploradas, em tradução livre], e John Walsh ganhou destaque como apresentador do *America's Most Wanted,* um programa de TV popular, transmitido por mais de duas décadas.

Naquele mesmo ano, nasceu seu outro filho, Cal Walsh. O centro faz parte da vida de Cal desde seu início. "Eles tiravam clipes de papel da minha boca enquanto eu engatinhava por baixo das mesas quando era um garotinho", conta. Quando Cal parou de tentar comer material de escritório, o colocaram para trabalhar enchendo envelopes. "Cresci vendo meus pais canalizarem sua raiva e seus sentimentos sobre o sequestro, desaparecimento e assassinato de meu irmão", afirmou Walsh. Ele viu seus pais fazerem lobby em prol de uma legislação que protegesse as crianças e arrecadarem dinheiro para financiar o trabalho do centro, e testemunhou o pai conquistar fama com o trabalho na televisão.

Perguntei a Cal como foi crescer à sombra do assassinato do irmão. Como foi sua infância? "Acho que a maioria das pessoas presumiria que, depois do que aconteceu com meu irmão, meus pais não permitiriam que eu ou meus outros irmãos saíssemos de casa. Mas isso simplesmente não aconteceu. Tive uma infância muito normal." Havia regras, é claro: não coloque seu nome na mochila, não fale com estranhos, não entre em carros de desconhecidos — todas essas coisas que qualquer pessoa que cresceu nos anos 1980 e início dos anos 1990 tinha gravado em suas mentes, mas "eles não foram autoritários", contou. "Acho que meus pais entenderam que os filhos não podem ficar trancados em casa, que precisam sair para o mundo, vivenciá-lo e crescer. E trocas e interações sociais são parte disso."

Walsh acabou indo trabalhar como produtor no programa do pai e em outros, e ainda exerce essa função. Entretanto, há seis anos, também voltou a trabalhar no centro. Hoje, ele é pai de uma criança pequena e tem uma admiração tremenda pela coragem dos pais. Eles poderiam ter se distanciado da vida, nutrido grande amargura contra a humanidade. Mas, em vez disso: "Eles acreditam que a maioria das pessoas é boa." Indaguei a Walsh como ele mantém a sanidade trabalhando com isso, e ele me disse que, embora seu trabalho possa ser implacavelmente sombrio, também o coloca em contato com as melhores qualidades das pessoas, por meio dos estranhos que ajudam voluntariamente o centro a recuperar crianças desaparecidas. "Você consegue evitar afundar no caos: vendo todas as pessoas que aparecem e apoiam o trabalho que fazemos: há muitas pessoas boas. Existem muitas pessoas boas, de verdade", afirmou.

Quando criança, Walsh viveu o auge do pânico do *stranger-danger* nos Estados Unidos e, além dele, um período conturbado em que as crianças eram bombardeadas com advertências terríveis sobre estranhos — e o NCMEC se destacava entre as vozes que propagavam essas mensagens. Havia vídeos assustadores, panfletos sinistros sobre vans obscuras e doces de graça, todos trazidos por policiais às escolas para alertar as crianças sobre todas as terríveis surpresas que estranhos lhes reservavam caso abaixassem a guarda por apenas um instante. Por toda a parte havia essa mensagem implacável: *Não fale com estranhos. Não fale com estranhos. Não fale com estranhos.*

Não importava que praticamente não havia evidência para justificar o envenenamento das mentes das crianças contra *literalmente todas as pessoas que elas não conheciam no mundo*. Ou que, de acordo com o Departamento de Justiça dos Estados Unidos, os sequestros por estranhos representassem "uma porção extremamente pequena de todas as crianças desaparecidas". Como exemplo, no período de um ano, findo em 2011, estranhos foram responsáveis por apenas 65 sequestros de crianças, enquanto cerca de outros 258 mil sequestros relatados foram cometidos por familiares e conhecidos da vítima.* Foi um pânico moral clássico, um coquetel molotov perfeito contendo o amor feroz dos pais, a ambivalência natural em relação a estranhos, a confiança social em declínio e uma mídia superestimando de forma acalorada os incidentes isolados, a fim de aumentar sua participação de mercado.

Durante todo esse tempo, as vozes da razão eram poucas e distantes entre si. Quando se ergueram, foram ignoradas, como geralmente acontece quando os humanos sucumbem ao pânico moral. Em uma resenha de 1986 de um livro sobre como manter as crianças seguras, um escritor pontuou: "Embora dicas como essas sejam boas, o livro falha ao depositar tanta ênfase na proteção das crianças contra estranhos, quando a maior parte do abuso infantil ocorre em casa, realizada por pais frustrados, namorados enfurecidos e padrastos e madrastas ciumentos. Quando o gestor

---

* Estranhos realmente cometem uma grande porcentagem de *todos* os crimes contra crianças, mas esse número ainda é baixo: por volta de apenas 10%.

público admitirá que, na maior parte do tempo, o problema está em nossas famílias, em vez de fingir que o criminoso está à espreita nas sombras para roubar nossos filhos?"

Esse não foi um fenômeno estritamente norte-americano. Dispersou-se por todo lado, distorcendo o senso de perigo das pessoas, e os dados que se danem. Nas palavras de um pesquisador, em uma extensa revisão da cobertura da imprensa canadense: "Em todos os casos nos quais a mídia ofereceu ferramentas ou dicas sobre como os pais devem manter seus filhos protegidos contra abduções, não houve referências à proteção de crianças contra abduções parentais/familiares nem sobre observar os seus sinais de alerta. Apenas deram dicas e estratégias para evitar que crianças fossem levadas por 'estranhos'."

Para os membros da minha geração, o pânico do *stranger-danger* parece uma moda cafona dos anos 1980. Todavia, a mensagem dessa rima foi tão forte; os medos, tão difundidos; e a expressão, tão diabolicamente cativante, que os cientistas políticos Laura Nishikawa e Dietlind Stolle sugeriram que isso pode ter minado a capacidade de uma geração inteira de confiar em outras pessoas. Em toda a última geração, os níveis de confiança social ou *generalizada* entre os jovens nos Estados Unidos e em grande parte do Ocidente tiveram uma queda histórica. As gerações mais velhas também se tornaram menos confiantes, mas não tanto quanto os jovens. Com base em pesquisas com cerca de 1.400 crianças e entrevistas com seus pais, Nishikawa e Stolle constataram que mesmo os pais que acreditavam que as pessoas são essencialmente boas criaram os filhos para que tivessem medo de estranhos. "Nossa investigação mostra que os temores arraigados dos pais de rapto e abuso de crianças por estranhos muitas vezes substituem o próprio sistema de valores quando se trata de ensinar as crianças a se comportar com estranhos." Tal como aconteceu com os semai, o medo se tornou a cultura.

Como a capacidade de uma pessoa de confiar nos outros é formada, em grande parte, na infância, Stolle argumentou que "esses valores parentais podem ter consequências duradouras na confiança generalizada das gerações futuras". É claro que pode parecer sensato ensinar uma criança a ter muito cuidado com pessoas que ela não conhece, mas um senso de confiança social o deixa aberto para uma variedade maior de relacionamentos sociais, experiências e oportunidades profissionais. Os autores se perguntaram: "Quantas oportunidades sociais ou econômicas perdemos simplesmente por ter medo de estranhos?"

Todos os anos, pesquisadores da Universidade Chapman em Orange, Califórnia, conduzem uma pesquisa nacional para tentar entender o que os norte-americanos mais temem. Parte do trabalho é voltada para desvendar o perigo dos estranhos. No estudo de 2019, apenas 7% dos entrevistados relataram que têm medo de estranhos como se fossem uma categoria genérica, classificando-os abaixo de zumbis, fantasmas e, claro, palhaços. Mas os entrevistados têm muito mais medo de serem mortos por um estranho do que por alguém que conhecem (29,7% a 21%), e muito mais medo de serem abusados sexualmente por um estranho do que por uma pessoa conhecida (27,1% a 19,2%). No entanto, da mesma forma que ocorre com os crimes contra crianças, a grande maioria dos assassinatos e abusos sexuais não é cometida por estranhos, mas por pessoas conhecidas das vítimas.

De acordo com dados do Centro de Controle e Prevenção de Doenças dos Estados Unidos (CDC), em 2016, 85% dos assassinatos no país foram cometidos por pessoas que as vítimas conheciam e 13%, por estranhos. Mais da metade das mulheres assassinadas foram mortas por um parceiro íntimo ou um cônjuge, ex ou atual e 6,8%, por estranhos. Havia mais chance de as mulheres serem mortas pelos próprios pais (8,2%) ou pelos próprios filhos (9%) do que por estranhos. E, para os homens, há duas vezes mais probabilidade de serem assassinados por um conhecido ou amigo (35,2%) do que por um estranho (16,8%). O mesmo padrão é observado na violência sexual. De acordo com uma pesquisa de 2017 do CDC, 19,1% dos abusos sexuais contra mulheres e 18,6% dos contra homens foram cometidos por estranhos. O resto foi cometido por pessoas conhecidas das vítimas, especialmente parceiros românticos ou cônjuges, atuais ou antigos. Nada disso pretende minimizar o sofrimento experimentado pelas vítimas desses crimes e suas famílias nem considerá-los estatisticamente insignificantes; apenas se busca chamar a atenção para a desagradável realidade de que a maior ameaça para nós não vem de estranhos. Longe disso.

Uma análise dos dados da pesquisa da Chapman University sobre o medo, gentilmente realizada para mim por um talentoso estudante de graduação da Chapman chamado Muhammad Karkoutli, fornece percepções mais reveladoras. Das pessoas que expressaram medo de estranhos, 73,5% são mulheres; 28,6% delas tinham de 18 a 29 anos de idade e 30,9% estavam na faixa dos 30 a 49. Os norte-americanos mais velhos têm muito menos medo — o que se encaixa no argumento de Stolle sobre o *stranger-danger* distorcer o ideário das crianças nas décadas de 1980 e 1990. Pessoas com menos educação formal são significativamente mais propensas a temer estranhos, assim como pessoas com renda menor, sendo o grupo mais temeroso composto de quem ganha menos de 20 mil dólares por ano.* Entre os norte-americanos brancos, 48,8% têm medo de estranhos, enquanto esse medo foi observado em apenas 24,4% dos negros. Por fim, os norte-americanos que possuem casa própria têm 2,5 vezes mais probabilidade de temer estranhos do que quem vive de aluguel. Religião, região e filiação a partidos políticos não têm impacto estatístico significativo sobre o medo de estranhos, embora pessoas sem partido relatem ter mais medo de estranhos do que democratas e republicanos.

Certamente, existem condições em que o medo de estranhos é totalmente justificável. Você pode estar em um local violento ou instável. Pode viver em um estado teocrático radical, no qual uma pessoa pode ser facilmente tachada como pagã, uma praga, algo a ser exterminado. Você pode ser homossexual em um país com altos índices de homofobia. Pode ser parte de uma minoria racial em uma cultura racista tóxica. Ou poderia viver em um país totalitário, como a Alemanha Oriental sob o comando da Stasi, onde as pessoas eram encorajadas a denunciar vizinhos rebeldes à polícia secreta. O historiador Timothy Snyder, baseando-se em seu estudo profundo sobre os movimentos totalitários do século XX, apontou que o sucesso dos déspotas muitas vezes dependia de transformar vizinhos, amigos e familiares em estranhos. "Quando amigos, colegas e conhecidos desviavam o olhar ou atravessavam a rua para evitar o contato, o medo crescia", escreveu Snyder. Fanáticos, membros de cultos e fundamentalistas

---

* Lembrando que pessoas de baixa renda também são mais atentas às conversas e mais hábeis na leitura das emoções de estranhos do que as pessoas mais ricas. Novamente, vemos a conexão entre tensão, ambivalência e sociabilidade.

costumam fazer algo semelhante, alertando seus seguidores para evitar o contato com outras pessoas. Isso porque, como sabemos, esse contato com pessoas diferentes nos expande, nos transforma, torna nossa identidade e nossa percepção de mundo mais complexas, o que é uma grave ameaça para os demagogos que vendem uma visão simplificada de quem somos nós, quem são eles, e como o mundo deve ser. Nas palavras do teólogo Martin Marty: "Os membros de grupos inflamados estabelecem limites, criam distância entre eles e os outros. Nem sempre porque o estranho é abominável, mas porque pode ser sedutor."

No entanto, geralmente fora do contexto de conflito pode se ver como as mensagens alertando sobre o perigo dos estranhos podem formar um loop perverso. Somos condicionados desde a infância a acreditar que estranhos são perigosos. Como resultado, não falamos com eles. Se você lembra, Gillian Sandstrom descobriu, em seu estudo com os alunos que formaram duplas para conversar online durante a Covid-19, que conversar com estranhos na verdade aumenta a confiança social. Isso significa que o pânico moral prejudicou nossa capacidade de confiar em outras pessoas, e a solução proposta por quem propagou o pânico é evitar fazer exatamente o que ajuda a reconstruir essa confiança. É um ciclo nefasto.

E isso tornou tudo mais inspirador e encorajador quando encontrei alguém que havia falado com estranhos como forma de lidar com um trauma real, não imaginário.

Relatei anteriormente que parece haver um quê contagioso no ato de falar com estranhos, até mesmo em prestar atenção a eles. Há algo na energia que você emite, que atrai as pessoas para sua órbita quando colocamos isso em prática. Depois que comecei a tentar falar mais com estranhos, descobri que as situações simplesmente apareciam. Na manhã em que voltei da minha aventura de escuta gratuita em Los Angeles, um cara no metrô me olhou e disse: "Ei, você está bonito hoje." E não disse isso de uma forma lasciva, apenas fez uma observação. Agradeci a ele e conversamos praticamente por toda a viagem. Mais tarde naquele dia, desci para pegar o metrô e me vi parado ao lado de um universitário vestindo uma camiseta com os dizeres: "Falo com estranhos." Tenho certeza que sim.

De qualquer forma, em um desses casos, eu estava voltando para casa no meu bairro e vi de relance uma mulher andando pela rua com uma bolsa a tiracolo com os dizeres: "Pergunte-me sobre o Livro que Estou Lendo." Eu fui até ela e disse: "Sinto muito, mas vi sua bolsa. Queria lhe perguntar: *isso funciona?*" Ela respondeu: "Sim, as pessoas falam comigo o tempo todo." Quis saber onde ela a conseguiu, e ela me contou sobre uma amiga dela que administra uma conta popular no Instagram chamada Subway Book Review [Resenhas de Livros no Metrô]. Essa amiga entrevista estranhos aleatórios no metrô sobre o que estão lendo.

Fui para casa, pesquisei e enviei um e-mail para essa mulher, Uli Beutter Cohen, perguntando se aceitaria tomar um café comigo. Ela aceitou.

No dia marcado, Beutter Cohen aparece, alta, loquaz, engraçada e direta. Depois que tomamos alguns cafés e sentamos a uma mesa, ela declarou: "Tenho uma missão muito clara: interromper a evolução da separação. É para isso que eu estou aqui."

Beutter Cohen tem 39 anos. Foi criada como filha única em um pequeno e muito recluso vilarejo na Alemanha. Sua mãe nasceu em um campo de refugiados durante a Segunda Guerra Mundial. Seu pai nasceu na Alemanha, no final da guerra. Seus pais reagiram ao trauma de maneiras divergentes. O pai era protetor e se concentrava em fornecer segurança para a família. Em contrapartida, "minha mãe é exuberante, precisa se conectar com o mundo, sempre fala com estranhos e me levava para passear na biblioteca da cidade, garantindo que percorrêssemos o caminho mais longo a fim de que pudéssemos ver mais pessoas na rua e bater um papo", revelou Beutter Cohen. "Se meu pai pudesse me colocar em uma redoma de vidro, apenas para se assegurar de que eu ficaria bem, teria sido um homem feliz. Ele me ama mais do que tudo, então está sempre inclinado a me proteger."

Ela me disse que observar esses dois modos de vida — uma pessoa que fica mais satisfeita mantendo o mundo exterior a distância, e outra que precisa de conexões humanas da mesma forma que necessita de comida e água — moldou seu ser. Beutter Cohen subdivide esses aspectos entre segurança e proteção. Disse que sua mãe encontrou segurança na conexão humana, o que significa que se sentiu vista e aceita, e seu pai encontrou segurança mantendo uma fronteira entre um *nós* pequeno e bem definido e o *eles*, vasto e incognoscível. É óbvio qual abordagem Beutter Cohen escolheu no final das contas. "Muito claramente, optei por uma vida não orientada pela segurança, mas pela vida conectada." Aos vinte anos, ela fez as malas e partiu para os Estados Unidos.

Depois de se formar na faculdade de comunicação e mídia no Ocidente, Beutter Cohen se mudou para a cidade de Nova York no outono de 2013 e criou a Subway Book Review alguns meses depois. "Tudo começou por interesse próprio", disse ela, dando uma risada. "Eu queria me conectar com a cidade. Fiquei animada para encontrar outros sonhadores e artistas e pessoas que dão alma a esta cidade." Assim como Nicholas Epley e Juliana Schroeder, o trabalho de Beutter Cohen foi inspirado no metrô. "Para mim, é um espaço sagrado onde as pessoas se reúnem, todos os dias; em que precisam ficar paradas; é uma experiência semelhante a que se tem em uma igreja, onde nos congregamos. Um vagão pode ser muito barulhento ou muito silencioso. Às vezes você fecha os olhos e sente que está sozinho, e então abre os olhos e há centenas de pessoas em volta, juntas em silêncio", disse ela, fazendo uma pausa e acrescentando, com um gesto: *"É incrível!"*

Quando ela pegou o metrô, se viu atraída pelas pessoas lendo livros. Percebeu que elas eram as sonhadoras, as pensadoras críticas, as criadoras. E quis conhecer essas pessoas. Com base em sua formação como cineasta, sua experiência em comédia de improviso e os insights que obteve ao ver sua mãe falar com todos, ela começou a perguntar às pessoas o que estavam lendo. E, apesar das graves advertências contra falar com as pessoas no metrô, ela descobriu que a grande maioria estava interessada. "Posso dizer que 89% das pessoas — talvez até 90%, se me permite ser ousada — ficam muito entusiasmadas ao serem vistas por mim, por eu estar disposta a ouvi-las, por terem um espaço no qual contar suas histórias nas próprias palavras, e ficam muito felizes em conversar com alguém aleatório como eu. Elas se sentem valorizadas e costumam me agradecer depois, o que é alucinante, porque eu fico, tipo: 'Você acabou de me dar um presente.' E elas respondem: 'Não, não, foi *você* que me deu um presente.'"*

Quando Beutter Cohen começou, não tinha um sistema para iniciar esses encontros; apenas procurava pessoas lendo livros interessantes e puxava conversa. Ela desenvolveu sozinha uma habilidade estranha. "Se você for curioso e aberto, terá um feeling sobre quem quer se conectar com você", diz ela. Beutter Cohen procura pessoas que façam contato visual, ou talvez alguém que pareça estar tendo um bom dia, embora pessoas em dias ruins também chamem atenção. "Outro dia, um jovem soluçava no metrô", lembra ela. "Claro que fui ver como ele estava. Perguntei: 'Você está bem?', e ele respondeu: 'Estou tendo um dia péssimo', e rebati: 'Você consegue. Não está sozinho', e ele acenou com a cabeça, absorvendo isso."

Beutter Cohen não considera isso estritamente uma coisa legal ou divertida, mas uma obrigação moral. "Se você mora em uma cidade, se faz parte de alguma comunidade, é sua responsabilidade estar desperto nessa comunidade e entender as pessoas com quem compartilha um ambiente. Caso contrário, estamos totalmente fodidos", disse ela. E esse senso de obrigação moral e o otimismo para agir de acordo com isso foram conquistados a duras penas. Ela me disse que tem ansiedade, que às vezes pode ser paralisante, a qual trata com terapia. Contou a mim que tem dias em que não sente esperança, que sente que não pode sair de casa, que não consegue se identificar com a sociedade em que vive.

"E estou sendo sincera", acrescentou ela. "Como muitas pessoas, tive experiências traumáticas com estranhos, homens, especialmente. Mas as interações no metrô, por mais surpreendentes que sejam, não me fazem sentir que estou me colocando em risco. Claro que vejo todo tipo de loucura no metrô. Contudo, ter tido experiências negativas na vida não deve nos impedir de sair e tentar novamente", comentou ela. "E com 'tentar novamente' quero dizer tentar confiar nas pessoas. Só porque uma ou duas pessoas quiseram destruir você, não significa que todas as outras pessoas também queiram."

---

*O que nos lembra do estudante da Universidade Estadual do Arizona no experimento de escuta livre, que disse se sentir como se tivesse dado "um presente" à comunidade.

Segundo ela: "Esse trabalho me levou a entender que tenho a escolha de dizer que todos esses seres ao meu redor são parte de minha família humana." Afirmou que, quando se escolhe esse caminho "sua vida muda tremendamente — e isso virá com uma dor incrível, porque você entenderá seu lugar no mundo, o que pode ser revelador de uma maneira dolorosa, mas da forma mais estimulante possível. Porque essa escolha vem com a responsabilidade de cuidar e de amar outras pessoas e a si mesmo".

Ela não aconselha isso para todos. "Eu entendo perfeitamente que alguns sobreviventes de trauma não podem passar desse ponto e podem sentir que não cabe a eles tentar novamente, de verdade. Primeiro eles precisam obter a prova de que a sociedade é confiável. E eu respeito isso completamente." Entretanto, para Beutter Cohen, a Subway Book Review "é a afirmação diária de que a maioria dos humanos deseja ser boa. Eu faço uma pergunta: 'O que você está lendo?', e então ligo meu gravador e ouço. É uma cura muito impressionante. Como se alguém o abraçasse por dentro, e isso combate o sentimento de isolamento de uma forma que nenhuma outra coisa consegue fazer. São muitos anos fazendo isso: é um método testado e aprovado".

Em 2018, o NCMEC fez um anúncio; estava abolindo o termo *stranger--danger* e optando por uma abordagem mais pragmática, com mais nuances e que reflete os dados. "Embora essas coisas aconteçam, e obviamente as vemos no Centro, sabemos que sequestros realizados por estranhos são raros", disse Cal Walsh. Ele disse que advertir contra todos os estranhos faz mais mal do que bem, porque "se a criança está em uma situação perigosa, é provável que quem virá em seu auxílio seja um estranho". Pode ser um guarda de segurança, um bombeiro, uma mãe com seus filhos ou outra pessoa que uma criança pode ter certeza — com base em pistas externas — que é confiável. Eles ainda avisam as crianças para não se envolverem com um estranho que lhes pede ajuda ou os toca. Mas perceberam que advertir as crianças para nunca falarem com estranho algum os isola de um potencial auxílio. Por isso o *stranger-danger* teve que desaparecer. "Estamos tentando capacitar as crianças para que tomem decisões seguras e inteligentes. Não as deixarei com cicatrizes para o resto da vida", declarou Walsh.

Capítulo 13

Como o Medo de Estranhos
Pode Nos Tornar Amistosos

Aprendemos que, no passado, o que fazia os lugares se tornarem amistosos não era nada amistoso.

Certo. O que sabemos? Sabemos que a interdependência tornou os grupos caçadores-coletores mais sociáveis entre si e, posteriormente, com outros grupos. Sabemos que os rituais de saudação e a hospitalidade foram desenvolvidos para conciliar a ameaça que os estranhos representam com as oportunidades que oferecem (e que todas as pessoas más, no final, se transformam em pássaros). Sabemos que estamos programados para favorecer nossos grupos, mas também que a definição de *nosso grupo* é flexível. Sabemos que estamos predispostos a gostar de pessoas com quem temos algo em comum, mesmo que não façamos ideia de quem são e mesmo que isso se resuma a usar o mesmo boné de beisebol. Sabemos que as cidades podem nos aproximar de inúmeros estranhos, mas também podem criar normas sociais que nos separam. Sabemos que conversar com pessoas além das fronteiras do grupo pode nos deixar ansiosos e sabemos que a mensagem implacável sobre o perigo do estranho, que assolou várias gerações, distorceu nosso senso de ameaça e possivelmente prejudicou nossa capacidade de confiança.

Mas e as culturas? E quanto às regiões ou aos países? Como um lugar se torna amigável ou hostil a estranhos? Como essas culturas surgiram? Estas são nossas próximas grandes questões.

Falamos um pouco sobre confiança no capítulo anterior. Quando comecei a pesquisar esse tema, pensei que a amizade com estranhos podia ter algo a ver com a confiança — especificamente a ideia de confiança generalizada, que mencionamos antes. A confiança generalizada é medida por uma pergunta criada em 1948 pela cientista política alemã Elisabeth Noelle-Neumann, que é usada na World Values Survey [Pesquisa Mundial de Valores], um gigantesco esforço anual de coleta global de dados que almeja rastrear mudanças sociais e políticas em todo o mundo. A pesquisa indaga: "De modo geral, você diria que a maioria das pessoas é confiável, ou você precisa ter muito cuidado ao lidar com elas?" As pessoas que optam pela primeira alternativa têm alta confiança em terceiros, as que escolhem a última, não. *Confiança generalizada* é diferente de *confiança estratégica,* que é quando calculamos racionalmente as vantagens e desvantagens potenciais de confiar em alguém. E difere também de *confiança particularizada,* que é quando confiamos na família e nos amigos íntimos.

Na verdade, ela significa confiança em estranhos, e culturas com níveis altos de confiança desfrutam de muitos benefícios sociais. "Pessoas que confiam têm maior probabilidade de doar tempo, fazer caridade, ser tolerantes com os outros e de apoiar políticas que promovam o crescimento econômico e que deem apoio aos menos afortunados", afirma o cientista político Eric Uslaner, uma das principais autoridades em confiança. "Os países com mais pessoas que confiam têm governos que funcionam melhor, políticas mais redistributivas, mercados mais abertos e menos corrupção." Isso não significa que pessoas que confiam em terceiros sejam de alguma forma frágeis ou agentes do relativismo moral. Elas esperam que todos participem da comunidade e sigam as regras, independentemente do grupo. Elas apenas oferecem aos outros o benefício da dúvida e agem de boa-fé em curto prazo.

Quem são essas pessoas? De modo geral, quem vive nas áreas rurais apresenta uma pontuação mais baixa em confiança generalizada, assim como habitantes de países amplamente confucionistas, como a China, que enfatizam a primazia dos laços familiares sobre outras relações com amigos e conhecidos. Pessoas de países com um legado de comunismo, que passaram décadas de experiência pessoal com corrupção e totalitarismo, confiam menos.

Homens, pessoas mais velhas, com menor escolaridade, desempregados, membros de grupos minoritários e fundamentalistas religiosos também tendem a apresentar pontuações mais baixas de confiança generalizada.

De onde vem a confiança generalizada? Essa é uma pergunta complicada. Em nível nacional, a confiança geral tem sido vagamente correlacionada com o produto interno bruto, negativamente associada aos índices de segregação e fortemente correlacionada com o protestantismo, mas com nenhuma outra religião. Contudo, todos esses fatores ficam atrás de um aspecto-chave em termos de importância: o otimismo. Eric Uslaner vinculou a confiança generalizada de uma forma mais íntima ao otimismo — a sensação de que o futuro será bom e que a pessoa tem um controle razoável sobre seu destino. Uslaner e muitos outros descobriram que o otimismo é derivado da igualdade de renda, que é o determinante mais forte da confiança geral em uma sociedade. Isso não quer dizer que todos ganham a mesma quantia em uma sociedade de alta confiança, mas que, na medida do possível, o sistema é justo, o governo não é corrupto, a criminalidade é baixa e é concedida igualdade de oportunidades a todos. Segundo Uslaner, "Quando algumas pessoas têm muito mais do que outras, nem os que estão no topo nem os que estão na base tendem a considerar o outro como parte de sua 'comunidade moral'. Não há uma sensação de destino compartilhado com outros membros da sociedade."

Ronald Inglehart, outro influente cientista político, tem um argumento semelhante: a teoria da modernização evolucionária. Inglehart, que supervisionou a World Values Survey por anos, aponta: "Quando a sobrevivência é incerta, as pessoas tendem a cerrar fileiras atrás de um líder forte, formando uma frente unida contra os de fora." Quando as pessoas estão confortáveis, se afastam dessa mentalidade defensiva e se voltam para valores mais vinculados ao individualismo. Essas culturas individualistas, que floresceram na era pós-Segunda Guerra Mundial, apresentam aversão à violência e a lutar pelo próprio país, bem como a promoção da tolerância para membros de fora do grupo, da liberdade de expressão, da abertura a novas pessoas e novas ideias, da habilidade de colaboração, da participação igualitária no governo e do compromisso com a democracia genuína. Por outro lado, um declínio na segurança desencadeia o que Inglehart chama de reflexo autoritário — a tendência a cerrar fileiras, expulsar ou oprimir estranhos do grupo externo e se retrair. Assim como Uslaner, Inglehart conclui que a desigualdade é a maior ameaça para uma sociedade de autoexpressão. E, de maneira semelhante às classificações de confiança generalizadas, os protestantes do norte da Europa estão no topo da lista no que se refere à autoexpressão e aos valores racionais seculares. Portanto, acreditei desde o início que as culturas com altos níveis de confiança generalizada seriam aquelas em que as pessoas estariam inclinadas a falar com estranhos. Para mim, isso pareceu a primeira peça do quebra-cabeça.

Todavia, de acordo com os biólogos norte-americanos Randy Thornhill e Corey Fincher, há outro fator poderoso que pode determinar a abertura de uma cultura para estranhos, que está relacionado à confiança generalizada: as taxas de doenças infecciosas. Antes de os primeiros humanos colonizarem latitudes mais ao norte, eles majoritariamente habitavam lugares quentes e úmidos próximos à linha do Equador. Esses lugares foram e são associados a uma ameaça maior de doenças infecciosas — uma fonte de moléstias e morte. A presença de doenças infecciosas ocasionou duas adaptações nos primeiros humanos. Primeiro, nosso sistema imunológico físico, por razões óbvias. No entanto, houve algo mais relevante para o nosso projeto atual: nosso *sistema imunológico comportamental*. Um conjunto de comportamentos concebidos para gerir a nossa exposição a doenças infecciosas — essencialmente, gerir nossa exposição a estranhos. Portanto, em locais com alta ameaça de parasitas, as pessoas evitam estranhos e se distanciar muito de casa, por medo do contato com eles e com as doenças que podem carregar.* Isso é conhecido como teoria do estresse parasita.

---

* Vimos flashes disso durante a crise da Covid-19, em que todos, mas asiáticos em particular, foram encarados com cautela, medo e, às vezes, hostilidade aberta, devido à suspeita de que portavam o coronavírus. Um estudo de 2020, realizado pela psicóloga Ashley Whillans, da Harvard Business School, confirmou que norte-americanos e canadenses subestimaram de forma consistente e significativa o risco de contrair Covid-19 de amigos e familiares e superestimaram a ameaça de contágio por estranhos.

Thornhill e Fincher descobriram que pessoas em áreas com alto estresse parasita tendem a apresentar um conjunto de características distintas que pessoas em latitudes mais frias e secas não apresentam. Elas têm índices mais altos de xenofobia contra pessoas do grupo externo, que percebem como contaminados ou impuros, o que leva à repulsa e à desumanização. Pessoas em áreas que enfrentam grande ameaça parasitária são neofóbicas, desconfiando de coisas, ideias e gente nova, suspeitando que todos são potenciais transmissores de doenças. São também mais conformistas, mais introvertidas e mais nepotistas, favorecendo os mais próximos. A história está repleta de episódios em que as pessoas são levadas a pensar nos estranhos do grupo externo como patógenos. Quando isolaram judeus em guetos, os nazistas penduraram cartazes com mensagens como "Peste! Entrada Proibida!" nos portões. Em 1962, nos Estados Unidos, quando o falecido congressista Elijah Cummings tinha onze anos, fazia parte de um grupo que tentava ter acesso a uma piscina pública em Baltimore. Ele foi abordado por aproximadamente mil pessoas brancas carregando cartazes com os dizeres *Keep Our Pool Germ Free* ["Mantenham Nossa Piscina Livre de Germes", em tradução livre], e foi espancado violentamente, o que lhe rendeu uma cicatriz facial que o marcou pelo resto da vida.

De uma perspectiva evolutiva, porém, o medo do parasita faz sentido. Quando a ameaça de doenças infecciosas é alta, os custos de ser sociável com estranhos — uma doença fatal — superam os benefícios, e isso, segundo Thornhill e Fincher, inclui "ganhos por meio do comércio entre grupos, ideias novas e melhores, e redes sociais maiores e mais diversificadas para o casamento... e outras alianças sociais". O problema é que uma resposta parasita ao estresse parasita pode ser disparada mesmo quando a ameaça efetiva é baixa. Os germófobos, por exemplo, tendem a apresentar essas características independentemente de morarem em um local com alto risco de infecção, afirmou Thornhill. Outras pessoas podem se comportar como se estivessem sob maior estresse parasita se forem simplesmente levadas a *pensar* em doenças infecciosas. Thornhill e Fincher comentam que tais estímulos podem "fazer com que as pessoas adotem imediatamente características de personalidade, valores e evasão comportamental que reduzem o contato com estranhos e novas experiências".

Em 2010, o psicólogo Chad Mortensen liderou um estudo no qual participantes foram divididos em dois grupos. Para um deles, foram apresentados slides contendo fotos e informações sobre germes e doenças infecciosas. Para outro, exibiram fotos de edifícios de aparência convencional. Em seguida, a cada participante foi solicitado que escrevesse sobre um momento em que encontrou algo semelhante ao que tinha visto em suas respectivas apresentações de slides. Finalmente, após um intervalo de trinta minutos, foram convidados a preencher dois questionários — um inventário pessoal destinado a medir extroversão, afabilidade, conscienciosidade, neuroticismo e abertura à experiência, e outro medindo a vulnerabilidade percebida à doença. Os participantes que assistiram à apresentação de slides sobre germes e doenças relataram ser menos extrovertidos, menos abertos a novas pessoas e novas experiências e menos cooperativos.

Salvo em eventos mais recentes, a ameaça de infecção no Ocidente é muito menor do que era antes dos rápidos avanços na imunologia em meados do século XX — na verdade, Thornhill e Fincher sugeriram que foram os avanços no controle de doenças na década de 1940 que levaram à revolução sexual, ao movimento pelos direitos civis e ao aumento da permissividade social uma geração mais tarde, na década de 1960. Hoje, o racional pelo qual as tentativas de tachar membros de outros grupos com base na impureza e na doença frequentemente encontra respaldo porque evoluímos para sermos muito sensíveis à ameaça de doenças infecciosas.

Portanto, se o protestantismo, a igualdade de renda, os baixos níveis de crime e corrupção e a baixa ameaça parasitária são os principais motores da confiança nos estranhos, então, não é surpresa que os países do Norte da Europa estejam todos no topo dessa escala. A confiança demonstrada por essas sociedades é tão benéfica que os especialistas a chamam de "ouro nórdico". As pessoas nesses países têm maior probabilidade de considerar os estranhos ao seu redor como totalmente humanos, igualmente merecedores de preocupação moral e confiança, e não portadores de doenças. Sabendo de tudo isso, passei a supor que esses são os lugares em que as pessoas estariam mais inclinadas a falar com estranhos.

E, por mais que me doa admitir, eu estava errado. Na verdade, parece haver uma correlação *inversa* entre confiança generalizada e o que nós — particularmente os norte-americanos, mas também outros — interpretaríamos como amizade. De acordo com dados da World Values Survey, compilada pela Organização para Cooperação e Desenvolvimento Econômico, os países com maior quantidade de pessoas que confiam, dentre os 35 da OCDE, incluem Dinamarca, Noruega, Holanda, Suécia, Finlândia, Nova Zelândia, Suíça, Austrália, Islândia, Alemanha e Canadá. Os Estados Unidos estão um pouco abaixo da média; México, Portugal e Colômbia ficam no final da lista. Enquanto isso, uma organização chamada InterNations conduz uma pesquisa anual com expatriados em todo o mundo, em parte para classificar os países de acordo com sua amistosidade. Entre os mais amigáveis, estão México, Portugal e Colômbia. Perto do final da relação, Dinamarca, Noruega, Suécia, Suíça, Alemanha e Áustria. O Reino Unido ficou em último lugar, e a Austrália provou ser a mais rara das aves: apresenta alta confiança *e* é amistosa.

Perguntei a Bi Puranen, pesquisadora sueca e uma das diretoras da World Values Survey, como isso poderia ser corrigido. Como lugares de alta confiança podem ser menos amistosos e lugares de baixa confiança podem ser mais? Ela admitiu a existência do paradoxo. "As pessoas do Oriente Médio têm pouca confiança generalizada e, especialmente, pouca confiança em estranhos, em pessoas de outra religião e de outra nacionalidade. Mas quem já viajou muito pelo Oriente Médio sabe que eles são extremamente hospitaleiros com estranhos. Por outro lado, os escandinavos têm mais confiança, mas não somos muito hospitaleiros", disse ela.

Por favor, entenda que não estou dizendo que canadenses, finlandeses ou alemães são hostis. Apenas que tendem a ser menos extrovertidos do que, digamos, os italianos. E a razão pela qual quem tem mais confiança tende a ser menos gregário é tão simples quanto contraintuitiva: eles não precisam ser assim. Vimos repetidamente como o atrito nos torna sociais. Em sociedades eficientes, de alta confiança, o atrito é mínimo. As instituições centrais lidam com as coisas que, em lugares que elas não funcionam bem, muitas vezes são delegadas aos indivíduos. Em países de baixa confiança, no entanto, as pessoas não podem contar com instituições para cuidar delas. Precisam ser mais sociáveis — com amigos e estranhos —

para sobreviver. Essa amizade não é motivada por amor a todos, mas pela necessidade de lidar com o caos, a instabilidade e as ameaças que afetam a vida em um ambiente instável. Já vimos isso antes no parentesco fictício, nos rituais de saudação e na hospitalidade. Novamente, surgiu uma forma de afabilidade como um meio prático de lidar com as dificuldades da vida.

Darei um bom exemplo. Em 2019, Yuna Blajer de la Garza, socióloga da Universidade de Chicago, publicou um artigo sobre os *viene-vienes* da Cidade do México. São basicamente como os flanelinhas — em essência, cuidadores e manobristas autônomos de carros estacionados. "Em interações com *viene-vienes,* é considerado normal sair do veículo em uma das maiores cidades do mundo, entregar as chaves a um indivíduo não identificado parado em uma esquina e esperar o retorno do carro mais tarde", afirmou ela. Blajer de la Garza estudou essa economia de confiança informal porque parecia muito improvável em um lugar como a Cidade do México — onde já estive e adoro, mas que também tem um alto índice de criminalidade, corrupção endêmica, desigualdade descontrolada e baixos níveis de confiança social. Mesmo assim, as pessoas confiam seus carros a estranhos. E funciona.

A combinação de fatores que permitiu que esse sistema se enraizasse é complicada, envolvendo dinâmica de classes, aplicação da lei corrupta e, de forma mais simples, uma forte demanda por esses serviços. Entretanto, nas palavras de Blajer de la Garza, a combinação de ineficiência e disfunção tornou necessário o contato entre as pessoas, o que permitiu aos membros de diferentes classes não apenas interagir, mas confiar uns nos outros, e até desenvolver relacionamentos de certa espécie: "No final das contas, as centenas de trocas que acontecem todos os dias na Cidade do México estão entre as muitas peças que impedem que uma grande cidade com instituições corruptas caia no caos."

Hoje em dia, no entanto, os *viene-vienes* estão dando lugar à tecnologia, na forma de parquímetros. "Os motoristas de classe média — especialmente as gerações mais jovens — aplaudiram a mudança, que tornou o estacionamento de um carro tão eficiente quanto impessoal", escreve ela. Mas "por mais que parquímetros sejam eficientes… eles reduzem os espaços nos quais ricos e pobres interagem uns com os outros e adquirem consciência das lutas e privilégios recíprocos".

Depois de ler seu artigo, entrei em contato com Blajer de la Garza para perguntar o que ela achava das diferenças entre a confiança generalizada nas nações do norte da Europa e a afabilidade na América Latina. Perguntei a ela por que lugares onde a confiança generalizada é baixa podem ser, de certa forma, mais amistosos do que lugares onde a confiança é alta. Sua resposta fala sobre o atrito social e vale a pena citá-la:

Os noruegueses não precisam esperar que as pessoas sejam ou não confiáveis, porque o Estado funciona muito bem... Essas instituições acabam tornando a confiança em estranhos completamente desnecessária e irrelevante. Em consequência disso, você acaba em uma situação em que simplesmente não precisa dos outros em seu dia a dia — parece mais eficiente (provavelmente é), mas acho que isso tem um custo social.

O México é uma bagunça (nasci e cresci lá e adoro o lugar, mas é uma bagunça), mas seria muito difícil encontrar muitas pessoas que dizem que se sentem sozinhas. Mesmo se você tentasse ficar sozinho por um longo período, provavelmente não conseguiria: precisa interagir com os outros para as trocas do dia a dia, precisa abordá-los, pedir ajuda, orientações.

E isso também se aplica à burocracia: tudo é tão complicado que você está constantemente esperando encontrar alguém que lhe conceda um favor pessoal e que o oriente. E até mesmo as frustrações compartilhadas com a ineficiência do Estado podem produzir uma sensação de proximidade.

Temos outro exemplo de como o atrito nos torna amigáveis. Pense no Sul dos Estados Unidos, famoso pela simpatia e hospitalidade.* De acordo

*Isso não quer dizer que todos nas cidades pequenas sejam amistosos. Certa vez, disse olá para uma pessoa de cabelos grisalhos em um bar em Bandera, Texas — "a capital cowboy do mundo" —, e ele respondeu: "Eu não falo ianque." E estou muito consciente da liberdade

com uma teoria dos psicólogos Dov Cohen e Richard Nisbett, a região tem "uma cultura de honra". Culturas de honra se formam na ausência de instituições centrais fortes, como tribunais ou polícia; são instáveis e caracterizadas pela agressão e territorialidade. (Esse não é especificamente um fenômeno do Sul; culturas de honra existem em todo o mundo.) Acredita-se que a cultura do Sul foi formada por um influxo do século XVIII de escoceses-irlandeses e pastores de rebanhos escoceses de terras fronteiriças sem lei no Norte da Irlanda e das Highlands. Como a aplicação da lei era fraca tanto em sua terra natal quanto na nova terra, os homens precisavam mostrar que estavam dispostos a matar qualquer um que tentasse roubar seus animais. Mesmo meros insultos eram retribuídos com violência, devido ao medo de parecerem fracos e, portanto, vulneráveis. A partir dessa disposição, cresceu sua reputação — sua "honra".

"Culturas de honra, que dependem fortemente da violência e da honra masculina, são adaptações comuns entre as populações que vivem em regiões sem Estado e que dependem de rebanhos que podem ser facilmente roubados", afirma a economista Pauline Grosjean em um estudo citando a cultura da honra como o motivo para a taxa de homicídios no Sul norte-americano entre 1980 e 2007 ser quase três vezes maior do que no Norte — uma disparidade impulsionada em grande parte por homicídios de brancos em casos em que a honra foi questionada. Grosjean acredita que essa tendência moderna surge das necessidades daqueles primeiros pastores. "Na ausência da aplicação da lei por terceiros, a violência e a vontade de matar podem ser essenciais para construir uma reputação de dureza e impedir o roubo de animais."*

A cultura da honra diminui na presença de instituições centrais mais fortes e seu efeito está reduzindo em todo o mundo. Mas alguns elementos persistem até hoje. Em uma série de estudos, Cohen e Nisbett reuniram

---

adicional que ganho como um cara branco e hétero de quase dois metros de altura, apesar de ser do Norte dos EUA. A recepção a que estou sujeito em uma cidade pequena de qualquer lugar pode não se aplicar a, por exemplo, um jovem negro, um muçulmano ou uma pessoa LGBTQIA+.

* Tenho a obrigação patriótica de citar outro filósofo talentoso, o cantor country Willie Nelson, em seu clássico *The Red-Headed Stranger*: "A dama de cabelos amarelos foi enterrada ao pôr do sol / O estranho foi libertado, é claro / Não se pode enforcar um homem por matar uma mulher / que está tentando roubar seu cavalo" [tradução livre].

estudantes do Norte e do Sul dos Estados Unidos — todos homens — e os puseram em situações em que sua honra seria insultada. Em um deles, um pesquisador grandalhão esbarrou neles em um corredor e os chamou de "cuzões". Os alunos do Sul ficaram mais furiosos por terem sido insultados, os do Norte acharam engraçado. Em outro estudo, os participantes de uma sala de aula foram submetidos a questionamentos e zombarias de um pesquisador que se fazia passar por um colega. Testados depois, os sulistas apresentaram níveis muito mais elevados de testosterona e de cortisol, o hormônio do estresse, do que os participantes do Norte. "Embora os sulistas não insultados fossem, no mínimo, mais educados do que os do Norte, os insultados do Sul foram muito mais agressivos do que qualquer outro grupo", constataram Cohen e Nesbitt.

Há um nome para essa associação entre polidez e violência: *o paradoxo da polidez.* Cohen e seu colega Joe Vandello escreveram, em 2004: "Violência e afabilidade geralmente são consideradas opostas. Simpatia, hospitalidade, franqueza e cordialidade costumam impedir a agressividade e o caos. Entretanto, o que se costuma esquecer é a frequência com que esses dois polos opostos parecem andar juntos... A violência, ou a ameaça dela, pode criar uma sociedade em que a afabilidade, a simpatia e a educação são a norma."

Novamente, isso não se limita, de modo algum, ao Sul dos Estados Unidos. O paradoxo da polidez aparece em muitas sociedades tradicionais na Ásia, no Oriente Médio, no Mediterrâneo e na África. Nessas culturas, as pessoas tendem a ter "um medo extraordinário umas das outras" e, portanto, "podem agir de maneira extremamente educada, cortês ou generosa, mas esses atos sociais podem ou não implicar sentimentos correspondentes de amor, simpatia ou confiança", segundo o antropólogo Alan Fiske e colegas em um estudo. Eles fazem isso para evitar espirais de vingança que podem se seguir a um insulto inadvertido à honra de alguém.

Isso não significa, de forma alguma, que todas as pessoas legais são assim porque têm medo de que não ser legal lhes garanta uma viagem só de ida através de uma janela de vidro laminado. A evolução cultural é mais complexa do que isso. Um comportamento que começa como uma resposta prática a um problema pode, com o tempo, apenas generalizar-se em um modo de ser. Isso é chamado *autonomia funcional*. E embora seja impossível desembolar em definitivo os fios que compõem uma cultura, podemos argumentar que a polidez ritualizada que surgiu da cultura da honra tornou-se mera polidez e simpatia com o tempo, e assim permaneceu. Apresentei essa ideia a Richard Nisbett, um especialista na hipótese da cultura da honra, e ele simplesmente respondeu: "Gostei muito."

Podemos ver esse processo acontecendo também em outros lugares, nos quais o atrito gera afabilidade. Por exemplo, falemos de sorrisos e risadas. Embora seja verdade que pessoas em nações homogêneas mostram níveis mais elevados de confiança generalizada, os pesquisadores descobriram que pessoas que vivem em países que receberam imigrantes de uma grande quantidade de países nos últimos quinhentos anos são mais expressivas emocionalmente, mais propensas a sorrir e dar risadas. A América do Norte, a América Central, a América do Sul e, sim, a mais rara das aves, a Austrália, apresentam o que os cientistas sociais chamam de culturas sorridentes. Os pesquisadores acreditam que elas surgiram em resposta à necessidade de se comunicar com estranhos na ausência de uma linguagem comum e de normas sociais compartilhadas. Em tal situação, o sorriso é uma forma de sinalizar afabilidade e vontade de cooperar.

Em um estudo de 82 países, a psicóloga Adrienne Wood e seus colegas descobriram que pessoas em lugares historicamente diversos são mais expressivas emocionalmente e mais precisas ao transmitirem suas emoções de forma não verbal do que aquelas oriundas de países historicamente mais homogêneos. Outro estudo global, liderado pela psicóloga Paula Niedenthal, encontrou uma forte correlação entre a heterogeneidade histórica e a quantidade de tempo que os entrevistados passam todos os dias sorrindo, rindo *e simplesmente sentindo-se bem*. Isso foi observado independentemente do PIB ou dos níveis atuais de diversidade. Niedenthal e seus colegas encontraram um resultado semelhante analisando os dados do censo dos Estados Unidos. Os estados que historicamente têm uma parcela maior de residentes nascidos no exterior — incluindo Califórnia, Nova York, Dakota do Norte, Nevada e Minnesota — relatam sorrir e dar mais risadas, bem como terem mais emoções positivas do que pessoas dos estados que não apresentam esses habitantes.

E isso pode ser contagioso. Segundo Niedenthal: "Os sorrisos podem… produzir experiências sociais e sentimentos positivos além dos associados às soluções de problemas imediatos de coordenação social. Em outras palavras, encontrar mais pessoas sorridentes e rindo diariamente pode, por si só, aumentar o [humor] positivo. Uma quantidade maior de oportunidades para sorrir e dar risadas pode, portanto, ocasionar experiências emocionais mais positivas."

Mais uma vez, o que começou como uma solução prática para um problema comum — a necessidade de se comunicar e de cooperar com diferentes tipos de pessoas sem o benefício da linguagem ou de normas culturais compartilhadas — com o tempo se desvinculou de sua função original e foi generalizado em uma cultura, uma forma de se comportar, independentemente das circunstâncias locais.

———

Quando Nairán Ramírez-Esparza veio do México para os Estados Unidos para cursar a graduação na Universidade do Texas em 2001, passou por um choque. Seus amigos a levaram a uma festa. Ela conta que, no México, é comum ir a uma festa e curti-la junto das pessoas que foram com você, mas, nos Estados Unidos, "assim que chegamos à festa, todos os meus amigos diziam: 'Vamos nos misturar.' E eu pensei: *O que é 'Vamos nos misturar?'*". Seus amigos se afastaram e começaram a falar com pessoas aleatórias. "Foi muito, muito difícil para mim, especialmente porque sou introvertida. E continua sendo", revelou ela.

Ela nasceu e foi criada na Cidade do México, em um país onde reina uma tradição chamada *simpatía*. Culturas que praticam *simpatía* — um termo utilizado pelo psicólogo Harry Triandis e colegas em um estudo inovador de 1984 — enfatizam a polidez, a gentileza, a afabilidade, o respeito, a positividade, a prevenção de conflitos e a deferência a outras pessoas nas interações cotidianas. Como em uma cultura de honra, um insulto ou uma briga em um lugar que pratica *simpatía* é algo muito sério: é considerado um atentado à dignidade essencial da outra pessoa. E, como culturas de honra, a *simpatía* existe em lugares que tradicionalmente não tiveram instituições centrais fortes para garantir a harmonia social de cima para baixo. Assim, cabe aos indivíduos a tarefa de manter a paz.

A *simpatía* tem benefícios mais amplos para a sociedade. Pode tornar as pessoas mais úteis para estranhos, por exemplo. Em um experimento que abrangeu 36 países, o cientista político Robert Levine estudou "comportamentos prestativos" em cidades fazendo os alunos se passarem por estranhos necessitados: fingindo ser cegos, deixando cair uma caneta na calçada e se aproximando de alguém fingindo estar ferido e pedindo socorro ou alguns trocados. Lugares com maior densidade demográfica e com pessoas que davam maior ênfase à família como unidade cultural chave — em outras palavras, lugares mais tradicionais e excludentes — foram os menos prestativos.

No entanto, notadamente, várias das cidades mais prestativas estavam na América Latina na época do estudo: "Considerando que alguns desses lugares sofrem de instabilidade política de longo prazo, altas taxas de criminalidade e um pot-pourri de outras mazelas sociais, econômicas e ambientais, esses resultados positivos são dignos de nota", escreveu Levine, em 2003. Houve exceções — Copenhague e Viena se saíram bem —, mas, no geral, lugares que abraçaram explicitamente a *simpatía* tinham mais pessoas prestativas com estranhos.* Além do mais, o resultado geral na América Latina é decididamente positivo. Todos os anos, a Gallup publica

---

* Meu lar atual não se saiu bem em termos de utilidade. Na verdade, Nova York teve o pior desempenho no estudo — rendendo um dado gloriosamente amargo. Durante a execução do chamado *teste da carta perdida* em Nova York, em que os pesquisadores deixam endereços, cartas carimbadas nas ruas e contam quantas são devolvidas, Levine e companhia tiveram uma surpresa desagradável de um nova-iorquino. "Em muitas cidades, recebi envelopes que estavam claramente abertos", escreveu Levine.

> Em quase todos os casos, quem achou o envelope o abriu e o lacrou novamente, ou enviou o conteúdo em um novo envelope. Às vezes, eles anexavam notas, geralmente se desculpando por abrir nossa carta. Recebi apenas de Nova York um envelope que estava com a lateral toda rasgada e escancarada. No verso da carta, o ajudante havia rabiscado, em espanhol: *"Hijo de puta ir[r]esposable"* — que, depois de traduzir, descobri ser uma acusação muito sórdida sobre minha mãe. Abaixo dessa mensagem, foi adicionado um palavrão direto em inglês, que eu pude entender imediatamente. É interessante imaginar esse nova-iorquino furioso, talvez xingando minha irresponsabilidade durante toda a caminhada para a caixa de correio, mas por algum motivo se sentindo compelido a dedicar tempo para cumprir seu dever social com um estranho que já odiava.

um relatório chamado "Global Emotions", que classifica as nações conforme o sentimento geral de seus cidadãos, positivos ou negativos. Uma métrica que usam é a quantidade de emoções positivas que os entrevistados relatam vivenciar todos os dias. Das dez nações mais felizes nesse aspecto, nove estavam na América Latina (a outra era a Indonésia).

Atualmente, Ramírez-Esparza afirma que o México tem uma classificação superior em termos de *simpatía* do que outros países latino-americanos. E ela atribui isso à forma como ele foi conquistado. Nos países da América Latina, assim como nos Estados Unidos e Canadá, os povos europeus recém-chegados erradicaram os povos nativos. No México, com notáveis exceções, como os astecas, muitos dos povos nativos cooperaram, misturando suas tradições com as dos espanhóis com o passar do tempo, gerando híbridos culturais, como a forma distinta de catolicismo do México. Segundo Ramírez-Esparza: "Os que concordaram com as condições impostas pelos espanhóis não foram mortos. E agora vivemos em uma sociedade que se tornou muito gentil e educada. Não gostamos de dizer o que pensamos; queremos manter as coisas tranquilas."

Hoje em dia, uma psicóloga social altamente respeitada na Universidade de Connecticut, Ramírez-Esparza é chamada a se misturar com certa regularidade. Ainda é difícil, então ela precisa praticar. Ela e o marido vão a um determinado lugar com o propósito expresso de se misturar com pessoas aleatórias. Ela se apresenta, as pessoas captam seu sotaque e perguntam de onde ela é, e por aí vai. Para os norte-americanos, isso é bater papo; para Ramírez-Esparza, é um ajuste cultural significativo. "Você não pode fazer isso no México. Se alguém se aproxima de um grupo de pessoas, elas pensam: *Quem é você? O que está fazendo aqui? Deixe-nos em paz, estamos conversando.*" Obviamente não serão rudes, porque a cultura de *simpatía* não permite. Contudo, isso seria um pouco esquisito.

Dito isso, os mexicanos são intensamente sociais com seus amigos e familiares, então também foi difícil se adaptar à vida norte-americana em outro aspecto. "O desafiador para mim foi ver como a vida aqui é isolada. Basicamente, você vai trabalhar, volta para casa, conversa um pouco com seu parceiro e seus filhos e depois volta para a cama", conta ela. No México, a maior parte do tempo é passada socializando com amigos e parentes. "No México, quando volto no verão, sempre tenho muitas pessoas com quem conversar. Elas olham para você nos olhos, sorriem. Você se sente conectado, sente que existe", acrescentou Ramírez-Esparza.

Depois de quase duas décadas nos Estados Unidos, ela agora reside em uma espécie de zona de fronteira. Ela adora o fato de que aqui é possível dizer o que se pensa; no México é necessário cuidado com isso, por medo de ofender ou incomodar alguém. "Eu odeio isso", disse ela. Mesmo assim, ainda tem que trabalhar duro para superar a percepção — tanto de colegas de trabalho quanto de alunos — de que é submissa. Então, quando ela volta para o México, é mais franca e, ocasionalmente, fica frustrada com o autocontrole que a *simpatía* demanda. Ela não tem certeza se pode conciliar essas duas partes de sua personalidade, embora tenha notado que tende à *simpatía* ao falar espanhol e a se afastar dela quando fala inglês. A cultura em que ela se encontra determina suas inclinações pessoais. "Acho que sou uma espécie de híbrida", comentou ela.

Isso pode fazer com que ela pareça uma mulher de lugar algum, presa entre mundos. Mas o híbrido que ela personifica — uma pessoa de uma cultura de *simpatía* morando em um país muito tagarela — é, na verdade, o ponto ideal para nosso projeto nesta obra. Ela foi treinada para ser educada, discreta e atenciosa ao falar com outras pessoas. A *simpatía,* nesse aspecto, não é tão diferente do que vimos na escuta gratuita, por exemplo. Não tem a ver com você; tem a ver com o outro. Então, quando uma pessoa vem para os Estados Unidos, tendo migrado de uma cultura de *simpatía,* desde que fale inglês, ela vem equipada com muitas das habilidades que temos tentado aprender — habilidades que podem torná-la uma parceira de conversa ideal.

Em uma série de estudos engenhosos, a psicóloga Gloriana Rodríguez-Arauz, nossa amiga Ramírez-Esparza, Adrián García-Sierra e colegas observaram isso em primeira mão. Eles fizeram mães latinas e mães europeias brancas da região de Seattle usarem gravadores digitais oito horas por dia durante quatro dias para que fosse possível monitorar o teor de suas interações. Descobriram que as mães latinas exibiram muito mais comportamentos associados à *simpatía* — parecendo modestas, agradáveis e atenciosas — e falavam muito mais sobre *outras pessoas* do que sobre elas mesmas (lembre-se da regra 80/20 da Urban Confessional). As mães com origens europeias brancas apresentaram menos *simpatía* e falaram muito mais sobre si mesmas. Os pesquisadores também descobriram que as mães latinas riam mais e tinham conversas mais significativas com outras pessoas, independentemente da etnia. Por ironia, as mulheres europeias se autoavaliaram de forma mais positiva em termos de comportamentos de *simpatía* do que as mulheres latinas.

Ademais, a *simpatía* praticada no contexto de um país tagarela e individualista como os Estados Unidos também pode ser contagiosa. Em um estudo de 2009, Renee Holloway, Amy Waldrip e William Ickes, da Universidade do Texas em Arlington, reuniram 126 estranhos — brancos, negros e latinos — para que conversassem em pares. Metade foi emparelhada com pessoas da própria etnia, e a outra metade eram pessoas brancas ou negras emparelhadas com latinas. Primeiro, descobriram que os latinos demonstraram muito mais comportamentos associados à *simpatía:* contato visual, sorrisos e risadas. Em segundo lugar (e mais interessante), os participantes brancos ou negros que interagiram com um latino exibiram mais comportamentos próprios de *simpatía* do que quem não interagiu com pessoas dessa etnia. Eles conversaram mais e fizeram mais contato visual, riram e sorriram em níveis significativamente maiores. "Suas interações eram melhores em ambos os aspectos quando comparadas com as interações que envolviam apenas participantes negros e/ou brancos", escreveram os autores.

Em seguida, os indivíduos avaliaram suas interações. Quem conversou com uma pessoa latina avaliou seu parceiro com valores significativamente mais altos do que quem interagiu com uma pessoa branca ou negra. Além disso, "os participantes que interagiram com um parceiro latino perceberam que a interação foi mais suave, natural e relaxada. Também relataram que suas interações foram mais envolventes e expressaram um interesse maior em interagir com seus parceiros latinos no futuro do que os participantes que interagiram com negros ou brancos".

Isso não foi apenas uma dádiva de mão única. Por sua vez, latinos que conversaram aproveitaram o tempo da mesma forma. "Os membros da díade latina relataram que suas interações são mais suaves, naturais e relaxadas (e significativamente menos forçadas, desajeitadas e tensas). Também relataram que suas interações foram mais envolventes e indicaram que se sentiam mais aceitos e respeitados por seu parceiro de interação. Por fim, os participantes latinos relataram um nível maior de simpatia por seus parceiros de interação e sentiram que essas pessoas gostaram mais deles, em comparação com os participantes negros e brancos juntos."

Meu argumento aqui é o seguinte: tendemos a supor que a afabilidade surge quando se está contente e despreocupado. E às vezes sim. Não estou dizendo, de maneira alguma, que todas as pessoas amistosas atualmente fazem um cálculo racional antes de sorrir para um estranho nem que elas não confiam nos outros, porque a maioria das pessoas não é assim. Estou dizendo que *culturas* de afabilidade surgiram, não apesar do medo, do caos e da insegurança, mas por causa dessas coisas, e em resposta a elas, como uma forma de fomentar a cooperação entre indivíduos. Tal como acontece com o parentesco honorário, com os rituais de saudação e com a hospitalidade, essa afabilidade serviu como uma forma prática de conciliar nosso medo de estranhos com as oportunidades que eles apresentam e facilitar o caminho para a cooperação e a conexão em uma época assustadora ou caótica.

E, adivinhe só, aqui estamos nós de novo: vivendo em uma época assustadora e caótica, na qual as instituições centrais estão enfraquecendo e a confiança social está em queda. No momento, a vida é difícil, confusa, contenciosa e cada vez mais heterogênea, e começamos a desconfiar dos estranhos ao nosso redor, dos estranhos com quem compartilhamos um país e o mundo. Certamente, podemos continuar fazendo o que estamos fazendo, fechando-nos, lutando, recusando-nos a interagir além da parede que se ergue entre nós. Ou então, sabendo o que sabemos, podemos fazer a escolha de ser amistosos, sorrir, falar, ouvir. Não porque somos fracos, e não porque nos falta convicção, mas porque cooperar uns com os outros é do nosso melhor interesse e porque sabemos que a afabilidade, longe de ser uma expressão de fraqueza, pode ser nada menos do que o antídoto para o medo. Com isso em mente, o convido a se juntar a mim em uma viagem à Finlândia.

Capítulo 14

Como Procriar com Estranhos na Finlândia

Mergulhamos em uma cultura cuja fama é de que as pessoas não falam com estranhos e encontramos o homem famoso por tentar ensiná-los a fazer isso — antes que seja tarde demais, pelo amor de Deus.

"Sou originalmente da Turquia", disse ela. "Isso é importante e tem muito a ver com o que vou lhes contar."

Ceyda Berk-Söderblom cresceu em Esmirna, uma cidade turca, na costa do Mar Egeu, onde trabalhou em uma fundação de artes por quatorze anos, produzindo festivais. Ela conheceu e se casou com um artista e diretor de teatro finlandês que falava sueco e, em 2015, eles se mudaram para Helsinque.

Helsinque é um lugar harmonioso. Há igualdade, prosperidade, cultura, baixo índice de criminalidade, alto índice de alfabetização e pouquíssimas pessoas em situação de rua. É a capital da Finlândia, o país mais feliz do mundo, de acordo com a pesquisa Gallup — pelo menos com base em certos índices —, PIB per capita, seguridade social, expectativa de vida, liberdade de fazer escolhas de vida, solidariedade e ausência de corrupção. É relativamente silenciosa e organizada. Muito organizada. Na verdade, tão ordenada que, quando atravessei a rua fora da faixa, como sempre faço instintivamente em meu país, quando não há nenhuma razão plausível para ficar parado na calçada, de repente me vi sozinho no meio de uma avenida principal, com finlandeses nas calçadas de ambos os lados olhando para mim como se eu tivesse acabado de entrar na igreja usando uma fantasia de pênis.

Dito isso, segundo muitos relatos, Helsinque é uma espécie de paraíso. Mesmo assim, quando Berk-Söderblom saiu da Turquia e foi para lá, sua transição foi tudo, menos suave. Primeiro vieram as diferenças culturais. Por ser turca, ela é calorosa e falante, já os finlandeses são famosos pelo comedimento. Um pequeno livro ilustrado chamado *Finnish Nightmares* ["Pesadelos Finlandeses", em tradução livre], contendo uma série de medos locais, é onipresente na cidade. A maioria desses pesadelos se resume a ter que interagir com estranhos. Um deles é: "Quando alguém se senta ao seu lado no transporte público… e então começa a falar com você." Outro é: "Quando um estranho olha você nos olhos… e sorri."* Contei a um taxista que eu estava na cidade para fazer pesquisas para um livro sobre como falar com estranhos, e ele respondeu: "Na Finlândia? Você sabe que somos as pessoas mais silenciosas do mundo?"

Para Berk-Söderblom, foi difícil se encaixar nessa cultura. Quando ela perdeu o sogro, por exemplo, ficou chocada com o fato de as pessoas não virem oferecer condolências, como fazem na Turquia; eles deixam a família em paz, dando-lhe espaço. Mesmo algo tão simples como receber amigos tornou-se uma fonte de atrito cultural. Segundo Berk-Söderblom, na Turquia se oferece hospitalidade generosa. "Tentamos matar nossos hóspedes de tanto comer", brinca. A Finlândia, no entanto, tende para a festa à moda norte-americana, uma prática social que ela rejeita. Quando as pessoas se oferecem para trazer comida, ela sempre nega. "Eles são meus convidados, então sou eu quem deve cozinhar. Devo preparar tudo", afirmou ela. É difícil afastar essa antiga tradição de hospitalidade. De acordo com ela: "Está no sangue."

Mais desafiadora, porém, foi a transição profissional. "Sofri muito como trabalhadora estrangeira", revelou ela. Seu currículo era excelente,

---

* Outra ainda, que tem a ver com minha gafe na rua, retrata uma pessoa atravessando no sinal fechado para pedestres. "Quando alguém está fazendo algo 'errado' e olhar intensamente para essa pessoa não a faz parar."

mas levou um ano para conseguir trabalhar no meio artístico. O idioma foi a maior barreira. Em seu antigo cargo, o idioma mais falado era o inglês, mas na Finlândia a maioria fala finlandês (e alguns falam sueco). Este é um problema urgente para o país, que passou por uma grande onda de imigração nos últimos anos, especialmente refugiados advindos de guerras civis. Muitos desses recém-chegados na zona metropolitana não falam finlandês nem sueco e, portanto, têm tido dificuldades para encontrar empregos e, de forma mais ampla, um lugar na sociedade finlandesa. "Foi um grande choque" para um país que historicamente tem uma cultura só e que carece de mecanismos para lidar com a diversidade, afirmou Berk-Söderblom. A presença dos recém-chegados foi um benefício potencial — a Finlândia precisa urgentemente de novos trabalhadores para sua crescente economia do conhecimento —, entretanto, de forma semelhante a outros países escandinavos, a tensão associada a isso deu origem a um movimento nacionalista branco emergente.

Então, em 2016, como os imigrantes costumam fazer, Berk-Söderblom abriu o próprio negócio, MiklagårdArts, em homenagem ao nome ancestral de Istambul, que os vikings que viajaram para a Turquia no século X descreveram como a maior cidade que já viram. Ela decidiu que o foco de seu trabalho seria encorajar a interação entre organizações finlandesas e artistas internacionais, na esperança de que esses diálogos ajudassem a facilitar a entrada da Finlândia em um futuro mais heterogêneo, que neste momento é inevitável. Como parte desse esforço, ela entrou em contato com um homem chamado Theodore Zeldin e o convidou para ir a Helsinque e ensinar as pessoas a falar com estranhos.

Em uma tarde chuvosa de setembro de 2019, Theodore Zeldin estava em um palco, sentado em uma cadeira diante de uma audiência esparsa e dispersa de mulheres no novíssimo museu Amos Rex em Helsinque. Esguio, com 87 anos de idade, uma nuvem de cabelos grisalhos e uma leve feição de pássaro, Zeldin trajava uma calça cinza, um blazer e um suéter azul-marinho. Depois de ser apresentado, ele se levantou. Falava baixinho, mas em tom urgente. "Não vim aqui para lhes dar coisas, mas para fazer perguntas. Porque o que me interessa é o que está acontecendo neste país." Ele faz uma pausa. "Vocês são as pessoas mais felizes do mundo. Isso *não pode* ser verdade. Vocês ganharam muitos prêmios. E isso me faz pensar no que farão a seguir. E eu preciso descobrir."

Zeldin é um historiador inglês, mais conhecido por *A History of French Passions* ["Uma História das Paixões Francesas", em tradução livre], um emotivo relato historiográfico da França, de 2 mil páginas, considerado uma obra-prima revolucionária da história europeia, publicado pela primeira vez em 1973. Ele foi professor na Universidade de Oxford. Aconselhou presidentes, membros de gabinetes de Estado e CEOs. No entanto, o que mais importa para nossos objetivos é que ele dedicou sua vida a falar com tantos estranhos quanto possível. A xenofilia, em outras palavras, é a sua vocação. Segundo ele: "Nunca conhecerei todo mundo, mas meu propósito não é ficar rico, nem me tornar famoso — é descobrir como a vida *é*."

Realizando esse trabalho, falando sem parar com estranhos durante décadas, Zeldin passou a acreditar que não existem maiorias ou minorias no mundo. Não existem estranhos ou conhecidos; existem apenas indivíduos. Ele acredita que todos são uma minoria de um só. Todos são estranhos. Zeldin pergunta à multidão em Helsinque quantos deles se sentem totalmente compreendidos. Ninguém levanta a mão. "Ninguém alegou ser totalmente compreendido, e é isso que vocês precisam das outras pessoas, ser valorizados, e é muito difícil valorizá-los sem que se conheçam, uma pessoa por vez. Não mudaremos isso por meio de grandes revoluções, mas pelo contato íntimo."

Zeldin também é o fundador da Oxford Muse Foundation, que ele inaugurou em 2001. Foi por isso que o segui até Helsinque. A Oxford Muse sedia os Feasts of Strangers [Banquetes de Estranhos, em tradução livre], jantares nos quais estranhos são emparelhados e recebem um "menu" de intensas questões pessoais — que falam sobre seus valores, seus medos e suas esperanças. Zeldin explica que "as questões são muito complexas, porque a vida é muito complexa". As conversas que acontecem nesses banquetes — que duram duas horas e são realizados em quinze países — resultaram em casamentos e amizades profundas, mesmo entre homens que lutaram em lados opostos de uma guerra civil. Mais do que isso, elas ensinaram às pessoas não apenas sobre os outros, mas sobre si mesmos. Os participantes "ficam surpresos ao se sentirem estimulados a dizer coisas que nunca disseram antes, descobrindo tanto sobre si mesmos quanto sobre seu parceiro e a ter a rara experiência de alguém genuinamente interessado em ouvi-los", afirmou Zeldin.

O cerne do Feast of Strangers é a ideia que Zeldin desenvolveu depois de décadas conversando com estranhos. Essa ideia é a procriação. Ele acredita que a velha forma de pertencimento — ser membro de grupos — está obsoleta. Há muitas diferenças entre as pessoas agora, e a singularidade de cada uma delas desafia a ideia de um grupo claramente definido. Mas ele também acredita que o individualismo é um beco sem saída. Sua ideia é a de que o casal — não o grupo nem o indivíduo — é a unidade mais poderosa em uma cultura.

"Cada relacionamento entre mim e você, entre vocês, cada vez que conversamos com alguém, descobrimos algo sobre essa pessoa e, portanto, sobre nós mesmos e sobre o mundo", apontou ele. Zeldin fala muitas vezes de musas, contudo não é a autoexpressão que o interessa, mas a procriação — o resultado de duas mentes se unindo e produzindo algo inteiramente novo e inesperado que não teriam produzido por conta própria. Ele falou aos que se reuniram para ouvi-lo falar nesta tarde sombria de sexta-feira: "Espero que vocês se tornem minhas musas." E, a seu turno, por meio da conversa, nos tornaremos as musas uns dos outros.

Zeldin esteve em Helsinque para sediar três banquetes: um para a elite cultural de Helsinque e outros dois abertos ao público. Seu discurso na sexta-feira foi o pontapé inicial. Em sua pauta estava a ascensão do nacionalismo branco, o caos político no Ocidente e a posição da Finlândia como uma fortaleza democrática, bem como suas dificuldades para lidar com os recém-chegados. Segundo ele: "Como sua população está diminuindo, vocês têm que perceber que outras pessoas estão vindo para cá, quer gostem, quer não. Como em qualquer outro país, a migração é inevitável. Porque o mundo é desigual e alguns lugares estão em tamanho caos que as pessoas têm que escapar. Se não me engano, a origem do povo finlandês se dá por meio de uma jornada de longa distância para esta parte do mundo. Nós todos somos, em parte, imigrantes. Portanto, precisamos saber lidar com estranhos. E em vez de dizer 'os negros são estranhos', devemos dizer que somos *todos* estranhos — sou um estranho para você e você é um estranho para mim, quaisquer que sejam suas origens. Estou aqui para lidar com isso."

Findo seu discurso, Zeldin disse à plateia que desejava fazer um experimento: "Quero saber quem vocês são. Não adianta eu vir para a Finlândia se tudo o que faço é andar pelas ruas, comer a comida daqui, e assim por diante. Tenho que entender como cada pessoa formula ideias diferentes em suas cabeças." Ele distribuiu folhas de papel e pediu a cada pessoa que escrevesse um pequeno livro de memórias sobre suas principais realizações, arrependimentos, esperanças, desafios e fraquezas. "Em outras palavras, tudo o que é importante sobre você", concluiu.

Todos nós fizemos isso, entregamos os papéis e, um por um, silenciosamente, voltamos a nossos lugares, absortos em pensamentos naquele dia chuvoso.

Laura Kolbe é uma renomada historiadora e política finlandesa. Eu havia entrado em contato com ela na esperança de poder lhe pagar um café e refletir sobre os finlandeses, e ela teve a gentileza de me encontrar na Universidade de Helsinque. Kolbe me contou que o estereótipo do finlandês quieto é apenas isso — um estereótipo. Entretanto, há certa verdade nisso, que ela alegou derivar de alguns fatores. Ela acredita que tudo começou quando pessoas que falavam alemão, sueco e russo chegaram ao país, há dois séculos. Como não falavam finlandês, não se comunicavam com os habitantes locais e vice-versa, silêncio que os recém-chegados confundiam com introversão. Além disso, a Finlândia é uma grande massa de terra com uma pequena população e foi um país agrícola durante a maior parte de sua existência. A vida rural é menos falante que a urbana. Por fim, a mitologia nacional, estabelecida no século XIX, apresentava um arquétipo heroico: "Másculo, loiro, introvertido e um pouco estúpido, mas corajoso, honesto, leal e direto", explicou Kolbe.

Ela admitiu que existe de fato uma diferença marcante entre norte-americanos e finlandeses, mas também acredita — corretamente, como vimos no capítulo anterior — que a afabilidade norte-americana é, em certo sentido, uma ferramenta, um meio para algo a mais. "Quando um finlandês abre a boca, o faz com honestidade; não está tentando comprar ou vender nada. Considerando que todo mundo que vem para os Estados Unidos adora a flexibilidade [social]: a garçonete é muito sociável e pergunta como você está, mas, imediatamente, quando a gorjeta não é dada, seu tom muda", comentou ela.

Estávamos acompanhados pela filha de Kolbe, Carolina Forss, uma alegre e brilhante recém-graduada em design de moda. Forss viveu no exterior, na cidade de Nova York, durante um verão, e achou o ambiente franco, altamente sociável e um tanto libertador. Ela contou que isso "era algo que eu realmente queria trazer de lá, mas quando você volta para cá, rapidamente se torna finlandês de novo".

Perguntei: "O que significa se tornar finlandês de novo?"

Ela respondeu: "Há algo que se fecha dentro de você", explicou Forss. Ela ama seu país, mas o tempo no exterior a tornou uma espécie de "estranha", contou ela: talvez extrovertida demais para os padrões locais. "Para ser honesta, sinto que sou muito mais eu mesma quando estou no exterior. Não sou uma boa embaixadora para a Finlândia", brincou.

Um dia depois, estive com Theodore Zeldin, sentado ao saguão do museu Amos Rex, e ele me revelou que lera o que as pessoas escreveram depois de seu discurso na sexta-feira. "Meu Deus, os resultados são incríveis. Cerca de um terço das pessoas cujo relato li estão muito, muito mal. Elas se sentem excluídas de verdade. Não têm contato com o mundo", apontou. Segundo ele, alguns se sentem assim porque são estrangeiros, e outros simplesmente se sentem excluídos. Estão solitários; sentem que não pertencem a este lugar, ainda que pertençam. Falamos sobre a epidemia de solidão neste livro. E aqui está ela, descrita na vida dos habitantes do lugar mais feliz da terra. Zeldin comentou: "Fiquei um pouco preocupado. Essas pessoas precisam de ajuda, por Deus."

Falamos sobre sua juventude. Ele nasceu em 1933, no Mandato Britânico da Palestina, e foi criado pelo pai, engenheiro, e pela mãe, dentista, em uma casa cheia de livros. Um prodígio, Zeldin foi para Oxford aos dezesseis anos, formou-se aos dezessete e obteve o doutorado não muito depois disso, sendo esse último grau obtido sem orientador algum. "Ninguém foi capaz de me ensinar em Oxford", disse ele. Pelo menos não o corpo docente. Mas havia outras lições a aprender. Enquanto estava lá, conheceu muitas mulheres inteligentes. Elas o ensinaram a ter uma conversa profunda. "Do ponto de vista da possibilidade de me conectar com outras pessoas, acho que aprendi com as mulheres. Elas conseguem falar com mais liberdade sobre o que realmente importa na vida", afirmou ele.

De acordo com Zeldin, os franceses foram seus primeiros estranhos. Aos 21 anos, ele viajou a Paris para vasculhar os arquivos de Napoleão III. Ele se interessou pelo que torna as nações estranhas entre si e por confrontar as suposições que os franceses tinham sobre si mesmos, e me contou que passou os trinta anos seguintes os estudando. No processo, desenvolveu uma nova maneira de produzir historiografia. Ele compara seu método ao de um biólogo. Em vez de se concentrar em tendências radicais e nas vidas das pessoas mais poderosas, o interesse de Zeldin estava nas moléculas e nos átomos de uma sociedade: as pessoas. Não se aprende sobre um país estudando apenas líderes, guerras e sistemas econômicos, pensou ele. Aprende-se sobre um país estudando seu povo, não como uma massa, mas individualmente, perguntando como eles chegaram a pensar da maneira que pensaram e sentir como se sentiram.

O primeiro livro que resultou dessa abordagem foi o gigantesco *A History of French Passions*. "É tudo baseado em ilustrações de pessoas como indivíduos, apresentando, como conclusão, que há tantas minorias quanto habitantes na França e, portanto, todas as generalizações que são feitas sobre o colapso do país", explicou ele. Dessa forma, "a necessidade de compreensão de cada indivíduo torna-se a base da história".

O livro irritou algumas pessoas, que não queriam saber de ter sua autoimagem desafiada por um estrangeiro, mas, no geral, deixou os franceses atônitos. Em suas palavras: "Quando a mídia me entupiu de entrevistas e declarações como 'Ele nos entende melhor do que nossos governos, nossos cônjuges, nossos chefes e nossos filhos', eu mesmo fui retirado da condição de estranho, e quase todas as profissões e instituições — do presidente da república e do primeiro-ministro aos mais rejeitados da sociedade — me pediram conselhos. Cada um deles me revelou seus problemas e me permitiu penetrar no que normalmente está oculto aos olhos do público. Todos expandiram minha curiosidade."

Em 2012, a França o nomeou *commandeur de la Ordre National de la Légion d'honneur,* uma das maiores honrarias da nação. Na cerimônia de premiação, Bernard Émié, embaixador da França no Reino Unido, disse-lhe: "Você foi incomparável ao mostrar-nos um espelho que reflete com precisão nossas virtudes e nossas falhas. Na verdade, você busca meticulosamente nos entender e melhorar não apenas a compreensão dos seus compatriotas franceses — e, portanto, nossa capacidade de trabalhar melhor juntos —, mas também as relações entre os seres humanos em geral."

O desejo de compreender a variedade de pensamentos, emoções e experiências humanas, e tornar mais intrincada a maneira como vemos os outros e a nós mesmos, é o que o move hoje. Em seu livro de 2015, *The Hidden Pleasures of Life* ["Os Prazeres Ocultos da Vida", em tradução livre], Zeldin escreveu: "Em vez de procurar um nicho em que eu estaria seguro, em vez de me torturar com perguntas sobre quais são minhas verdadeiras paixões ou talentos, tentarei saborear, mesmo que seja apenas uma mordidinha, o que é possível experimentar como ser humano. O que não posso experimentar pessoalmente, desejo imaginar conhecendo outras pessoas que foram onde eu não estive. Uma alma perdida é aquela para quem os pensamentos dos outros são um mistério e a quem ninguém escuta. [Então] em vez de 'quem sou eu?', a pergunta que prefiro é: 'Quem é você?'" Ele compara falar com estranhos a "um ritual semelhante a levar minhas roupas para a lavanderia, limpar minha mente de preconceitos". Ele acredita que, se outras pessoas fizerem isso, "mudará a maneira como a vida é vivida".

Certamente, é necessária uma mudança. Hoje em dia, Zeldin se preocupa que as pessoas estejam isoladas umas das outras, e esse problema está se agravando com a migração em massa, a desigualdade e a divergência política. Ele se preocupa que os países não se falem, que os especialistas em diferentes áreas não se falem, que os colegas de trabalho não se falem, que as famílias não se falem, pais e filhos, parceiros. Ele não está se referindo a bate-papos ociosos, mas a conversas reais, sobre coisas que importam. Ele é enfático neste ponto. Acredita que, se você não entende as outras pessoas, não entende a vida e, se não entende a vida, não sabe o que pode ou não pode fazer e que obstáculos podem surgir no caminho. Se você não entende as outras pessoas, nunca saberá como viver entre elas. Daí sua vocação. "Passei minha vida descobrindo o mundo, um por um", afirmou.

O livro de Zeldin publicado em 2000, *Conversation: How talk can change our lives* ["Diálogo: Como falar pode mudar nossas vidas", em tradução livre], apresenta uma visão do que uma conversa pode ser. "O tipo de conversa que me interessa é aquela que começa com uma vontade de emergir como uma pessoa um pouco diferente. É sempre uma experiência, cujos resultados nunca são garantidos. Isso envolve risco. É uma aventura", apontou ele. E adverte contra o afastamento de pessoas de quem não gostamos. "Eu diria que encontrar algo admirável ou tocante em uma pessoa incompreensível ou desagradável também é profundamente satisfatório. Encontrar esse vestígio de ouro escondido em solo aparentemente pedregoso é um dos desafios mais emocionantes de todos."

Por isso ele quer falar com todos, literalmente. "Algumas pessoas dizem que o que estou tentando fazer é ambicioso demais. Eles dizem: 'Bem, como você pode falar com 7 bilhões de pessoas diferentes?' E minha resposta é: pense em quantas bactérias existem dentro do corpo de alguém; quantas células existem no cérebro de uma pessoa. Bilhões! E você não pode dizer aos cientistas: 'Ah, você não pode estudar essas coisas — existem muitas delas!' Todavia, cada pessoa abre novos horizontes, territórios inesperados para explorar. A vida se torna uma surpresa constante, em vez de uma fonte de ansiedade. Ficamos muito absortos e fascinados por nossas próprias descobertas que sempre levam a outra coisa. Acho que devo me considerar um explorador", comentou.

Mais tarde naquele dia, Theodore Zeldin estava diante de cerca de cem pessoas no museu. Em alguns momentos, fomos divididos em pares e conduzidos a uma sala cheia de mesas para o nosso Feast of Strangers. As observações de Zeldin foram um guia do que esperar e uma declaração de missão.

De acordo com ele: "Para descobrir o que está acontecendo, você terá que abrir sua própria cabeça e estar disposto a falar e expressar o que pensa.

Nossa civilidade é tanta que a polidez nos impede de sempre dizermos o que pensamos."

O historiador prossegue: "Você descobrirá que falar com um estranho remove barreiras e permite que não apenas aprenda sobre outra pessoa, que é tão diferente de você quanto você é de todas as outras pessoas, mas também que aprenda algo sobre si mesmo. Você pode pensar que sabe quem é, mas muitas pessoas discordam e podem pensar que se trata de outra pessoa. O mal-entendido que existe entre os indivíduos é a causa da maioria de nossos problemas."

Por fim, arremata: "Gostaríamos de expandir isso para todos os setores da sociedade e, até, para as nações. O mundo é repleto de perigos. Só podemos nos salvar aprendendo a falar com pessoas de outras civilizações e observando a amizade e a confiança que resultam do diálogo com uma pessoa. Quando você fala com alguém dessa maneira, sente que tem certa conexão com ela, e isso é o começo de um relacionamento."

Zeldin não aborda a psicologia que governa essas conversas, mas há um corpo substancial de pesquisas que explica por que elas podem ser tão profundas. Aprendemos anteriormente sobre o que escutar é capaz de fazer; como as pessoas que são ouvidas com atenção são menos ansiosas, pensam com mais clareza e têm uma sensação mais intensa de bem-estar. Sabemos que, quando uma pessoa expressa algo pessoal, o interlocutor se iguala a ela. E sabemos que é prazeroso fazer revelações pessoais e como isso pode fazer com que as pessoas gostem de nós e nos depositem confiança, desde que não nos revelemos de um jeito esquisito.

Porém, também existem vários benefícios na simples honestidade. "Indivíduos que expressam emoções de modo honesto têm menos estresse e menor pressão arterial e desenvolvem níveis mais altos de intimidade do que indivíduos que escondem as emoções", de acordo com um estudo de 2018, das psicólogas Emma Levine e Taya Cohen. "Por outro lado, os indivíduos que guardam segredos têm saúde pior do que quem não os guarda." Levine e Cohen conduziram uma série de estudos que mostram os efeitos da honestidade. Em um deles, os participantes foram divididos em três grupos. Foi solicitado a um grupo que fosse "absolutamente honesto" com todos com quem seus membros lidassem durante um período de três dias, enquanto os outros foram instruídos a serem "gentis" ou "conscienciosos". As pessoas que deveriam exercer a honestidade esperaram por desconforto, mas descobriram que isso foi mais agradável do que os outros cenários, e que causou uma sensação mais intensa de conexão e bem-estar, não apenas naquele momento, mas por duas semanas depois.

Em outro experimento, os participantes foram divididos em dois grupos — analistas e experimentadores — e receberam listas de perguntas pessoais destinadas a conduzir a "conversas difíceis". Elas foram muito semelhantes ao que receberíamos no Feast of Strangers, embora fossem parcialmente extraídas do trabalho de nosso velho amigo Arthur Aron, da teoria da autoexpansão. Em 1997, Aron elaborou uma lista famosa de 36 perguntas que levariam à intimidade imediata entre estranhos, incluindo: "Quais são os papéis do amor e da afeição em sua vida?"; "Como você se sente sobre seu relacionamento com sua mãe?"; "Qual é seu momento mais constrangedor?"; e "Se você morresse esta noite, sem oportunidade de se comunicar com ninguém, do que mais se arrependeria de não ter contado a alguém?". Os analistas foram questionados sobre como achavam que essas conversas seriam, mas não foram convidados a realizá-las. Os experimentadores formaram pares para conduzir as perguntas. Embora os analistas acreditassem que as conversas não fossem frutíferas, os experimentadores apresentaram níveis significativamente mais altos de prazer, conexão e significado, que duraram pelo menos uma semana. "Além disso, os participantes indicaram que estavam gratos e que gostariam de repetir a experiência."

Por fim, há o efeito do "estranho no trem". Já experimentamos isso em um trem, literalmente. As pessoas podem ser mais francas com um estranho do que com alguém que conheçam bem: você sabe que tudo o que disser estará, em pouco tempo, esquecido no baú do tempo. Poucas são as chances de esse assunto vir à tona novamente. É algo que não se tornará parte de sua casa, relegado a ficar jogado eternamente em um canto, como um sofá velho e fedido e que, por qualquer motivo, não pode ser jogado fora. "As pessoas às vezes podem chegar a um grau surpreendente de intimidade com estranhos", escreveu o psicólogo norte-americano Zick Rubin, em 1974. "Ao passarmos um tempo com um estranho, de passagem, uma pessoa com quem se tem apenas um presente, sem passado e sem futuro, há um sentimento de irresponsabilidade e invulnerabilidade que pode ter o efeito de aumentar a abertura pessoal."*

Rubin fez uma série de experimentos relacionados a como as pessoas podem comparar revelações quando estão com estranhos. Em um deles, ele pôs um monte de alunos parados em pontos de ônibus conversando com estranhos. Eles começariam fazendo perguntas neutras: "Quando o ônibus chega?"; "Você tem troco para 25 centavos?" Então alguns deles continuavam com uma declaração sobre si mesmos, pessoal ou neutra. "Estou muito feliz por este dia ter acabado, tive um dia muito agitado. E você?" Ou "Bem, meu dia acabou. E o seu?". Vejam só, aqueles que receberam a declaração mais reveladora dos experimentadores acabaram revelando mais sobre si mesmos. Esse, eu diria, é o poder secreto do Feast of Strangers.

Participei de duas conversas naquele primeiro dia. As perguntas tratam de família, rebeldia, prioridades, solidão, amizade, amor, medo e, finalmente, de qual contribuição você pode dar para o mundo. Na minha primeira sessão, uma jovem me disse que, se ela está se rebelando contra alguma coisa, é contra a expectativa de que precisa comprar uma casa, se casar e ter um cachorro, como a maioria das pessoas que ela conhece. Ela cresceu em uma pequena cidade, mas agora mora em Helsinque. Disse que os maiores medos de suas amigas são não encontrar algo significativo para fazer em suas vidas e ela mesma está em uma encruzilhada de carreira. Alegou que, apesar de toda a conversa sobre igualdade na Finlândia, um colega de trabalho zomba dela quando confessa suas ambições. Ela odeia a chuva e o frio e espera conseguir um emprego que a ajude a viver em outro lugar. A moça é próxima da família, com quem sempre teve um excelente diálogo e que a encorajou e lhe disse que era especial e valiosa, mas tem dificuldades para encontrar amigos que possam ver isso também. Ela estudou no exterior e desenvolveu uma mania de socializar. A jovem percebeu mais tarde que era porque sentia muita falta da família; estava tentando preencher a ausência. Comentou que, quando voltou para casa, retomou a habilidade de ficar sozinha. Ela disse que costumava temer a

---

* Em seu ensaio clássico sobre o estranho, o sociólogo Georg Simmel também observou isso. De acordo com ele, o estranho "muitas vezes recebe a abertura mais surpreendente — confidências que às vezes têm o caráter de um confessionário e que seriam cuidadosamente ocultadas de uma pessoa mais próxima".

morte, mas agora sabe que isso foge ao seu controle — que algo acima de nós, talvez o destino, talvez Deus, está no comando, então não há motivo para se preocupar até que seja preciso se preocupar.

Minha segunda conversa foi com alguém que, desde muito jovem, queria ser uma mulher global, uma cosmopolita culta e que voa livremente. Alguém totalmente vivo. E ela disse que era. Mas então se casou com um finlandês, mudou-se para o país e seu parceiro se recusou a deixá-la aprender o idioma local, na tentativa de controlá-la. Ela está na Finlândia há muitos anos e passou a odiá-la. Acha que o país impede seu desenvolvimento, causa estresse e tem uma mentalidade passivo-agressiva. Disse que ninguém olha ninguém nos olhos, odeia que os habitantes nunca a tenham aceitado totalmente por ser estrangeira, mas também se pergunta se resistiu a ser aceita para manter um pequeno vislumbre de quem era quando sonhava com uma grande vida. Ela disse está indo embora, mas ainda não contou a ninguém. Está lutando para correr atrás da vida que sempre quis. Está com muito medo, mas sabe que isso deve ser feito antes que seja tarde demais.

E, enquanto eles falavam, eu falava. Para mim, o que continuava ressurgindo era um medo que eu nem reconhecia em mim mesmo. Todos nós conversamos sobre crescer — de onde viemos, como nossos pais eram. Isso é inevitável quando se está lidando com grandes questões. Todavia, em ambas as discussões, eu sempre voltava a algo que me incomodava: quando eu era criança, sempre havia pessoas por perto. Família, amigos, amigos dos meus irmãos, dos meus pais. Eu amava isso. Adorava essa constante movimentação. E disse aos meus parceiros de conversa que atualmente estou junto à minha companheira criando minha filha única em um apartamento pequeno. E, embora houvesse pessoas por perto, elas também estão muito ocupadas, como nós, e vê-las sempre envolve fazer planos, muitas vezes com semanas de antecedência. Contei-lhes que a sociabilidade descontrolada da minha juventude — essa porta aberta — é muito mais difícil de alcançar, e me preocupo em estar negligenciando minha filha em algo que, para mim, moldou o que sou. Eu ainda penso nisso, constantemente. E não tenho certeza de que isso teria me ocorrido se eu não tivesse participado dessas conversas.

Também saí com uma visão mais abrangente. Zeldin havia dito que não existe essa coisa de grupo, que todos são diferentes, que todos desejam ser compreendidos e que uma boa conversa desafia a identidade de grupo. Que quando falamos de nações, ou religiões, ou qualquer tipo de reunião em massa de pessoas que supostamente são iguais, praticamos violência contra a complexidade infinita daqueles que nos rodeiam e negamos a nós mesmos a oportunidade de ver o mundo por seus olhos. Eu cheguei ali com uma compreensão fácil, caricatural e unidimensional dos finlandeses. Saí de lá cheio de nuances sobre eles. O lugar mais feliz da terra, ao que parece, tem o medo, o desejo, a humilhação, a esperança e a frustração comuns às nações aparentemente menos felizes. Não posso deixar de pensar que os recém-chegados à Finlândia também gostariam de saber isso, saber que sua pátria adotiva impecavelmente limpa, organizada e bem-educada está sujeita às mesmas emoções humanas turbulentas que eles, à mesma confusão e solidão, até à mesma crise de pertencimento. Talvez, se eles se juntassem, as revelações de uns gerariam as revelações de outros. Talvez seja um bom começo.

No voo para casa, no dia seguinte, eu revisitei uma cópia cheia de orelhas do livro de Zeldin, *Uma História Íntima da Humanidade,* e encontrei duas passagens que negligenciara quando as li pela primeira vez, mas que batem de forma retumbante agora, tendo em vista o que aprendemos. A primeira é sobre hospitalidade:

Uma nova fase da história começa quando... a hospitalidade antiga e simples é seguida por uma hospitalidade mais profunda... Isso acontece quando as pessoas se tornam receptivas a ideias estranhas, a opiniões que nunca ouviram antes, a tradições que lhes parecem totalmente estranhas e quando os encontros com o desconhecido modificam sua visão de si mesmas... Esta é uma hospitalidade mais profunda, porque não é apenas polidez, mas envolve admitir novas ideias e emoções temporariamente na mente.

A segunda fala sobre o vício contagioso de nosso velho amigo, transformando-a em uma boa metáfora para o que acontece quando nos esforçamos para falar com estranhos:

A descoberta de como funciona o sistema imunológico mostrou que cada indivíduo está incessantemente construindo resistência ao mundo exterior hostil e que cada um tem que fazer isso tanto de forma independente quanto em conjunto com os outros. Já está claro que todos precisam de pequenas doses de corpos estranhos e que, para sobreviver lado a lado com os outros, é preciso absorver uma minúscula parte deles. É impossível isolar-se ou destruir os inimigos para sempre. A curiosidade pelos outros já não pode ser considerada um luxo ou uma distração: é indispensável à existência.

Como Falar com Estranhos

Ok, Então Quando É *Permitido* Falar com Estranhos?

Aprendemos que, apesar das normas sociais totalmente contrárias a falar com estranhos e dos efeitos sufocantes da tecnologia e da desigualdade de renda, há momentos em que é totalmente permitido falar com estranhos, inclusive na ocorrência de um grande desastre — ou quando um mímico aparece.

Já mencionei o fenômeno da capacidade de atrair magicamente os estranhos — quando você adquire o hábito de falar com as pessoas, elas simplesmente começam a falar com você. Ben Mathes, do Urban Confessional, declarou que, uma vez que começou a ouvir livremente, as pessoas começaram a se aproximar dele e falar. Georgie e Uli me disseram a mesma coisa. E, com o tempo, seguindo com minha prática, também comecei a vivenciar isso. Um dia, depois de uma conversa acalorada com uma jovem sem-teto — vamos conhecê-la em breve —, decidi dar uma caminhada para processar a experiência. Como costuma acontecer, me empolguei e acabei andando 38 quarteirões em direção ao sul, chegando no meu espaço público favorito em Nova York: o Washington Square Park.

Enquanto passava pelo parque naquele dia, avistei um jovem sentado em uma mesa dobrável com uma placa dizendo: "Aonde você está indo?" Sentei-me à mesa e conversamos um pouco. Seu nome era Judah

Berger. Ele tinha 23 anos e tinha acabado de começar esse experimento — segundo ele, por um capricho, mas estava indo bem. As pessoas se sentavam e conversavam — sobre qualquer coisa. Ele as deixava assumir a liderança e as incitava com perguntas abertas enquanto o assunto se desenvolvia, ou simplesmente lhes pedia conselhos de vida. Depois, anotava no caderno qualquer coisa sábia ou útil que lhe dissessem. Ele me assegurou que não era um desafio de mídia social nem nada disso. O jovem não tinha ambições maiores a respeito disso, de verdade; estava apenas interessado nas pessoas e sentia que tinha habilidade para ter esse contato. "Não estou tentando dizer que sou especial, mas as pessoas sempre me dizem que consigo falar até com uma parede. Então, decidi colocar isso em prática", afirmou.

Duas semanas depois, encontrei Berger para tomar um café. Ele é amigável, enérgico, engajado e curioso. Ele me contou que se mudou para a cidade de Nova York há um ano, depois de se formar na Binghamton University, no interior do estado de Nova York. A princípio, trabalhou como recrutador de profissionais de tecnologia, mas o negócio não era para ele, então saiu para procurar outra atividade. Ele se sentiu um pouco preso, frustrado. "Estamos na cidade de Nova York, que é o ápice da civilização ocidental atualmente", comentou ele (isso foi antes da pandemia). "É Roma no apogeu do Império Romano. A história verá essa cidade como o local onde tudo acontecia. E senti que não estava conhecendo pessoas suficientes."

Ele cresceu em uma comunidade judaica pequena e homogênea no estado da Geórgia e não tinha muitos contatos na cidade. Uma noite, pensou: *E se eu simplesmente sentar, conversar com as pessoas e ver o que acontece?* Separou uma mesa, algumas cadeiras, preparou duas placas que alternaria na rua — uma com os dizeres "Aonde você está indo?" e outra com "Onde Você Esteve?" — e montou um estande no Washington Square Park. "Quando contei aos meus pais, a resposta foi: *'Quê?'* Ficaram muito confusos", revelou ele. Sua mãe temia que o filho estivesse se colocando em perigo ao encorajar que estranhos viessem falar com ele.

Berger diz que, quando era criança, sempre foi muito curioso e um pouco intenso. Ele ia à biblioteca, pegava trinta livros emprestado e então os devolvia um mês depois, pegando mais trinta. À medida que foi ficando mais velho, essa curiosidade começou a se estender a outras pessoas. Quando foi para a faculdade, Berger escolheu um lugar que o deixaria distante de seus amigos do colégio. Havia muitos estudantes judeus, mas de origens diferentes, além de muitos outros tipos de pessoas. Sendo sulista, ele se destacou.

Nas palavras de Berger: "Acho que algumas pessoas perceberam que eu tinha uma origem diferente, mas com o tempo aprendi a falar com as pessoas." Ele se tornou "o garoto da Geórgia", do que passou a gostar. "Eu meio que me orgulhava disso", afirmou ele. A simpatia e curiosidade de sulista o ajudaram a conhecer pessoas novas e diferentes. "A faculdade me tornou aberto ao mundo", disse ele. Depois disso, se mudou para a cidade de Nova York. "Algumas pessoas ficam muito felizes por estarem em uma comunidade pequena, isolada e apoiadora, que obviamente tem prós, mas também contras, pois sempre fui muito curioso", revelou.

Quando Berger armou a mesa e as cadeiras pela primeira vez no parque, sua maior preocupação era que ninguém se sentasse. "Eu descobri bem rápido que meus medos eram infundados", falou, rindo. Às vezes, o jovem tentava fazer anotações em uma conversa e outra pessoa chegava, e outro papo começava. Às vezes, as pessoas começam a falar com Berger quando ele está no meio de outra conversa, e ele simplesmente segue em frente. "Uma vez, eu estava conversando com um aluno, outra pessoa se aproximou e eles começaram a conversar. Depois acabaram indo embora juntos, continuando a conversa", contou.

Ele me disse que fica sentado por cinco ou seis horas seguidas e que está ocupado em 90% desse tempo. "No geral, é uma experiência muito legal. Você tem que aprender rápido a interagir com muitas pessoas diferentes. Cada vez que alguém se aproxima, é uma personalidade completamente nova, uma perspectiva completamente nova, uma origem completamente nova e você tem que encontrar uma maneira de se relacionar com eles de uma forma que não digam: *Ah, dane-se, você é um babaca*. Eles querem ter uma boa experiência, então você tem que ser totalmente positivo."

Às vezes, as pessoas desconfiam. Perguntam se ele cobra para isso ou dizem que apenas está tentando achar uma namorada. Contudo, a pergunta mais comum é *por quê?* "Eu sempre respondo: 'Você acha que é por qual motivo?', e sempre surge uma resposta diferente. Isso faz a bola rolar."

Ele afirmou que é mais fácil conversar com algumas pessoas do que com outras, mas a maioria acaba se abrindo, e a conversa se desenrola. Caso haja um momento de silêncio, ele perguntará: "Se você pudesse me dizer para fazer algo na vida, e eu tivesse minha vida inteira para fazê-lo, o que me aconselharia a fazer?" A genialidade dessa pergunta é ser um pedido de conselho aos interlocutores, o que é lisonjeiro, mas, para dar esse conselho, eles precisam contar a Berger sobre as próprias vidas. Ao fazer isso, têm a chance de falar sobre suas experiências, seus valores, seus passados e talvez suas esperanças para o futuro.

Ele pediu a uma artista que pintava à mão todas as peças de roupa que usava para fazer um desenho em seu caderno. Foi apenas um pequeno rabisco, mas ele me mostrou e disse que "é possível ver claramente que ela tem talento". Uma mulher de sessenta anos insistiu que ele fosse para o Burning Man (um evento alternativo em Nevada). Ele conversou com um jovem diretor de musicais e uma mulher que pratica "dança extática", que lhe disse que ao falarmos de forma positiva com a água, podemos mudar sua composição. "Sempre podemos discordar, é claro, mas você conhece alguns personagens muito interessantes e cheios de nuances", contou ele.

O melhor de tudo é que Berger está expandindo sua rede. Ele disse que seu caderno está se tornando "um atlas", um roteiro para o futuro. Conheceu o prefeito de uma pequena cidade na Inglaterra que o convidou para uma visita, e dois estudantes da Itália que lhe deram uma lista de lugares para onde deveria viajar e o convidaram a ir para a Itália. "Eu descobri um lugar legal para ir na Itália por causa deles. Essas são coisas que provavelmente eu nunca faria por conta própria", revelou ele.

"Você se considera otimista?", perguntei a ele.

"Sim, acho que é difícil fazer algo assim e ser pessimista. Eu acredito na boa vontade da maioria das pessoas. Não acho que seja arriscado. Minha mãe dizia: *Quem vai sentar e conversar com você?* Eu respondia: *A maioria das pessoas é boa.* Estou em um espaço público. Não vou fazer isso às três da manhã em um parque aleatório. Isso não é nem um pouco arriscado, a não ser que você tenha medo de ser rejeitado. É sempre uma boa experiência. E mesmo que consiga falar apenas com cinco ou seis pessoas, são cinco ou seis pessoas com as quais nunca falou antes, e você sairá com uma nova perspectiva", respondeu Berger.

Agora sabemos de todas as coisas que nos impedem de falar com estranhos e algumas coisas que nos incentivam a fazê-lo. Sabemos que ecologia, normas culturais, densidade demográfica, medo, desigualdade de renda, tecnologia e eficiência podem nos manter distantes, e sabemos como as cidades podem conspirar contra conexões espontâneas. No entanto, sabemos também que as cidades exercem uma forte atração sobre os seres humanos há 6 mil anos e que as pessoas se conectam nas cidades e falam com estranhos apenas sob certas circunstâncias.

Então, conforme prosseguimos com nossa jornada aqui, quais *são* essas circunstâncias? Quando é permitido falar com estranhos?

Falamos de Erving Goffman. Ele é o sociólogo que conhecemos no Capítulo 11, que criou o conceito de desatenção civil — a ideia de que muitas vezes evitamos o contato porque estamos sobrecarregados. Goffman também passou muito tempo em campo estudando as circunstâncias em que seria normal falar com um estranho aleatório em um lugar público. Ele descobriu que há uma situação comum em que a norma é suspensa: quando duas pessoas estão olhando para a mesma coisa — seja um acidente de carro, um mímico ou uma estátua. Nessas horas, qualquer um pode falar, "mesmo pessoas de posições sociais extremamente díspares", segundo Goffman. Posteriormente, os planejadores urbanos descreveriam isso como *triangulação*, "o processo pelo qual algum estímulo externo cria uma ligação entre as pessoas e faz com que conversem como se não fossem estranhos".

A triangulação pode surgir de algo agradável, mas não precisa ser assim. As pessoas falam com estranhos no caso de um desastre, o que pode apagar temporariamente as fronteiras raciais, étnicas, ideológicas e de classe. De acordo com Goffman: "Se o desastre for bastante grave, provavelmente todos serão forçados... a uma acessibilidade mútua."* Ainda segundo o pesquisador, se um indivíduo está usando uniforme — um bombeiro ou

---

* Tenho um exemplo pessoal. Voltando de Kentucky com um amigo, não muito tempo atrás, o avião em que eu estava tocou as rodas traseiras na pista e ficou nessa posição, fazendo um ângulo de 45 graus, e então subiu em disparada de volta para o céu novamente, e ninguém deu explicação alguma. Enquanto o pânico consumia os passageiros, a jovem ao meu lado, que não havia dito uma palavra o tempo todo, se virou e disse calmamente: "Então, o que vocês dois estavam fazendo em Louisville?"

padre, por exemplo —, essa pessoa seria uma "pessoa aberta" e acessível à conversa. Pode-se falar com pessoas idosas e muito jovens a qualquer momento, assim como com qualquer pessoa "fantasiada ou praticando um esporte menos sério". (Eu colocaria Judah Berger, o jovem com a mesa, nesta categoria.) Eles "podem ser abordados quase que a qualquer tempo, e pode-se fazer piadas com eles", escreveu Goffman. Se você e o estranho visivelmente forem membros de qualquer grupo minoritário no meio de uma maioria, é possível interagir. Se alguém tropeçar ou deixar algo cair, você pode falar com essa pessoa para oferecer ajuda. E se precisar de um bem público gratuito — informações, saber as horas —, pode falar com qualquer pessoa. Dito isso, embora você possa ocasionalmente perguntar a data, não deve perguntar que dia da semana é, conforme alertou Goffman. Não saber a data é compreensível; não saber o dia da semana sugere que você é um agente do caos, e viola o que o sociólogo diz ser o ideal ao tentar falar com estranhos: "Pronunciar algo e não desdizer que somos sãos."

Além disso, ele constatou que as normas são claras. Há um número finito de situações em que se pode falar com estranhos. É possível falar com operadores de caixa — porém, apenas sobre coisas que dizem respeito à transação em questão. "Você não tem o direito de perguntar a uma vendedora de ingressos [de cinema], sem preâmbulos, se seu cabelo é natural ou não, o que ela pensa sobre sua mãe e uma série de outros assuntos dos quais ela pode lembrar, mas sempre fará isso ao conversar com pessoas íntimas", afirmou ele. "Você pode dizer que está morrendo de vontade de ver o filme e, embora isso possa ser considerado um pouco supersociável, talvez não haja problemas. Todavia, se você escolher o momento de contato com uma vendedora de ingressos para contar de forma direta sobre ter que levar seu carro no dia seguinte para instalar um novo silenciador, isso seria considerado motivo para despertar estranheza." Se estiver em um elevador, é melhor não falar, porque "qualquer troca de olhares por parte dos ocupantes adicionaria quase um toque de lascívia a esse espaço apertadíssimo, no qual todos estão grudados como sardinhas". Dito isso, se o elevador quebrar, você deve falar algo. O incidente gera uma triangulação e um indício de calamidade, e ficar como se você não estivesse compartilhando uma experiência incomum e perturbadora sugere que não se está ciente disso, o que também seria considerado motivo para despertar estranheza.

Sentar perto de um estranho por um longo período — como em um avião ou no vagão de um trem, em uma mesa onde os pares ficam de frente um para o outro — e *não* falar também é motivo para imputar estranheza. "Durante esses tempos difíceis, se o indivíduo optar por não fazer contato, ele pode muito bem ter que encontrar alguma atividade para si mesmo em que possa se tornar visivelmente imerso, a fim de dar aos outros no local uma desculpa muito boa para não dar atenção a eles", afirmou Goffman.

E quanto a lugares específicos? Como podemos achar um bom local para aprimorar nossas habilidades nisso? Por coincidência, as características físicas de um lugar podem determinar se as pessoas se sentirão confortáveis conversando com estranhos. Cynthia Nikitin passou quase três décadas estudando isso, antes de se aposentar em março de 2020, em seu trabalho no Project for Public Spaces (PPS), uma empresa com sede na cidade de Nova York que se especializou em projetar espaços públicos em cidades. A PPS supervisionou a transformação do Bryant Park em Nova York décadas atrás; ele havia ficado tão caótico que, quando os funcionários do PPS começaram a entrevistar os frequentadores do parque, até os traficantes reclamaram que ele estava tão ruim que prejudicava seus negócios. Hoje, o Bryant Park é um modelo do que um espaço público pode ser. Esse tipo de trabalho é chamado de *placemaking,* e, depois da negligência e declínio crônicos das cidades norte-americanas dos anos 1960 aos anos 1980, tornou-se global. "É uma nova forma de governar, planejar e projetar nossas cidades. *Todo mundo* quer isso", afirma Nikitin.

Em que tipo de espaços podemos falar com estranhos? Primeiro, Nikitin cita edifícios públicos. Bibliotecas, por exemplo, são espaços públicos que ajudam a reduzir a tensão quanto às divisões raciais e de classe. "Você sabe que todos têm o direito de estar ali. Não é como se você estivesse nesse lugar porque pode pagar um coquetel artesanal de quinze dólares", disse ela.* Nikitin também cita museus e prefeituras como locais onde as pessoas

---

* Na biblioteca que frequento, vejo isso o tempo todo. Não faz muito tempo, sentei-me ao lado de uma imigrante chinesa e seu filho nascido nos Estados Unidos e dei um breve olá. Dez minutos depois, eles perguntaram se eu poderia ajudar a preencher seu formulário de auxílio financeiro para a faculdade. Respondi com um "é claro", e trabalhamos nisso juntos.

podem conversar, porque cada instituição "está lá para nos servir, o que torna a interação pública mais confortável e segura — porque você está em um ambiente onde isso é regrado". Eu acrescentaria os estádios esportivos profissionais à mesma categoria. As pessoas ficam horas juntas, assistindo à mesma coisa, estão ali pelo mesmo motivo, e de certa forma são do mesmo grupo: torcedores, entusiastas. Todas essas coisas reduzem as barreiras entre nós e nos dão algo para criar um vínculo.

Segundo Nikitin, um bom espaço público *ao ar livre* pode encorajar interações entre estranhos, mas em virtude de uma conjunção de fatores muito mais sutil e complexa. Muito do que o PPS faz é inspirado no trabalho de um homem chamado William Whyte, um ex-jornalista que, no final dos anos 1970 e 1980, começou a entender como os espaços públicos funcionam. Ele descobriu que os locais mais populares tinham algumas características distintas: muitos assentos que, idealmente, podem ser movidos, muita luz solar, árvores para se sentar à sombra, água, comida, proximidade de uma esquina movimentada, um elemento aquático, como uma fonte ou um espelho d'água, e algo para observar. Whyte também constatou que esses locais tinham usos múltiplos. O parque canino fica ao lado do playground, que é ao lado dos banheiros, que ficam perto dos bancos favoritos dos mais velhos, que podem estar perto de uma pequena feira livre, e assim por diante.* Todos esses elementos se combinam para deixar as pessoas confortáveis. "E, quando as pessoas se sentem fisicamente confortáveis, é mais provável que se sintam abertas, seguras e conversem com pessoas que não se parecem com elas", aponta Nikitin.

Elijah Anderson, um sociólogo de Yale, realizou extenso trabalho de campo sobre a capacidade de bons espaços públicos reunirem estranhos,

---

* As feiras de produtores, ao que parece, são especialmente boas para encorajar interações espontâneas. Um estudo de 1981 descobriu que as pessoas eram muito mais propensas a falar umas com as outras em feiras livres do que em supermercados. Isso ocorre porque as pessoas tendem a vir a feiras de produtores com pelo menos um acompanhante, enquanto a maioria dos clientes de supermercados está sozinha, e porque os supermercados são projetados para a eficiência máxima, enquanto as feiras de produtores, não. Em uma feira livre, você é forçado a vagar, a bater pernas. Quando algo chama sua atenção, você provavelmente está comprando diretamente de um fazendeiro, que está mais emocional e financeiramente investido na produção e mais propenso a querer falar sobre isso. Quando um fazendeiro e um cliente estão discutindo a melhor maneira de preparar repolhos, por exemplo, outra pessoa pode ouvir e participar da conversa.

especialmente além das fronteiras raciais. Ele chama esses lugares de *pa-vilhões cosmopolitas*. Ex-morador da Filadélfia, Anderson foi inspirado por locais como o Reading Terminal Market — uma movimentada praça de alimentação — e o Rittenhouse Square — um parque imponente, no cen-tro da cidade.

Anderson mergulhou nesses espaços e descobriu que eles "oferecem uma oportunidade para diversos estranhos se familiarizarem melhor com pessoas que, de outra forma, raramente observariam de perto". Por quê? Eles são públicos, ou seja, igualitários. Todos têm direito de estar lá e, idealmente, todos os demais respeitam esse direito, tratando-os com civili-dade e boa vontade. A desatenção civil é deixada de lado e as pessoas têm a chance de olhar mais diretamente para as outras enquanto vivem suas vi-das. Isso pode mitigar o problema das mentes inferiores e humanizar esses estranhos, outrora abstratos, fomentando a empatia e reduzindo o medo. Lembre-se do que Gillian Sandstrom descobriu quando fez seu estudo de caça ao tesouro: os participantes que tinham a tarefa de apenas olhar para estranhos se sentiam melhor e mais conectados. O mesmo vale para pavi-lhões cosmopolitas. Ver pessoas é bom para nós.

Anderson acredita que, com contato suficiente, as pessoas podem su-perar a ansiedade intergrupal e se tornar mais empáticas e mais capazes de lidar com os desafios de um mundo cada vez mais populoso e diverso. Em suas palavras: "No final das contas, as lições aprendidas sob o pavilhão podem ser levadas para os bairros de toda a cidade." Essas lições não são que somos todos iguais, mas que podemos viver juntos apesar de nossas diferenças, convivendo não como membros de grupos, com identidades culturais fixas, mas como indivíduos. Anderson argumenta que isso não oferece apenas entretenimento e edificação. "Oferece uma vida que não poderia ser vivida anteriormente."

Essas são algumas das regras, os casos em que é considerado normal falar com um estranho em uma cidade. E conhecê-los é útil, porque apresentam algumas áreas nas quais podemos praticar sem medo de nos olharem com zombaria por violarmos uma norma social. Mas também é bom conhecê-los porque nosso objetivo aqui é superá-los, quebrarmos essa norma social. E para quebrar as regras, é preciso conhecê-las.

Já conhecemos a socióloga Lyn Lofland. Ela é uma garota de uma pequena cidade do Alasca que passou a viver na cidade com o zelo de um imigrante, valorizando muito o que chamou de "as aventuras suaves, mas bastante agradáveis" de conversar com estranhos. E, embora documentasse meticulosamente todas as maneiras que as pessoas têm para evitar isso, também observou os dois tipos de pessoas para as quais as regras pareciam nunca se aplicar. Lofland se refere a essas pessoas como *provincianos* e *excêntricos,* e ela os define da seguinte forma:

> Provincianos são pessoas que não sabem se comportar na cidade, mas não sabem disso ou não se importam de não saber. As consequências de sua ignorância costumam ser espantosas. Eles falam com todos os tipos de pessoas e descobrem que todos os tipos de pessoas respondem; fazem amigos rapidamente nos locais mais improváveis e sob as circunstâncias mais improváveis; pedem e recebem assistência em situações em que até mesmo os moradores urbanos qualificados hesitariam. Eles se locomovem pela cidade com confiança, protegidos de perigos e armadilhas pelo simples escudo da ignorância.

"Os excêntricos agem da mesma forma, mas podem saber mais do que deixam transparecer", escreveu ela. No entanto, receberam o mesmo tratamento: "Temos aqui dois aventureiros improváveis… ignorantes ou desatentos aos costumes da cidade. E qual é a recompensa deles? Às vezes, no mínimo, simpatia, proteção, normalização. Os participantes mais ineptos no mundo dos estranhos são, às vezes, seus cidadãos mais bem tratados."

Que esses sejam nossos modelos, à medida que avançamos para o próximo estágio de nossa busca para dominar a conversa com estranhos. Com eles em mente, voltamos para uma sala de aula em Londres.

Capítulo 16

Como Falar com Estranhos

Voltamos a Londres para concluir nosso curso de conversação com estranhos — uma experiência que envolve aprender a ouvir, fazer perguntas, quebrar normas, construir confiança, tomar café de graça e olhar nos olhos uns dos outros por um período de tempo dolorosamente longo até que a mágica aconteça.

Agora estamos fazendo algum progresso. Entendemos como conversar com estranhos contribui para nos tornarmos mais felizes, mais conectados, mais confiantes e menos solitários. E sabemos que, quando tudo vai bem — e geralmente vai —, é porque estamos preparados para isso. Sabemos muito bem o que nos impede de falar com estranhos, mas isso significa que também sabemos o que contornar, contra o que nos proteger. Tudo isso é uma forma de dizer que estamos prontos para aprender a fazer isso.

Isso nos traz de volta a Georgie Nightingall. Nós a conhecemos no início deste livro. Ela é a fundadora do grupo Trigger Conversations em Londres, a mulher que dá aula sobre como falar com estranhos. Entrei em contato com ela por sugestão da psicóloga Gillian Sandstrom. Nesse ponto em minha jornada para conversar bem com estranhos, participei de uma série de conversas em grupo e conversei nas ruas, mas eu queria encontrar alguém que pudesse me ajudar a chegar a outro nível, alguém que realmente entendesse não somente a razão pela qual essas conversas podem ser poderosas, mas como realmente funcionam, quase em um nível molecular. Essa era Georgie, e foi assim que acabei sentado, atordoado pelo jet lag, em uma sala de aula em Londres, com quatro outros alunos, aprendendo a falar com estranhos.

Quando a aula começou, nossa primeira lição foi bater um papo. Muitas pessoas odeiam isso, o que é compreensível, porque esse tipo de conversa, em excesso, pode ser maçante. Uma aluna, Justine, disse que sempre presume que, quando alguém começa a bater papo com ela, é especificamente porque *não* está interessado nela. Estão apenas passando tempo e sendo legais. Concordei com ela. Eu disse à classe que, quando as pessoas me perguntam o que faço para viver, instintivamente tenho vontade de cair no chão e berrar como um animal moribundo até que vão embora. E eu amo o que faço.

Georgie concordou com esse argumento, dizendo que, sim, bater papo pode ser enfadonho. Porém isso ocorre porque a maioria das pessoas não entende para que serve. Não é a conversa em si, é a abertura para uma conversa melhor. É uma maneira de se sentir confortável com o outro e procurar algo que se *quer* falar a respeito. Ela disse que por isso é importante estar ciente de que talvez você se feche quando alguém perguntar "O que você faz da vida?" e seu interlocutor também. Você não está entendendo qual a verdadeira intenção dessa pergunta, que é: "Sobre o que você e eu devemos conversar?"

Georgie chegou a essa conclusão por meio de algumas fontes. Ela já havia feito comédia improvisada no passado e, na improvisação, você tem que abrir uma esquete com algo que seja familiar a todos na plateia, algo relevante, oportuno ou presente na sala, para unir o grupo. Somente então é possível realmente conquistar a adesão do público. Isso é bater papo. Todavia, Georgie também acompanhou o trabalho da antropóloga social Kate Fox, que estudou, por exemplo, o desejo aparentemente inesgotável dos ingleses de discutir o clima. Embora alguns críticos tenham apontado essa afinidade como evidência de um povo apático e sem imaginação, Fox argumentou que o clima não era o ponto. Em vez disso, é uma forma de vínculo social, um ritual de saudação. "O idioma do clima para os ingleses é uma forma de código, desenvolvido para nos ajudar a superar nossa reserva natural e falar de fato com terceiros", escreveu Fox. O conteúdo não é o ponto — familiaridade, conexão e segurança, sim. Uma vez que esses elementos estejam presentes, uma conversa real pode acontecer.

Segundo Georgie, depois que se reconhece que um bate-papo é apenas uma porta para uma conversa melhor, ele pode ser útil, porque é estruturado de uma forma que conduz naturalmente a afinidades. Todos nós já experimentamos como essas conversas, se nos permitirmos, podem mover-se em círculos cada vez mais fechados até que os dois participantes se concentrem em algo em comum e desejem conversar sobre isso.* Essa afinidade age como um pequeno vínculo, um sinal de mero pertencimento, como discutimos anteriormente. Cria um pequeno *nós*. Com isso, você pode passear pelos assuntos, passar para algo pessoal, ir mais fundo. Entretanto, isso depende de você, diz Georgie. "Todo mundo é interessante, mas não cabe aos outros mostrar isso, mas a você descobrir."

A melhor maneira de descobrir coisas interessantes, segundo Georgie, é quebrando o script, ou seja, usar as técnicas do bate-papo, mas resistir à tentação de entrar no piloto automático. Por exemplo, você entra em uma loja e diz: "Como vai?", o balconista responde: "Vou bem, e você?", a conversa não contém mais informações e não leva a lugar algum. Isso é um script. Nós os utilizamos para tornar as interações mais eficientes, especialmente em lugares movimentados, densos e de ritmo veloz, como as grandes cidades. Contudo, ao fazer isso, negamos a nós mesmos a chance de uma experiência melhor e nos isolamos de todos os benefícios que advêm de conversar com estranhos.

Então, como quebrar esses scripts? De acordo com Georgie, com especificidade e surpresa. Por exemplo, quando alguém pergunta "Como vai você?", ela não responde "Bem". Em vez disso, diz: "Eu diria que estou em 7,5 em uma escala de 10." Ela explica brevemente por que se sente

---

* Às vezes, essas afinidades podem ser surpreendentes. Eu tinha dois amigos que, em uma festa no meu apartamento, conversaram uma vez por quinze minutos, descobrindo que ambos eram do mesmo estado, e depois da mesma parte daquele estado, e depois da mesma cidade, e depois da mesma rua, antes de descobrir que um deles *literalmente atirou no irmão do outro com uma espingarda de chumbo*. "Eu odiava aquele garoto", um deles me disse. No entanto, eles se deram bem.

em 7,5, pergunta como *eles estão* indo, e então apenas espera. Lembre-se do conceito de espelhamento: as pessoas seguirão naturalmente o exemplo de seus parceiros de conversa. Se você disser algo genérico, eles responderão da mesma forma. Mas se disser algo específico, é provável que eles também o façam. Assim, como Georgie deu uma nota a si mesma, é provável que seu interlocutor também faça isso. Se eles disserem que estão em um 6, Georgie perguntará: "O que é preciso fazer para chegar a 8?" Essa especificidade cria uma atmosfera leve e dificulta que a outra pessoa mantenha a crença de que você tem uma mente inferior, porque instantaneamente demonstra complexidade, sentimento e humor: humanidade, em outras palavras. "Imediatamente, eles pensam: 'Ah, você é um humano.' Você cria um vínculo, e então, com naturalidade, as portas se abrem", explicou Georgie.

Essa técnica me lembrou de uma interação que tive recentemente enquanto comprava café um dia em minha cidade. Só que dessa vez foi o barista que a usou em mim.

Murmurei: "'Tudo certo contigo'?"

Ele respondeu: "Comigo? Estou excelente. Obrigado por perguntar."

Isso chamou minha atenção!

Perguntei: "Você está sempre excelente? Ou hoje aconteceu algo diferente?"

O barista respondeu: "Eu diria que estou sempre entre ótimo e incrível. É assim que eu vivo. Como você está hoje?"

"Acho que estou ótimo. Você fez esse nível subir. Depois disso, não consigo mais dizer 'Hoje está uma merda'."

Ele riu. "Viu, só?", falou. "É assim que eu faço."

Georgie passou a tratar de algumas outras técnicas para quebrar o script, algumas lúdicas, inspiradas em suas experiências com comédia de improviso. Elas incluem responder à pergunta "Posso ajudá-lo?", feita por um balconista, com "*Eu* posso ajudá-lo?" Ou então, em vez de perguntar às pessoas em uma festa o que elas fazem da vida, pergunte o que elas gostariam de fazer mais ou o que *não* fazem.* Ou ainda, em vez de perguntar a alguém como foi seu dia, pergunte: "O dia correspondeu às suas expectativas?" Georgie disse que tudo isso exige uma certa dose de confiança para ser executado, mas funciona. E, quando colocadas em prática, essas técnicas revelarão uma pequena pepita de ouro: como é ser essa pessoa. E isso é significativo, porque essa pepita é um sinal do que está sob a superfície. "Uma pessoa faz algumas coisas de um jeito, que é igual ao qual ela faz todo o resto", afirmou Georgie. Essa pepita lhe diz para onde levar a conversa em seguida.

Para ilustrar isso, ela perguntou a Nicky — aquele rapaz tímido que cresceu em uma fazenda e sonhava em viajar pelo mundo — o que ele fez no fim de semana passado. Ele respondeu que não fez muita coisa. Então, ele pensou por um momento e disse que fez uma calda. Georgie perguntou por que, e ele respondeu que estava curioso para fazer a calda, então fez. Ela indagou se ele costuma fazer coisas desse tipo, e Nicky disse que provavelmente sim. Pensando sobre isso naquele momento, ele percebeu que também aprendeu a fazer pizza do zero, e ficou muito bom nisso. Georgie disse que, a julgar por isso, Nicky é espontâneo, gosta de experimentar. O rapaz ficou impressionado com isso, dizendo que nunca havia pensado em si mesmo dessa forma. E, leitor, meu coração derreteu na hora.

Depois de estabelecer essa pequena conexão, o que você faz? O que eu normalmente faria é começar a fazer perguntas. E isso faz sentido: estou demonstrando interesse pela outra pessoa e demonstro meu interesse cedendo à minha curiosidade. No entanto, Georgie falou de um paradoxo ao falar com um estranho; a curiosidade é indispensável, mas uma enxurrada de perguntas pode parecer uma intromissão ou um interrogatório, porque a outra pessoa não sabe bem de onde você vem, elas não sabem se você tem alguma intenção desconhecida. Mesmo uma pergunta pessoal feita prematuramente pode criar uma dinâmica desconfortável, porque você não está perguntando algo a alguém, está fazendo uma exigência.

Georgie sugere que uma afirmação, e não uma pergunta, é a melhor maneira de iniciar uma conversa. Uma pergunta exige uma resposta, en-

---

* Um amigo meu é muito bem-sucedido quando pergunta "Qual emprego você gostaria de ter?", em vez de "Com o que você trabalha?"

quanto uma afirmação deixa a decisão de falar ou não para a outra pessoa. Não é uma demanda; é uma oferta. Você percebe algo sobre o ambiente que compartilha, faz uma observação e deixa que a outra parte responda. Se o fizer, você responde com outra afirmação, baseada no que disseram. Esse também é um princípio da comédia improvisada — conhecido como "sim, e aí", em que cada artista acrescenta algo ao que o artista anterior disse e fez. Nesse tipo de ambiente, se um artista afirma: "Estou dirigindo um ônibus" e outro responde: "Por que você está dirigindo um ônibus?", a esquete chegaria ao fim antes mesmo de começar.

Perceba que essas observações não devem ser idiotas — "Reparei que o sol nasceu hoje!" —, mas podem ser simples. Como a conversa sobre o clima na Inglaterra, o objetivo é destacar uma experiência compartilhada. Georgie descobriu que a proximidade também ajuda. Se você está em um museu, caminha até alguém, olha para uma pintura e dispara "O que você acha?", é muito diferente de fazer uma observação sobre uma pintura depois de ficar ao lado dessa pessoa por trinta segundos olhando para o quadro. Porque agora você está próximo dessas pessoas, elas se adaptaram à sua presença, e você — como vimos nos rituais de saudação — demonstrou certa medida de autocontrole. Logo, você pode falar. Não parece mais tão intrusivo. Vocês estão relacionados à pintura. Vocês são um pequeno *nós*.

Entretanto, a verdadeira genialidade da aula de Georgie é sua abordagem para romper as normas sociais contra falar com estranhos. Aprendemos no início deste livro que as normas sociais são um dos maiores obstáculos que enfrentamos nesse esforço. Não falamos com estranhos porque *nós* não falamos com estranhos. Porém, Georgie desenvolveu o que ela chama de método infalível, que envolve não apenas violar a norma, mas também reconhecer abertamente que está violando a norma.

Ela nos pediu que imaginemos viajar de transporte público — que, como sabemos, é o último lugar onde alguém fala com um estranho. Nele, há uma pessoa que nos parece interessante. Não podemos nos voltar para essa pessoa e dizer: "Por que acho você tão interessante?", porque, se algo assim for dito a um estranho no metrô, ele irá supor que é o início de uma cadeia de eventos que terminará com ele sendo cortado em pedacinhos em um porão sombrio.

Georgie sugere uma estratégia chamada *pré-frame*. É uma ideia baseada no campo da PNL, ou programação neurolinguística, que treina as pessoas para "reformular" pensamentos negativos, que neste caso deve redefinir as expectativas das pessoas para a interação que está por vir. Normalmente, podemos ficar desconfiados se um estranho, do nada, começar a falar conosco. Não sabemos quem é ou o que quer, e o fato de estar quebrando uma norma social nos faz questionar se ele tem todos os parafusos. O que um pré-frame faz é tranquilizar o outro de que você tem plena consciência do que está fazendo.

Para montá-lo, você reconhece imediatamente que isso é uma violação de uma norma social. Diga algo como: "Veja, eu sei que não devemos falar com as pessoas no metrô, mas…" Dessa forma, em vez de simplesmente quebrar a norma que proíbe falar com estranhos, você demonstra que tem *consciência* de que a está quebrando, sinalizando que está em plena posse de suas faculdades mentais. Provavelmente não está agindo de modo errático nem está perturbado ou alienado de algum modo. Isso ajuda a aliviar a cautela e abrir a possibilidade de uma conexão. Segundo Georgie, uma vez que isso seja estabelecido você acrescenta uma afirmação ao pré-frame — *Eu gosto muito dos seus óculos de sol,* por exemplo. E então dá uma justificativa: *Acabei de perder o meu e estou procurando um novo par.* A justificativa alivia a suspeita de que você tem algum tipo de intenção desconhecida e permite que você fale um pouco mais abertamente.

É quando as perguntas se tornam mais importantes, apontou Georgie. Elas têm uma infinidade de funções e o ajudam a obter informações. E, sim, em um nível mais profundo, contribuem para que seu parceiro de conversa entenda melhor o que elas pretendem, como vimos na escuta livre. Mas também atuam no nível emocional e auxiliam na relação com outras pessoas. A psicóloga Karen Huang e colaboradores descobriram em uma série de estudos de 2017 que "as pessoas que fazem mais perguntas, especialmente perguntas seguidas no mesmo tema, são mais queridas por seus parceiros de conversa". São percebidas como superiores em capacidade de resposta, que é definida como "escuta, compreensão, validação e cuidado". Em outras palavras, as pessoas gostam de nós porque nos interessamos por elas.

Mesmo assim, os pesquisadores observaram que as pessoas tendem a não fazer muitas perguntas. Por quê? Bom, por várias razões. De acordo com Huang: "Primeiro, as pessoas podem nem pensar em fazer perguntas... porque são egocêntricas — focadas em expressar os próprios pensamentos, sentimentos e crenças com pouco ou nenhum interesse em ouvir o que outra pessoa tem a dizer. Ou podem estar muito distraídas por outros aspectos da conversa, e não percebem que fazer uma pergunta é uma opção." Mesmo que uma pergunta surja na cabeça de alguém, elas podem não verbalizá-la, porque temem que isso soe mal e seja "percebido como rude, impróprio, intrusivo ou incompetente". Nesses casos, as pessoas provavelmente falarão apenas sobre si mesmas, e estudos mostram que isso representa o dobro dos outros assuntos, o que, ironicamente, faz com que as pessoas gostem menos delas. Belo trabalho, pessoal.

No entanto, qual seria uma boa pergunta a se fazer? Georgie nos fez realizar um exercício em que recebemos afirmações banais — do tipo que é comumente feito em conversas triviais —, com a tarefa de fazer boas perguntas. Por exemplo, uma aluna disse que correu pela margem do Rio Tâmisa no dia anterior. Não há quase nada neste mundo menos interessante para mim do que correr, e geralmente eu tomaria isso como minha deixa para começar a planejar minha fuga. Todavia, trabalhando a partir da ideia de que bater papo é o meio, não o fim, a classe faz um brainstorming de boas perguntas a serem feitas que podem levar a algo mais pessoal ou interessante: "Você corre todos os dias?"; "Isso é uma paixão para você?"; "O que você faria se não pudesse correr todos os dias?" Eu sugeri: "Do que você está fugindo?" — foi uma piada, mas a classe pareceu seguir a deixa.*

Isso deve fazer a conversa fluir. Mas e se isso não acontecer? A perspectiva dessa rejeição é, como vimos, um dos medos mais comuns que as pessoas têm ao falar com estranhos. Dessa forma, Georgie passou a discutir a rejeição. Seu grande insight aqui é que há mais de um tipo de rejeição:

---

*Mais tarde, implantei isso em ocasiões sociais e descobri que funcionava muito bem, e levei uma conversa enfadonha a alguns lugares muito interessantes.

há muitos, e a maioria deles nem mesmo é rejeição de fato. Às vezes, as pessoas estão cansadas. Às vezes, ficam confusas, são apanhadas de surpresa ou não o ouvem. Isso não é rejeição, afirmou Georgie. Ela nos alertou que, se estivermos diante de uma pessoa confusa, apenas devemos repetir o que dissemos, de forma mais clara. Se as pessoas reagirem com aborrecimento ou hostilidade, Georgie nos orienta a ir embora.

"São eles, não você. Deixe para lá", aconselhou ela. Se as pessoas parecem na defensiva ou assustadas, no entanto, isso significa que você interpretou mal a situação e deve se desculpar e se afastar. De acordo com Georgie, apenas esta última resposta é uma rejeição verdadeira. As demais têm a ver com o humor da outra pessoa ou derivam da confusão a respeito da quebra de uma norma social. Nesses casos, não presuma que eles não estão falando porque não gostam de você, ou porque é ruim nisso, ou porque é ruim em tudo. "Não deixe que a rejeição reforce uma crença negativa sobre si", sugeriu ela.

Quando as pessoas começam a falar, você precisa ouvir, fazer contato visual e, em geral, mostrar que está engajado. Duas técnicas eficazes a serem usadas para sinalizar engajamento são parafrasear o que as pessoas acabaram de dizer: "Pelo visto você está dizendo que…", e algo chamado *eco*, que é simplesmente repetir coisas que seu parceiro acabou de dizer — ambos são comumente usados por terapeutas e negociadores de reféns para promover a conexão e criar confiança. Por exemplo, se eles afirmarem: "Acho que naquele momento eu estava frustrado", você responde: "Você estava frustrado." Isso parece profundamente esquisito, antinatural e desconfortável, e se você exagerar, seu parceiro pensará que há algo de errado com você. Contudo, estou aqui para atestar que, se fizer direito, é extremamente eficaz. É como um truque de mágica. Pesquisadores também concluíram isso. Segundo os psicólogos franceses Nicolas Guéguen e Angélique Martin, "as pesquisas têm mostrado que esse mimetismo… leva a uma preferência maior em relação ao mimetizador" e ajuda a criar rapport durante uma interação social.

Por todo o fim de semana, nossa classe participou de uma série de exercícios para aprimorar nossas habilidades, porém o mais importante foi entender por que podemos nos sentir desconfortáveis ao falar com estranhos e superar isso. Uma série de exercícios envolve contato visual. Formamos pares e nos olhamos nos olhos por intervalos de tempo cada vez maiores, para entender por que o contato visual pode ser desconfortável, mas também para nos acostumarmos a ele e termos a sensação de conexão que ele pode inspirar. Você se lembra do que Gillian Sandstrom disse sobre perceber que estava sempre olhando para a calçada enquanto caminhava? Sem contato visual, há pouca esperança de uma interação significativa.

A conexão que podemos sentir quando olhamos alguém nos olhos acontece em um âmbito bioquímico. Lembra-se de quando falamos sobre a ocitocina, o hormônio essencial para os laços sociais? Há ampla evidência de que olhar nos olhos de outra pessoa pode estimular a liberação de ocitocina, diz Larry Young, o cientista comportamental que comanda o laboratório de pesquisa em ocitocina na Emory University. "Se você olhar nos olhos de outra pessoa e passar a sensação de que ela tem uma conexão com você, isso pode fazer com que ela libere ocitocina", afirmou ele.[*]

Entretanto, o exercício de contato visual parece esquisito. No início, é difícil não rir de nervoso. Porém, à medida que o repetimos, ficamos mais hábeis. Começa a parecer mais natural. Quando isso aconteceu, fomos instruídos a dizer coisas um ao outro enquanto mantemos contato visual. Uma pessoa falava, a outra olhava, parafraseava e ecoava. Não fizemos perguntas, não oferecemos nenhum insight. Georgie nos pediu para reconhecer como isso pode ser desconfortável para o ouvinte, como pode ser fisicamente desagradável, mas também como pode ser libertador para o locutor simplesmente ter permissão para falar com um público receptivo, como isso pode lhe conceder o espaço para, em algum momento, tatear

---

[*]Isso, reitero, é diferente de olhar fixamente, ou olhar com fúria ou malícia, o que não desencadeia a liberação de ocitocina, mas o gatilho de fuga. Um engenhoso estudo de campo conduzido pela psicóloga e professora de direito norte-americana Phoebe Ellsworth fez com que os experimentadores ficassem nas esquinas das ruas ou ficassem montados em patinetes em cruzamentos, olhassem para os motoristas ou desviassem os olhos. Os experimentadores então cronometraram a rapidez com que os motoristas se afastaram. Os que foram encarados partiram em uma velocidade muito mais significativa.

na direção do que quer que se esteja tentando dizer, e vimos isso na escuta livre. Então me sentei ali, parafraseei e ecoei enquanto Nicky me dizia que queria se aprimorar nas conversas com estranhos para que pudesse ser livre e viajar pelo mundo. Tudo o que fiz foi acenar com a cabeça e ouvir, e repetir a ele as coisas que me disse. Nada mais. Depois, ele confessou: "É bom que alguém entenda seu ponto de origem."

Enquanto trabalhávamos com esses exercícios, Georgie dividiu a escuta em três níveis. Há escuta para coisas que você conhece. Esse é o nível mais superficial. É quando alguém diz algo sobre beisebol e você começa a falar sobre beisebol. Há escuta para obter informações — conseguir dados e fazer perguntas sobre coisas que lhe interessam. Isso também tem mais a ver com você e seus interesses. Todavia, há o nível mais profundo de escuta: ouvir experiências, sentimentos, motivações e valores. Esse tipo é mais do que simplesmente escuta ou autoafirmação. É prestar atenção e se esforçar para entender. É demonstrado com contato visual, eco e paráfrase, e pode ser aprofundado com perguntas esclarecedoras — por quê? como? quem? —, perguntas que ajudam a pessoa a chegar ao cerne da questão.

Em outras palavras, neste nível de escuta, você não está simplesmente ouvindo algo e quer falar sobre isso, nem oferecendo conselhos, nem tentando pensar em algo inteligente para usar como resposta. Não se trata de suas intenções. Trata-se de ajudar seu parceiro a chegar ao que ele quer conversar de fato, e acompanhá-lo nisso. Georgie explicou que você ainda quer falar um pouco sobre si — contribuir um pouco e não deixar a pessoa com a sensação de que você acabou de vasculhar a escrivaninha de sua vida pessoal e fugiu com um relógio sem oferecer nada em troca. Mas você deseja que a maior parte do foco esteja nela. É, novamente, uma forma de hospitalidade. Você está acolhendo alguém. Está renunciando a uma medida de controle. Está dando-lhe espaço. Está correndo um risco. Esse risco o abre para as recompensas potenciais de falar com um estranho.

Durante o almoço e depois da aula, experimentei algumas dessas técnicas em Londres. Descobri que funcionaram muito bem. Tudo bem, sou norte-americano, o que me dá uma certa margem de manobra. Todas as pessoas com quem conversei perguntaram imediatamente: "Você é norte-americano?" Não funciona da mesma forma para meus colegas. Estou perdoado por violar a norma, pois sou um ianque. Os norte-americanos na Europa não sabem agir diferente, o pensamento apenas flui. Somos bastante famosos por isso.

Mesmo assim, tive alguns papos agradáveis. Eles são como pequenas invocações: pegar uma cartola totalmente comum e de alguma forma puxar um coelho. Perguntei a uma bartender de vinte e poucos anos em um pub se o dia atendeu às suas expectativas, e ela confessou sem muita dificuldade que sim. Ela estava prestes a largar seu trabalho diurno. Sentia que lhe venderam uma lorota a respeito das vantagens de uma carreira corporativa comum e disse que vai gastar suas economias e viajar pelo mundo. Disse que ainda não contou isso a ninguém, mas que em breve o fará.

Na manhã seguinte, entrei em um banco para trocar algumas notas e moedas velhas de libras. Um jovem caixa do banco viu meu passaporte e disse: "Nova York. Melhor lá do que aqui." Perguntei por que achava isso — a pergunta esclarecedora. Ele me disse que sonha em ir para Nova York. O rapaz nasceu em Londres, mas odeia a cidade. Ele quer sair, mas tem um medo terrível de avião, e isso o manteve aprisionado.

Era minha chance de oferecer algo, uma afirmação. Disse a ele que em uma ocasião desenvolvi um medo bem forte de avião depois de três voos consecutivos que foram de arrepiar os cabelos. Ele indagou como eu superei isso. Respondi que simplesmente continuei voando. Contei a ele algo que uma psicóloga me disse sobre como superar o medo por meio da exposição e da repetição: "Primeiro você fica a dois metros de distância da aranha, então olha para ela através de um vidro e, por fim, com sorte, estará segurando aquela aranha." O rapaz respondeu que foi bom ouvir isso e pareceu animado, começou a sorrir. Ele trocou meu dinheiro por cédulas e moedas novas. "Aqui está, *exatamente* da maneira que você me deu."

Agradeci a ele. "Ei, espero vê-lo em Nova York."

Ele respondeu: "Eu também espero, senhor. Obrigado."

Naquele dia, pedindo almoço para viagem em um restaurante libanês, perguntei ao proprietário de quais itens do cardápio ele mais se orgulhava — porque era isso que eu iria querer. Ele começou a pegar vários itens e colocar em minha sacola. Eu contei a ele que cresci em um bairro de brancos e, quando era criança, uma família libanesa se mudou para a casa de trás da nossa, e costumava nos presentear com pratos do que na época era uma comida muito exótica. Desde então, a comida libanesa sempre esteve entre as minhas preferidas. Curiosamente, quando comi, pensei em casa. Essa era a minha próxima afirmação. O proprietário me disse que no Líbano esse tipo de hospitalidade é muito importante; as pessoas sempre fazem muita comida para os visitantes. Enquanto ele falava, seguia colocando mais comida na minha sacola. Quando terminou, a sacola pesava quase dois quilos e meio e ele me cobrou aproximadamente um terço do valor.

Outro dia, depois da aula, em mais um exemplo da incrível capacidade de atrair estranhos, encontrei um bando de universitários do lado de fora do museu Tate Britain. Eles se aproximavam de estranhos e os desafiavam a jogar bolas de papel em um barril. Quem conseguisse ganhava um prêmio. Normalmente, quando vejo esse tipo de coisa, os alarmes disparam. Eu suspeito que seja uma pegadinha de mídia social. No entanto, suspendi o julgamento e aceitei. Arremessei e acertei. Um jovem me deu um cisne de origami como troféu. Ficamos conversando por alguns minutos e descobri que eles eram estudantes de arte, e seu professor lhes deu a tarefa para terem uma interação confortável com estranhos, acreditando que isso pode despertar uma inspiração improvável e desenvolver as habilidades sociais que ajudarão os alunos a promover seus trabalhos. Perguntei o que eles acharam disso. Os jovens disseram que foi estranho no início, mas o jogo ajudou a aliviar um pouco a tensão — deu permissão para quebrar uma norma social e fez surgir um assunto. E me contaram que conheceram muitas pessoas interessantes.

No último dia de aula de Georgie, formamos pares e praticamos todas as técnicas que aprendemos. Foi aí que cheguei a uma percepção desconfortável. Sou jornalista há vinte anos, então sei como fazer perguntas. E sei como encontrar o que procuro com relativa rapidez. Se você está em uma situação de entrevista, geralmente tem um tempo finito para extrair algo que os leitores acharão inédito e interessante. E, sim, isso requer uma mistura eticamente questionável de crueldade e empatia bem conhecida por todos os repórteres.

Ou seja, sou um pouco arrogante. Formei um par com Paula — a jovem inteligente que disse anteriormente que se vale tanto de manter uma espécie de *persona* em sua vida pessoal e profissional que seus próprios amigos lhe disseram que não sabem realmente quem ela é. Paula me disse que uma de suas coisas favoritas é preparar um bom café para si mesma nos fins de semana e simplesmente ficar sozinha. Comecei a cavar. Em cerca de quatro jogadas, ela começou a falar sobre como está ressentida por ter que trabalhar para outras pessoas. Perguntei se o motivo pelo qual ela anseia tanto por preparar e tomar café nos fins de semana decorre da necessidade de exercer controle total sobre algum aspecto de sua vida, e ela respondeu que, pensando bem, sim, e que nunca havia pensado nisso dessa forma.

Obviamente, fiquei muito satisfeito comigo mesmo enquanto trotava de volta para Georgie para ganhar minha estrelinha de bom menino. No entanto, ela está menos impressionada. A professora explica delicadamente que, embora "esteja claro que você é uma pessoa que faz perguntas para viver", tudo na minha linguagem corporal sugeria que eu estava procurando algo para dar o bote. Ela disse que fiz perguntas muito rápido. Eu estava inclinado para a frente. Não foi uma conversa; foi uma entrevista. Georgie sugeriu fazer perguntas mais simples e abertas. Em vez de dizer "Você acha que isso aconteceu porque você era maníaca por controle?", apenas faça eco ou pergunte: "Por que você acha isso?" Isso é o oposto do que costumo fazer, mas preciso aprender. Em uma boa conversa, você tem que abrir mão do controle — seu trabalho é ajudar o interlocutor a chegar à própria conclusão e surpreender você, não descobrir qualquer coisa, finalizar o assunto e bradar: *Próximo!*

Mais tarde, naquele dia, fiz a Georgie uma pergunta que muitas pessoas me fizeram quando lhes disse que estava fazendo pesquisas para escrever este livro. Como ela pratica isso sem se sentir insegura? Estou bem ciente de minhas próprias vantagens nessas questões. Afinal, sou um cara branco de quase dois metros de altura. O risco físico potencial de falar com pessoas que não conheço é menor do que seria para uma mulher ou para um membro de um grupo minoritário em um lugar hostil. Indaguei à Georgie como ela vai atrás dessas conexões, sendo jovem, sem atrair um excesso de atenção masculina indesejada. Especialmente se ela costuma ser brincalhona, o que pode ser interpretado como flerte. Georgie responde que geralmente diz às mulheres que, se os sinais estão sendo mal interpretados, elas devem mencionar um parceiro — mesmo que fictício — para esfriar a interação. Ela também diz que evita conversar em lugares onde as pessoas dão em cima umas das outras, como em bares. "Essa é uma área na qual prefiro não praticar tanto", informou ela.

Eu havia feito a mesma pergunta a Polly Akhurst, a cofundadora do Talk to Me — o grupo que estava tentando fazer as pessoas falarem com estranhos em Londres. Ela me disse que essa era uma pergunta frequente. "Algumas pessoas ficaram realmente surpresas por Ann e eu [a outra cofundadora], jovens, com vinte e poucos anos, termos fundado uma iniciativa encorajando as pessoas a falar exatamente por causa disso", respondeu ela, por e-mail. "Para mim, existem algumas regras: sempre fale com as pessoas em espaços públicos, onde há pessoas por perto, à luz do dia. Se um jovem se aproxima de mim na rua enquanto estou caminhando e diz: 'Ei, como vai você?' Não respondo. Porém, na verdade, não penso muito ao puxar conversa com um cara", revelou ela. "Eu não me preocupo se ele está interpretando mal. Houve algumas conversas em que percebi que o cara com quem estava falando pensava que eu estava flertando. Mas esses casos são muito raros. Tento não ser tendenciosa sobre essas coisas, mas às vezes é difícil — você só precisa julgar a situação e o contexto, e pode ser difícil, pois temos ideias preexistentes sobre as pessoas."

Georgie me disse posteriormente que, na verdade, embora homens e mulheres tenham sido representados igualmente em seus eventos, ela costuma ouvir de homens que eles estão preocupados em puxar conversa com mulheres porque não querem dar a entender que estão flertando ou, pior, sendo uma ameaça. Georgie acredita que existe um ponto ideal entre não se esforçar o suficiente e não atrair a atenção da pessoa e se esforçar demais e assustá-la. Seu conselho é ficar no meio: seja amigável — sorria, fale, pratique as técnicas que ela ensinou —, mas também dê espaço às pessoas, não se aproxime por trás, não fique muito próximo a elas e esteja atento à reação delas em todos os momentos. Não há maneira fácil de fazer isso. É apenas questão de aprimorar suas habilidades sociais, e isso dá trabalho.

Ao final do último dia de aula, Georgie nos disse que tudo se resumirá à prática. Três de nós optamos por fazer uma aula prolongada em que Georgie nos daria o dever de casa e falaria conosco semanalmente para discutir nosso progresso. Ela disse que alguns encontros serão ruins, outros serão ótimos, mas com o tempo ficaremos mais confortáveis fazendo isso à medida que internalizamos as técnicas que aprendemos. Seremos capazes de ser um pouco mais ousados ou mais brincalhões. Nossa confiança, tom e linguagem corporal reduzirão a cautela das pessoas diante da flagrante violação de uma norma social de longa data.

Na verdade, Georgie é uma espécie de maga no assunto. Certa vez, ela iniciou uma conversa com um homem no metrô simplesmente apontando para o chapéu dele, sorrindo e dizendo, simplesmente: "Chapéu." Ela disse que cumprimenta com um "toca aqui" pessoas aleatórias na rua. Sorri para as pessoas que vão na direção oposta descendo uma escada rolante só para ver se elas sorriem de volta. Ela não pede um drinque Americano, pede "o melhor Americano do mundo". E as pessoas se engajam. Certo dia, durante um intervalo, entrei na Starbucks do campus para comprar mais café. Georgie já estava lá, conversando animadamente com um barista que ela nunca vira na vida. Quando saímos, ela me disse que o rapaz lhe ofereceu um café por conta da casa.

Capítulo 17

Falando com Estranhos em Campo

Olho as pessoas nos olhos, digo olá e tento iniciar conversas,
apesar do que as regras de engajamento nos dizem.

Ao longo das três semanas seguintes, Georgie Nightingall nos enviou tarefas de casa via WhatsApp. Essas atribuições, que variavam em grau de dificuldade, nos deram a chance de testar nossas novas habilidades em um ambiente real. Ela nos orientou: "É preciso achar tempo para isso, ir para a rua e ser ousado." Na primeira semana, ela nos deu três tarefas. Na primeira, deveríamos fazer contato visual com estranhos e sorrir. Apenas sorrir. Para mim, essa foi a mais difícil de todas. Fui levado a acreditar que olhar para um estranho e sorrir — e *somente* sorrir — geralmente é interpretado como um prelúdio para ser esquartejado, e imagino que as pessoas se afastarão quando eu começar a fazer isso. Porém, fiz, pelo bem da ciência. E, a princípio, não parece estar funcionando. As pessoas desviam o olhar ou nem percebem que se está olhando para elas.

Enviei uma mensagem para Georgie. "Então, digamos que estou me aproximando de alguém, e há somente eu e ela em uma rua vazia. Quando faço contato visual? Isso me ocorreu enquanto mantinha contato visual com um cara a cerca de quinze metros, e isso começou a parecer um tanto ameaçador."

Ela respondeu. "Depende. Eu prefiro iniciar o contato visual quando eles estão um pouco distantes, para que você tenha tempo de interagir à medida que eles se aproximam. Mas não tão longe. É um dilema. O fundamental é seguir com o sorriso após qualquer contato visual para deixar claro que você não é uma ameaça. Tente, talvez, começar o contato em menos de quinze metros!"

Parece justo. Fui para casa e tentei reproduzir o sorriso que exibia nas ruas. Percebi que era o sorriso que geralmente uso quando estou impaciente, com pressa, aborrecido ou as três coisas. Minha esposa se refere a ele como "o sorriso tenso". Minha amiga Julia certa vez o descreveu como malicioso. Então, claramente, eu tive que descobrir uma maneira de mostrar um sorriso humano normal — também conhecido como o *sorriso de Duchenne,* que envolve bochechas e olhos —, não uma mera careta. Pratiquei isso de frente para o espelho, tentando fazer minha boca e meus olhos trabalharem em conjunto para transmitir algum simulacro de calor humano. Não parece natural sorrir assim, sem um estímulo prévio, e acho que me faz parecer louco — tanto que, mesmo na privacidade do meu próprio banheiro, isso me deixa constrangido. Como se eu estivesse preocupado com a possibilidade de um vizinho estar na banheira assistindo a essa palhaçada.

Mesmo assim, fui para a rua e comecei a sorrir para as pessoas. Fazer contato visual é difícil, manter o contato visual é difícil e sorrir é especialmente difícil. Eu me senti completamente exposto. Achei que devia me explicar: *Isso é um exercício! Estou testando algo para meu curso!* No entanto, pelo que posso observar, meu desconforto em me comportar assim em uma rua da cidade se mostra invisível para meus concidadãos. No meu segundo dia, obviamente algumas pessoas pareceram um pouco confusas ou surpresas, mas a maioria sorriu de volta. Aconteceu tantas vezes que meu medo se dissolveu. Em vez de esperar o pior, minhas expectativas se realinharam — elas passaram a refletir a realidade.

E o fato é que as pessoas foram muito receptivas. Eu fazia isso com mais frequência enquanto levava minha filha para a escola e voltava para casa depois, e posso dizer que foi surpreendentemente bom. O mundo parecia menor, mais administrável. Senti-me mais conectado com minha vizinhança e mais confortável em relação aos meus vizinhos. Ainda digo olá todas as manhãs para algumas das pessoas para quem sorri na época.

Vários estudos comprovam minha experiência. Pesquisadores constataram que gostamos mais de pessoas que fazem contato visual do que de quem desvia o olhar. Acreditamos que as pessoas que nos olham nos olhos se interessam por nós e, se falamos, pelo que dizemos. Descobriu-se que o contato visual sinaliza inclusão e consideração positiva, e indica "o grau em que os outros consideram seu relacionamento com o indivíduo como valioso, importante ou próximo".

A falta de contato visual, por outro lado, tem o efeito oposto. Em um estudo do psicólogo James Wirth, participantes que foram colocados em uma situação em que alguém se recusou a fazer contato visual com eles relataram se sentirem deixados no ostracismo e agressivos em relação a essa pessoa, e sofreram uma diminuição da autoestima. Em um estudo de 2012, o psicólogo Eric Wesselmann orientou experimentadores a cruzarem o caminho de alunos de um campus universitário e fizessem contato visual; fizessem contato visual e sorrissem ou não fizessem nenhum contato visual. Apenas 45,4% dos alunos observados notaram, e quem notou relatou se sentir menos desconectado do que os alunos que foram ignorados. Em suma, ao fazer contato visual — repito, contato visual positivo, não encarar com malícia ou fúria —, você está dizendo a alguém que o considera valioso e totalmente humano, e que acredita que ambos compartilham a mesma jornada. E, quando retribuem o olhar, estão indicando a mesma coisa para você. É outra função de uma espécie que, quando se sente segura, busca a conexão naturalmente.

Depois de alguns dias sorrindo, fui mais longe. Comecei a desejar às pessoas um bom-dia ou, se me sentir especialmente desinibido, dizia algo como: "Arrase hoje!" Descobri que esta última forma de contato funciona excepcionalmente bem. As pessoas riem ou me desejam o mesmo. E eu entrei nisso de cabeça. Um dia, disse isso a Bill de Blasio, prefeito da cidade de Nova York. Ele e eu tomamos café na mesma cafeteria todas as manhãs, mas eu nunca havia falado com ele antes. Pensei: é hora de acabar com isso. Disse: "Bom dia, prefeito." Ele respondeu: "Olá." Eu rebati: "Arrase hoje!" Ele sorriu e falou: "Sempre." Isso se transformou em uma série de interações. Em uma delas, falamos sobre uma entrevista que ele dera na noite anterior na Fox News; em outra, ele viu meu boné do Red Sox e começou a falar sobre o jogo. Não tinha nada a acrescentar e, na verdade, fiquei paralisado de medo. Por fim, parado na porta do café, ele exclamou: "Vamos acabar com eles ano que vem!"

Respondi: "Com certeza!", sem saber que a temporada havia acabado.

Um dia entrei no café e meu amigo Craig estava sentado a duas mesas do prefeito.

Cumprimentei: "E aí, Craig."

Ele responde: "E aí, Joe."

Em seguida, disse: "E aí, prefeito."

O prefeito respondeu: "E aí, cara."

Acho que isso está indo bem.

Georgie nos deu mais algumas atribuições "leves" como essa, que considerei embaraçosas a princípio, mas úteis, no final. Uma delas se baseava na ideia budista de *gentileza amorosa*. As pessoas a praticam como uma forma de meditação e funciona como uma série de círculos concêntricos. Começa-se desejando coisas boas para si mesmo e para as pessoas próximas, e gradualmente são desejadas coisas boas para amigos, conhecidos, estranhos e, finalmente, para toda a humanidade. Para muitos, isso pode parecer uma ideia estranha, mas vários estudos demonstraram os benefícios para quem medita. Um deles, de 2016, liderado pelo psicólogo Bert Uchino, da Universidade de Utah, descobriu que seis sessões de meditação da gentileza amorosa reduziram a depressão e a negatividade nos participantes; aumentaram o bem-estar, a satisfação com a vida e a percepção de apoio e conexão sociais; e melhoraram os relacionamentos concretos. Um estudo de 2008, liderado pelo psicólogo Cendri Hutcherson, descobriu que até mesmo poucos minutos de meditação da gentileza amorosa fizeram surgir um senso mais forte de conexão social e positividade em relação a estranhos, sugerindo que "essa técnica facilmente implementada pode ajudar a aumentar as emoções sociais positivas e diminuir o isolamento social".

A versão de Georgie dessa prática envolve olhar para um estranho e desejar em pensamento um ótimo dia a ele. A ideia aqui é que você percebe outra pessoa, reconhece sua humanidade compartilhada, pondera sobre sua vida e pensa algo positivo sobre ela. É uma espécie de treinamento para neutralizar nossa tendência a desumanizar estranhos. Georgie disse que, quando faz isso — ela realmente deseja "o melhor dia de todos" —, se sente mais firme e mais confortável ao se aproximar das pessoas, porque esse momento de reconhecimento humano é como um relacionamento em forma embrionária. Tenho dificuldades com essa parte, porque sempre fico preso refletindo sobre qual seria o melhor dia das pessoas. Seria uma promoção? Ganhar na loteria? Um assalto a banco? Cometer patricídio? Sinto que não tenho informações suficientes para fazer esse julgamento. Então, tentei algo diferente. Apenas os imaginei sorrindo. Imagino que cada pessoa com rosto pétreo que passa por mim passa a abrir um sorriso. Embora esse exercício a princípio pareça bobo para mim, tem certo efeito. Eu também me senti mais calmo, mais firme e mais otimista sobre meus companheiros humanos ao fazer isso.

Georgie enviou mais tarefas. Fomos instruídos a seguir nossa curiosidade e comentar algo que notamos sobre outra pessoa. Ela nos pediu que cometêssemos "atos aleatórios de autenticidade". Quando alguém pergunta como estamos, somos orientados a responder honestamente. Para nos desviarmos do script. Fomos instruídos a iniciar uma conversa com um estranho usando uma afirmação e praticar uma escuta mais profunda das pessoas. "Quando alguém compartilha algo, fique curioso sobre o que certas palavras significam para essa pessoa. Deixe de lado a sua interpretação dos eventos e do significado deles e peça que digam mais", ou apenas ecoe suas palavras. Fiz todas essas coisas nas semanas que se seguem. Deixei meus fones de ouvido em casa; mantive o celular no bolso. Percebi coisas. Falei com pessoas. E, de fato, isso deu certo com muito mais frequência do que falhou.

Inspirado pelo experimento de Gillian Sandstrom no Tate, fui ao Metropolitan Museum de Nova York. Vi um cara olhando para a pintura *Blue Panel II,* de Ellsworth Kelly, uma forma geométrica em um azul profundo. Seguindo o conselho de Georgie sobre proximidade, me aproximei e fiquei ao lado dele por alguns momentos. Ele tirou uma foto da pintura e da placa com as informações do artista. Utilizei um pré-frame: "Posso fazer uma pergunta? O que você gosta nessa obra?"

Um pouco envergonhado, ele diz: "A cor... e é de 1977, o ano em que nasci." Ele disse que é um turista espanhol e, onde quer que vá, visita museus e tira fotos de qualquer coisa de 1977. Digo a ele que nasci em 1977 também, e ele fica contente — é o poder da semelhança mínima em ação. Ele me mostrou dezenas de fotos de obras de arte de 1977 que estavam em seu celular.

Em outra galeria, segui minha curiosidade. Indaguei a um segurança algo que há muito me pergunto. Utilizei novamente um pré-frame. "Posso fazer uma pergunta esquisita?" Ele fica desconfiado, mas assente. "As pessoas chegam a tocar nas pinturas?" Sua resposta é inexpressiva. "O tempo todo. Várias vezes. Todos os dias", disse ele, com um leve sotaque. O vigilante disse que às vezes as pessoas parecem perder a noção e tocam nas pinturas, e às vezes elas simplesmente parecem não saber que não se deve fazer isso. "É por isso que estamos aqui." Ele parece cansado. Lembrei-me de algo que o empresário de tecnologia Paul Ford certa vez argumentou ser a melhor frase de todos os tempos para começar uma conversa: quando alguém lhe diz o que faz para viver, sempre responda: "Isso parece muito difícil", e observe o que acontece. Então arrisquei.

Disse: "Uau, parece um trabalho difícil. Você fica parado aqui o dia todo, mas também precisa estar o tempo todo em alerta."

Ele respondeu: "Exatamente. Temos que estar sempre de olho. Sempre."

"Se não eles vão tocar em todas as obras."

Com isso, ele finalmente cede, e ri. "Sim. Exatamente."

Fiz a mesma pergunta a outro segurança. As pessoas chegam a tocar nas pinturas? Ele responde, irritado: "O tempo todo." Perguntei por que eles fazem isso, e ele retrucou: "Francamente, não me importo. Isso danifica as pinturas. Posso entender o toque em alguma escultura, embora isso também a danifique. Veja as manchas marrons." Indaguei se ele gosta desse trabalho. Ele deu de ombros, mas disse que não deve reclamar. Está cercado de obras-primas, todos os dias. Perguntei se ele nunca fica indiferente à beleza delas, e ele se abre. "Ah, não. Não, não, não, não, não." Afirmou que sempre o transferem e mudam suas funções, para que ele não precise ficar olhando para as mesmas peças todos os dias. Sobre o museu, ele declara: "É uma coisa viva."

Eu afirmei: "Então nada acumula poeira."

Ele me corrigiu: "Acumula *sim*. Mas você sabe o que é a poeira? É pele humana. Pedacinhos de pele humana. Os caras da manutenção me disseram isso."

"Então eu acho que as pessoas tocam as pinturas, quer você goste, quer não."

Ele deu uma risada. "É, acho que sim."

Lá fora, comprei um cachorro-quente em uma carrocinha de rua.

O vendedor, um homem do Oriente Médio, me saudou: "Oi, tudo certo?" E é aqui que costumamos seguir o script: eu diria que estou bem, pediria meu cachorro-quente e pronto. Mas dessa vez tentei me revelar de forma franca.

"Estou meio cansado hoje, para ser honesto. Minha filha me fez ficar acordado metade da noite ontem."

"Quantos anos ela tem?"

"Três."

Ele respondeu: "Três anos é uma boa idade. Ela é comportada?"

"Ela é uma gracinha, mas volátil."

O vendedor rebateu: "Não somos todos?"

A caixa de uma mercearia, uma adolescente negra, me fez a mesma pergunta, e eu respondi da mesma forma. Ela me disse que tem uma irmã mais nova e me tranquilizou. "Isso melhora com o tempo", disse ela, gentilmente. Ela é maravilhosa.

À medida que realizei esse trabalho, também percebi que se pode ajustar a saudação-padrão para quebrar o script, como instruiu Georgie, e fazer as pessoas falarem. "Como você está?" raramente ou nunca extrai uma resposta real. Todavia, algo mais específico, tal como "Como foi seu dia?" funciona um pouco melhor. E minha nova opção — "As pessoas daqui têm se comportado direito?" — funciona muito bem. Isso sempre rende um sorriso conspiratório e às vezes uma história. Certa manhã, no mercado perto do meu apartamento, fiz essa pergunta a uma jovem caixa.

"As pessoas daqui têm se comportado direito?"

Ela suspirou: "A maioria."

Respondi: "Nem todos?"

Sua colega de trabalho entra alegremente na conversa: "Gritaram com ela hoje."

Indaguei: "Gritaram com você? São oito e meia da manhã."

Elas começaram a me contar sobre uma mulher aparentemente normal que grita com eles por causa de qualquer coisa, todos os dias. A primeira mulher disse que nesta manhã foi excepcionalmente ruim. Ela gritou com a caixa primeiro. "Depois ela saiu e gritou com um dos entregadores." Conversamos um pouco mais, enquanto elas contavam mais histórias sobre essa mulher, balançando a cabeça negativamente devido à loucura da situação. Depois, quando peguei minha bolsa para ir embora, uma delas disse: "Obrigada por ser legal."

Esse agradecimento inspira outra ideia. Comecei a agradecer às pessoas com sinceridade. Olhando-os nos olhos e dizendo obrigado. Motoristas de ônibus, pessoas que mantêm a porta aberta enquanto passo, pessoas que me dão algum espaço quando empurro um carrinho de bebê por uma calçada estreita. Não é apenas dizer "obrigado", o que seria seguir um script, é sempre algo mais, como: "Ei, obrigado por fazer isso. Agradeço de verdade." As pessoas parecem surpresas, mas de uma forma agradável. Descobri posteriormente que também há pesquisas sobre isso. Um estudo de 2020, realizado pelo psicólogo Guy Gunaydin com centenas de passageiros na Turquia, descobriu que expressar gratidão a estranhos leva a níveis mais elevados de felicidade e sentimentos mais intensos de bem-estar. E, quanto mais pessoas faziam isso, melhor se sentiam.

Em outro dia, vi um trompetista tocando no parque. Muito habilidoso, parecia um ator de teatro: esguio e bem vestido, de preto. Sempre dou dinheiro para músicos de rua, mas dessa vez parei e conversei com ele depois que ele finalizou sua apresentação. Ele disse que toca trompete há vinte anos, desde criança, e toca há seis anos no Central Park. Começar a tocar em público foi uma experiência humilhante para ele. "Se estiver ruim, os nova-iorquinos irão informá-lo", contou ele. Esse feedback ocasionalmente brutal — que pode variar de crítica artística a abusos verbais — o ajudou a crescer como artista e como pessoa.

"Porque, se eu perder a compostura, já era. Se eu ficar bravo e perder a mão, posso ser preso", explicou. Então ele aprendeu a ler o público, a tocar para eles, a tratar todos como iguais. Ele conta que, se você emitir positividade, receberá positividade de volta. O rapaz tem um sotaque, então perguntei de onde veio, e ele respondeu que é de Gana. Seus pais imigraram para cá a partir do programa de sorteio de vistos. Disse que pensa muito sobre isso, como seria sua vida se não estivesse nos Estados Unidos. Contou que foi lavador de pratos por anos e agora é músico. "Acordo todos os dias e toco trompete", disse ele. Ele é imensamente orgulhoso, imensamente grato. "Trabalhar com *isso? Em Nova York?*"

Certa noite, em um restaurante no centro da cidade, um amigo meu tentou realizar, sem saber de sua existência, a tática do chapéu de Georgie. Lembrando: quando ela apontou para um cara de chapéu no metrô, disse "chapéu", e eles iniciaram uma conversa. Estávamos sentados no canto do balcão do bar, um jovem se aproximou e pediu um espresso martini. "Espresso martini", disse meu amigo, sem rodeios. E isso, digamos, não é dito com uma curiosidade genuína. No entanto, em segundos, o jovem começa a nos contar por que está bebendo um espresso martini: está criando coragem para ir a uma reunião do outro lado da cidade, na qual deixará seu emprego no ramo financeiro. Ele alegou odiar finanças e estar cansado de Nova York. O rapaz comprou um pedacinho de terra no Sul e quer abrir uma cervejaria. Ele nos contou tudo sobre seus planos, terminou seu espresso martini, nos agradeceu pela conversa e saiu em direção ao resto de sua vida.

No grande esquema das coisas, no entanto, esses frutos são bem acessíveis. Realmente, é um desafio iniciar conversas com qualquer estranho no mundo. Porém, essas interações ainda foram um tanto estruturadas — um balconista e um cliente; um músico e uma pessoa da plateia. Elas foram divertidas e surpreendentes, e trouxeram uma sensação boa, mas nossos papéis estavam claramente definidos dentro delas. Quis tentar algo um pouco mais desafiador. Algo completamente desestruturado. E resolvi começar com o tabu supremo: falar com as pessoas no transporte público.

Em um ônibus urbano, sentei-me ao lado de um cara branco mais velho usando uma bandana azul. Uma jovem mãe embarca no ponto seguinte e ergue a bebê para que ela possa ver pela janela. O cara me olha e sorri, depois se vira para a mãe. "É uma bebê linda", disse ele. Concordo. Isso é triangulação, como falamos. Estávamos olhando para a mesma coisa e isso promoveu uma pequena conexão. A mãe está absorta com a filha, então pergunto ao homem se ele tem filhos. Ele me conta que tem um, de 47 anos. Perguntei: "Você tem orgulho de seu filho?" Ele responde: "Claro que tenho, cara. Mas tenho de todos. Eu amo a raça humana. A menos que os alienígenas assumam o comando, eu também os amarei, se não forem canibais!" Eu não esperava essa resposta.

Tive algumas conversas breves no metrô — entrei meio que em um surto de dar boas-vindas a turistas estrangeiros, inspirado por minhas leituras sobre hospitalidade. Se alguém parecia perdido ou estava olhando um mapa, oferecia-me para ajudá-los. Se as pessoas estavam tirando uma selfie, oferecia-me para tirar a foto para elas. Acabei levando alguns turistas belgas até o destino deles. Dei boas-vindas a todas essas pessoas e disse que estava feliz por elas estarem aqui, o que é diferente da minha atitude costumeira em relação aos turistas. Mas isso também é bom, e eles pareceram gostar disso de verdade. Isso me levou a algumas conversas agradáveis e me ajudou a ver minha cidade com outros olhos, e percebi que é algo raro, maravilhoso e às vezes desafiador.

Como Ben Mathes — o fundador da Urban Confessional — afirmou, estou atualmente flexionando minha abertura e anunciando minha acessibilidade e, como resultado, as pessoas simplesmente começam a falar comigo com mais frequência. Uli Beutter Cohen, da Subway Book Review, experimentou o mesmo fenômeno estranho, assim como Georgie. Quando eu disse a ela que isso estava acontecendo comigo, Georgie falou: "Estou feliz que agora outra pessoa está comprovando isso também, porque eu estava conversando sobre essa questão com um amigo. Eu disse: 'De repente, sou a pessoa com quem todos falam em qualquer lugar que eu vá. Eles me param na rua, mesmo quando eu estou com os fones de ouvido, para conversar.'" De acordo com ela, isso não acontecia antes. Comigo também não. Até agora.

Um dia, no metrô, um cara grande, latino, talvez chegando aos trinta anos, usando calça de moletom e um casaco de capuz, vem correndo para o trem 6 e se joga pesadamente em um assento, e senti a capacidade mágica de atrair estranhos. Fui capaz de sentir sua atenção sendo direcionada para mim. É incrível. Sentei-me ao seu lado, que olhou para mim e soltou um breve: "E aí, tudo certo?"

Não respondi apenas com "E aí", porque isso é um script. Tentei algo um pouco mais específico. "Estou bem, e você?"

Ele diz que sim, está. E eu apenas fiquei esperando. Uma morena se levantou para sair do carro e o cara se inclinou para mim. Calmamente, ele me disse que gosta desse "shape". Nesse ponto, fui lentamente ficando cheio de pavor, supondo que o que está por vir será desagradável. Mas também venho treinando para isso. Fiz escuta grátis; completei o curso. Sei que dar a alguém o espaço para falar pode levar a alguns caminhos interessantes. Então eu sufoco meu desconforto e faço eco ao que ele diz.

"Você gosta desse 'shape'", disse eu, baixo o suficiente para que ninguém mais no trem pudesse me ouvir.

"Sim", respondeu ele, e começou a detalhar suas preferências. Revelou que a razão pela qual esse é o "shape" do qual gosta é porque desconfia de qualquer pessoa que pareça "perfeita". Eu corajosamente assenti e mantive contato visual. O homem contou que prefere estrias e celulite porque, segundo ele: "Isso tem significado. Esse é o sinal de que você viveu sua vida."

Eu repeti: "Que você viveu sua vida."

Ele respondeu: "Isso mesmo." E acrescentou que aprendeu isso com sua falecida mãe.

E então a conversa decolou.

Ele afirmou que, quando ela morreu, vários amigos compareceram ao funeral e todos disseram que ela os ensinou a viver. Ela não concordava com tabus, por exemplo. Uma mulher lhe dissera que a mãe dele a havia incentivado a se encontrar com um homem negro por quem ela estava interessada décadas atrás, mas não o fez pois estava preocupada com o que as pessoas diriam. A mãe do homem que dividia assento comigo disse para ela mandar os outros se danarem. Vá em frente! A mulher acatou seu conselho. E ele contou a mim, orgulhoso: "Eles ainda estão casados."

Quando falei algo, fiz perguntas esclarecedoras e recuei. Eu o deixei dizer o que queria, e ele o fez. Conforme as paradas passaram velozmente, ele me conta que sua mãe morava em Porto Rico e fumava tanto quanto a mãe dela. Ele implorou que ela parasse ou acabaria morrendo, mas ela não quis ouvir. Ela desenvolveu enfisema e a doença a envelheceu. Sua mãe começou a fazer cirurgias plásticas para tentar recuperar a aparência jovem, e o resultado o perturbou. Ele mal conseguia reconhecê-la. Isso realmente o deixou mal. Então, o furacão Maria atingiu Porto Rico em 2017 e a matou.

Chegamos à minha parada e eu disse que precisava ir, mas antes disse: "Obrigado por me dizer isso e eu realmente sinto muito por sua mãe." Ele falou seu nome e estendeu a mão. Eu estendi a minha e ele a apertou com firmeza, usando as duas mãos, sem dizer nada. Saí para a plataforma da 59th Street, o trem se afastou e ele se foi.

E há L.* Eu a conheci em um dia ensolarado de verão. Ela estava sentada na 42nd Street, fazendo palavras cruzadas com um copo plástico cheio de moedas à sua frente e algumas aquarelas à venda. Pessoas que não têm onde morar costumam ser invisíveis para quem tem moradia. Esse é um fenômeno conhecido. Estou longe de ser imune a essa forma particular de cegueira. Mas L chamou minha atenção por causa de uma placa que ela havia pendurado, o que afastou o problema das mentes inferiores. Ela continha os dizeres: "Perdi tudo, menos meu sorriso e minha esperança." Então me aproximei e perguntei como ela faz para ter esperança. "Porque eu sei que

---

*Ela me pediu para não usar seu nome, porque não queria que essa parte de sua vida fosse imortalizada.

isso não é para sempre", respondeu. Indaguei se podia lhe pagar um café, e ela assentiu. Fui comprar a bebida, voltei e perguntei sobre sua vida.

L então me explica: "Não sou a pessoa comum que você encontra na rua. Sou educada. Não sou viciada em nada. Então, quando as pessoas falam comigo, percebem que não há diferença entre mim e elas." Normalmente, você pensaria que isso é uma coisa boa. Eles se veem nela. O problema é *justamente esse*. Ou seja, talvez ela seja um lembrete indesejável da precariedade de suas próprias vidas — uma prova de que ninguém está imune a reviravoltas catastróficas e de que o mundo é muito mais complexo do que gostamos de confortavelmente pensar. Ela afirmou: "Isso pode se transformar em medo de uma forma muito rápida, e esse medo se transforma em ódio na mesma velocidade. Porque eu represento a ideia de que qualquer pessoa pode ficar sem-teto. Eu tinha um futuro brilhante até alguns anos atrás, e um encontro casual se transformou nisso."

Criada em Nova Jersey, ela era dançarina quando mais jovem, mas se machucou e, quando se recuperou, um tio-avô comprou para ela um bloco de desenho e algumas canetas para ajudá-la a passar o tempo. Ela fez tudo o que pôde. Inscreveu-se em todas as aulas disponíveis. Foi para a faculdade de belas-artes em Los Angeles e foi aceita na pós-graduação.

Então a espiral descendente começou. Ela voltou para o Leste quando o pai adoeceu de câncer. Ele era jovem e saudável antes, mas morreu rapidamente. Ela não tinha irmãos, nem pais, nem avós, nem outro familiar vivo. Após o funeral, ela se preparava para retornar à Califórnia quando foi assaltada. O assaltante roubou sua identidade, ou no mínimo vendeu sua carteira para alguém que fez isso. Essa pessoa esvaziou a conta bancária dela e arruinou seu crédito. L estava e está presa na rua desde então. "Nem em 1 milhão de anos eu estaria aqui se meu pai ainda estivesse vivo", lamentou-se ela.

Eu indaguei a ela como tem sido viver assim, e ela conta que é horrível. "Eu odeio isso. Odeio." Ela foi estuprada por um homem que a atraiu a um cinema, oferecendo-lhe cem dólares para acompanhá-lo. Ela foi alvo do assédio implacável de um policial que começou a multá-la por um anúncio ilegal — sua placa — jogando seus trocados fora e expulsando-a do lugar onde ela vendia suas pinturas. Ela perdeu meses de renda. Em outra ocasão, um homem a agarrou pelo pé e tentou arrastá-la para o parque — em uma manhã de domingo. Os transeuntes apenas desviavam enquanto ela gritava por socorro.

L me perguntou se já ouvira falar de uma história dos indígenas norte--americanos sobre o cachorro ferido. Respondi que não. E ela acrescentou: "Não sei a lenda exata, mas a ideia é que os melhores e os piores de nós se sentem atraídos para um cão ferido, porque os melhores podem sentir sua dor e querem ajudá-lo, e os piores são atraídos *pela* dor, porque significa que ele está vulnerável e querem machucá-lo ainda mais. Estar aqui é mais ou menos assim. É como se as melhores e as piores pessoas fossem atraídas por você, porque as melhores querem ajudar e as piores querem se aproveitar. E todos os demais ficam à deriva em um oceano."

Ela me contou, rindo, sobre uma mulher velha e aparentemente rica que passa quase todos os dias, bate nela com sua bengala e diz para arrumar um emprego. "E ela é uma velhinha, então se eu disser qualquer coisa ou fizer qualquer coisa, as pessoas gritam comigo por gritar com uma senhora." Perguntei o que ela diria à idosa se tivesse chance. "Eu provavelmente diria: 'Tente me ver como um de seus netos. Se eles estivessem no meu lugar, você gostaria que alguém os tratasse assim?' Não vejo a raiva que as pessoas têm de mim com algo dirigido a mim, como se fosse minha culpa. Sou como uma lata de lixo emocional para as pessoas. Sou uma maneira rápida de descontarem alguma raiva ou angústia da vida."

Mesmo assim, ela ainda tem sua esperança e seu sorriso, como diz a placa. Os estranhos representam as trevas e o medo para ela, mas também servem como motivo para ter esperança. "Tenho pessoas que se esforçam para me ver. Tenho pessoas que me deram seus números de celular e que diariamente perguntam como estou. Certificam-se de que estou bem. Fiz amigos para o resto da vida", conta. Quando o homem tentou arrastá-la para o parque, um gerente do turno da noite de um hotel próximo, que leva café da manhã para ela todos os domingos, saiu correndo, investiu contra o agressor e sentou-se sobre ele até a chegada da polícia. Outro amigo com vínculos políticos ficou sabendo do assédio policial e foi ao gabinete do prefeito prestar queixa. Segundo ela, o policial foi demitido pouco depois.

Ela é cautelosamente otimista. L tem algumas indicações para empregos de ensino de meio expediente. Um advogado cuidou de seu caso *pro bono* para tentar desemaranhar a bagunça que fizeram em seu crédito pessoal. Ela ainda deseja cursar a pós-graduação. Perguntei qual seria seu primeiro grande projeto de arte, saindo dessa vida. Ela respondeu que quer escrever uma graphic novel sobre a experiência na rua. Quer que seja uma história "séria o bastante para passar sua mensagem", mas também que seja engraçada. E ela é uma pessoa muito engraçada.

Para ela: "O humor supera tudo. Se você quer tocar as pessoas, precisa fazê-las rir." Contei a ela que uma vez vi uma carta para o quadrinista irlandês Flann O'Brien lamentando o fato de que as pessoas pensam que é mais fácil ser engraçado do que triste. "Isso resume tudo muito bem. É muito mais difícil rir de tudo do que apenas lamentar. É muito fácil ficar triste. E ninguém quer ficar triste. Essa é a questão. Ninguém quer ver alguém chorando, se autoinsultando e se batendo. As pessoas adoram uma história de redenção. Adoram rir e saber que você está se esforçando", respondeu ela.

Pesquisas nos mostram que, quando falamos com estranhos, isso nos ajuda a nos sentirmos enraizados em nosso mundo, a nos sentirmos melhor em relação às pessoas ao nosso redor e as ajuda a se sentirem melhor em relação a nós. São ótimos motivos para conversar com estranhos, e posso atestar que também os senti quando busquei essas interações. Eu me senti mais calmo e mais seguro; dei mais risadas. Eu sorri. Parte da minha afabilidade era nervosismo; parte estava, sem dúvida, ligada a uma tendência humana que os psicólogos chamam de *autoapresentação positiva*. Pesquisadores descobriram que, quando apresentamos nosso melhor semblante, as pessoas tendem a responder da mesma forma, causando um ciclo. O que começa como uma espécie de pose desencadeia uma resposta emocional real em nossos parceiros, e, quando eles são amigáveis conosco, nos sentimos genuinamente bem. Isso abre caminho para uma interação significativa.

Mas há um benefício mais profundo, mais importante, embora possa ser desagradável de lidar. Quando você fala com um estranho cuja vida é radicalmente diferente da sua, isso o força a enfrentar algumas coisas desagradáveis. Você percebe que, embora habite o mesmo espaço, o mundo deles é muito diferente do seu. Uma rua que para você é familiar, até mesmo encantadora, é repleta de medo e perigo para eles. Anteriormente, falamos sobre o Bryant Park ser um espaço público perfeito. Passei muito tempo lá. Não tenho nada além de lembranças positivas do lugar. Para L, no entanto, era um lugar para o qual um estranho tentou arrastá-la para estuprá-la.

Meu ponto é o seguinte: você não pode esperar ser um bom cidadão, ser uma pessoa moral, se não fizer um esforço para ver que o mundo é um lugar muito diferente para a pessoa sentada ao seu lado. Que os estranhos delas não são necessariamente os seus. E a maneira de entender isso, através das fronteiras sociais, raciais, ideológicas ou qualquer outra fronteira que foi levantada para nos manter separados, é conversar com elas. E isso, como veremos, é um grande desafio.

Capítulo 18

Conversando com *Eles*

Aprendemos por que pode ser muito difícil falar com alguém de outro grupo, o que pode tornar as coisas ainda mais difíceis e o que podemos fazer para superar isso.

Thomas Knox não consegue explicar por que um dia decidiu comprar uma mesa e duas cadeiras e descer até o metrô para montar um estande na plataforma e tentar fazer as pessoas falarem com ele. Apenas fez. "Eu nem sei como foi, cara. É uma pergunta que ouço muito e ainda não sei como responder. Eu sou bom falando com pessoas. Sempre fui, desde criança. Eu gosto de pessoas. Sou fascinado por elas. Por que elas vestem o que vestem? Por que dizem o que dizem? Acho que, se fôssemos melhores ao comunicar o que nos deixa confortáveis ou desconfortáveis, estaríamos em um lugar melhor como sociedade."

Portanto, não é preciso dizer que Knox não tinha de fato um plano sobre como isso funcionaria. "No primeiro dia em que fiz isso, levei um buquê de flores comigo. Eu disse: 'Darei flores para todo mundo — não me importa se for um cara, uma garota, uma criança. Todo mundo ganhará flores.' Sentei-me ali e as pessoas simplesmente falaram comigo." Com o tempo, Thomas adicionou um novo recurso: o jogo de tabuleiro Lig4. Dessa forma, as pessoas podiam agora sentar e conversar, ou jogar, ou fazer o que viesse à mente enquanto esperavam pelo trem. Knox apenas lhes oferecia companhia. Assim que a conversa começava, ele dava tudo de si. Seguiria o diálogo aonde quer que ele fosse. Esse é o seu dom. Segundo ele: "Isso sempre foi moleza. Eu acho que é assim que eu sou. Só fui feito dessa forma."

Perguntei: "Como as coisas costumam acontecer?"

"Todo mundo é único. Algumas pessoas são super-rudes. Dizem: 'Você deve estar bem desesperado.' As pessoas pensam que é sobre mim, ou sobre amor ou intenções românticas. Mas não faço isso em busca de romance. Depois de deixar isso claro, nos tornamos melhores amigos." Ele deu uma risada. "Começam segurando a bolsa contra o peito e quinze minutos depois ela está no chão."

Knox e eu tomamos café juntos no início de 2019 e eu o achei dinâmico, divertido, carismático e com poucos freios. Não é difícil vê-lo desarmar pessoas no metrô. O que não é uma tarefa fácil, levando em conta o que sabemos sobre as regras de decoro no metrô. Ele afirmou que: "De início, todos estamos com a guarda levantada, porque, em nossa criação, fomos ensinados a não falar com estranhos e a ter cuidado, sobretudo em Nova York. Mas estou sempre em modo de exploração. Em cada café que vou, converso com o barista. Todo mundo quer contar uma história pessoal. As pessoas apenas precisam se sentir confortáveis o suficiente para contar a você. E eu consegui romper essa barreira. Dê-me dez minutos com uma pessoa! Talvez eu devesse ter sido psiquiatra, Tracy Morgan me disse isso: 'Você é como um psiquiatra grátis!'"

Como uma criança crescendo em Nova York, Knox estava sempre se metendo em problemas apenas por sair por aí: sair da aula, da escola, ir ao parque. "Eu estava apenas vivendo minha vida, cara", disse ele, mas isso deixava seus pais loucos. Contou que eles costumavam chamar a polícia para procurá-lo, mas acabaram desistindo. Nada poderia detê-lo e, além disso, ele sempre voltava para casa depois. Seus pais eram separados — seu pai morava no Brooklyn e sua mãe, em Staten Island —, e ele alternava entre os bairros. "Se eu tivesse problemas em um eles simplesmente me mandavam para o outro." E riu de novo. "Eu era como Dora, a Aventureira. *Thomas está por aí dando uma de Dora, a Aventureira.* Eu amo isso, cara. Posso ir para qualquer cidade sozinho. Só vou a lugares aos quais ninguém quer ir. Esse é meu estilo. Contanto que eu tenha cem dólares no bolso, eu me viro. Sinto que posso lidar com qualquer situação."

Sua primeira vez no metrô se transformou no que ele chamou de "Date While You Wait" [Encontro enquanto você espera, em tradução livre], seu estande de metrô que em 2015 atraiu ampla cobertura da imprensa. Na época, Knox estava trabalhando na Apple e teve que tirar uma semana de folga para lidar com os milhares de mensagens que recebeu em resposta à cobertura. Elas chegam até hoje. Ele pegou o telefone e me mostrou suas mensagens no Facebook. Pessoas agradecendo por fazer isso, pedindo ajuda. As mensagens não acabam. Desde então, ele faz palestras, aconselha professores, repórteres e atletas sobre comunicação e ministra palestras para crianças em idade escolar sobre a importância da conexão humana.

De acordo com ele: "Algumas pessoas não querem falar com estranhos. E, quando você se sente desconfortável com algo, automaticamente faz disso algo negativo. Mas, se eu puder quebrar essa barreira, o céu é o limite do que você pode descobrir sobre alguém."

O que ele quer descobrir?

Nas palavras de Knox: "Eu apenas fico muito empolgado em conhecer a pessoa. De onde você é? O que fez na sua vida? Por que você ama o que ama, por que odeia o que odeia? Eu sou o tipo de cara que senta com quem odeia negros. Com um racista de verdade. E no fim viramos melhores amigos. Eu me viro e digo: 'Por que você nos odeia, cara? Diga-me por que você nos odeia. Essa pessoa vai dizer: 'Eu não sei, amigo, um cara negro matou minha mãe.' E eu respondo: 'Eu consigo entender isso totalmente. Eu consigo sentir empatia por você. Lamento que tenha passado por isso, e respeito o seu sentimento.' E, ao nos separarmos, respeitamos mutuamente os sentimentos um do outro. Quando existe respeito mútuo, isso é mais do que suficiente. Vocês não precisam virar melhores amigos."

Eu disse que ele parece bastante confiante. E sua resposta foi: "Não tenho medo. Não há ninguém melhor do que eu, mas eu não sou melhor do que ninguém." E essa é a declaração mais essencialmente norte-americana que já ouvi, o que torna Thomas Knox um dos homens mais norte-americanos que já conheci.

Uma das mensagens que Knox recebeu na enxurrada inicial provocada pelo Date While You Wait veio de uma jovem que estava preocupada com seu amigo. Ela relatou que ele era extremamente tímido, um artista, e achava que Knox poderia ajudá-lo. "Respondi 'claro, por que não?' E entrei em contato com ele." Depois de algumas idas e vindas, Knox elaborou um plano-piloto para o rapaz. "Eu o treinei", disse ele, rindo. "Eu disse: 'Treine sua mente para ficar confortável com a rejeição. Se você puder se sentir confortável diante da rejeição, ficará bem. Ninguém poderá detê-lo.'"

A primeira lição foi simples. "Eu disse: 'Todas as manhãs, diga olá para todo mundo. Sem exceção. Eu não me importo com quem seja. Homem, mulher, todos. Faça contato visual e diga bom-dia.'" Ele concordou e foi embora. Uma semana depois, estava se esquivando de Knox. Admitiu que não conseguiu concluir a lição. Knox lhe deu um ultimato: faça o que eu falei ou estou fora. Uma semana depois, eles conversaram novamente. A primeira tarefa fora concluída. "Ele deu uma volta e disse bom-dia a todos", lembrou-se Knox. "Perguntei: 'Como foi?' Ele respondeu: 'Bem, algumas pessoas pensaram que eu era louco; não prestaram atenção em mim. Algumas pessoas acenavam com a cabeça e outras respondiam com bom-dia.' Eu disse: 'Legal. Você fez isso por uma semana. Na semana que vem, diga 'Como vai você?' às pessoas que responderem ao bom-dia. Na semana seguinte, ele me ligou, falando: 'Cara, não posso acreditar que está funcionando. Tive umas três conversas com pessoas aleatórias!'"

Alguns meses depois, encontrei Knox e Francis Hernandez, o jovem em questão, para um café e eles me contaram sobre a experiência. Hernandez, na casa dos vinte anos, é artista plástico e estava em uma fase difícil quando os dois se conheceram há alguns anos. "Durante esse período, não estava trabalhando na minha arte; não estava exercendo minha criatividade nem nada parecido. Eu estava totalmente estagnado. Era isso. A minha estagnação era evidente. E eu pensava: *Merda, estou desesperado.* Sabe como é, quando perdemos a esperança", contou Hernandez. Ele era um garoto introvertido, nascido em Porto Rico e criado no Bronx. "Eu passava muito tempo isolado no meu quarto, era como uma prisão", disse ele. O rapaz nunca gostou das aulas de artes, mas mesmo assim começou a criar peças. "Naquela época eu estava com muita raiva, tipo, *foda-se todo mundo*. Eu passei esse sentimento para uma tela e alguém comprou. Achou que era arte."

"Meu maior problema é que não quero cair no mito do artista introvertido. Passei por um momento depressivo e por outras coisas enquanto crescia. Não quero ser o artista que cortou a orelha, entende? Não quero ser visto como aquele gênio oculto que ninguém conhece até a morte. Quem pode querer uma coisa dessas?", desabafou Hernandez.

"Ninguém!", exclamou Knox.

Hernandez admitiu que, de início, resistiu ao plano de Knox. "Eu me senti um idiota, dizia olá e ninguém respondia nada, então achava que o problema era eu, sabe?" Ele contou que sabia conversar, mas que ficava paralisado ao tentar iniciar um diálogo. Ficava preso aos próprios pensamentos. Então se obrigava a tentar, exagerava a mão e as coisas desandavam. Porém, persistiu e começou a funcionar. Ele prosseguiu: "Tudo começou a se encaixar. Quando você me pedia para fazer os exercícios, eu sabia que era o certo a se fazer."

"Poderia não ser!", retrucou Know.

"Mas tudo pareciam atitudes básicas, simples e humanas. Eram ações muito simples, fáceis, às quais eu resistia. Agora tudo se encaixou, agora sou uma pessoa decente, não mais um ser humano horrível."

"Não acho que você era uma pessoa horrível!", respondeu Knox, e se virou para mim: "Mas posso dizer que, olhando para ele agora, está muito mais confiante. O garoto que conheci tinha cabelo desgrenhado, um ar de *'que se dane, estou apenas existindo'*. Agora ele parece muito mais poderoso, muito mais vibrante."

Perguntei a Hernandez se ele se sentia assim.

"Sim. Porque estou me expondo mais. Especialmente em termos artísticos." Ele relatou que, à medida que foi melhorando a habilidade de se conectar com as pessoas, percebeu que mais pessoas se oferecem para ajudá-lo. Os chefes de seu emprego regular em uma academia se tornaram seus mentores. Sua mãe sempre lhe disse para nunca pedir ajuda a ninguém, então ele nunca pediu. No entanto, agora ele faz isso. "Aprender a pedir ajudar é no que preciso trabalhar agora." Uma amiga — a mesma que o apresentou a Knox — se disponibilizou para ajudar na organização de sua primeira exposição de arte. O apoio que obteve aumentou sua confiança, e isso se traduziu em seu trabalho artístico.

De acordo com ele: "Tudo está conectado, porque a razão de eu não estar em contato com as pessoas foi, em suma, o fato de eu ter me fechado. Pedi às pessoas que se mantivessem afastadas e isso afetou todo o resto."

"Agora as coisas estão se encaixando, começando a se encaixar", complementou Hernandez.

"Você está florescendo, cara. Faça tudo no seu tempo. Sem pressa", respondeu Knox.

"É um pouco desconcertante, pois agora eu tenho muitas pessoas me ajudando sem pedir nada em troca", disse Hernandez.

"A melhor coisa que você pode fazer por mim é continuar a se desenvolver e a encontrar maneiras de libertar sua mente. Eu acho que você se reprime demais. Liberte sua mente, cara. A vida é simples." Um copo quebrou do outro lado da cafeteria e Knox olhou para a cena, dizendo: "Se eu deixar cair um copo, alguém vai limpar. Não é o fim do mundo. É assim que eu vejo as coisas. Isso é o que eu o desafiaria a fazer. Tenha a mente aberta. Tudo vai ficar bem", aconselhou Knox.

Hernandez concordou, acenando com a cabeça. "Vou botar tudo para fora."

Quando nos conhecemos, Knox dividia seu tempo entre Nova York e Filadélfia. Começamos a conversar sobre Nova York. Inspirado por seu otimismo e entusiasmo por estranhos, comentei que considero Nova York muito mais amigável do que as pessoas imaginam. Com certeza mais amigável do que minha cidade natal. Contei a ele que, quando voltei a Boston no Natal, depois de me mudar para Nova York, fui à celebração natalina na casa de um amigo do colégio e me zoaram muito por eu ter me mudado. "Nova York continua chique, Sr. Nova-iorquino?", berrou ele para mim. Respondi que é um lugar onde as pessoas realmente ajudam quando veem alguém com dificuldades para carregar algo pesado pela escada do metrô.

Disse a ele que tenho a sensação de que, se alguém em Boston parasse por causa de alguém tentando carregar um carrinho de bebê pelas escadas, seria na esperança de que caísse. Meu amigo refletiu sobre isso e respondeu: "Quer saber? Você está certo. E sabe o que mais? Se não gosta, *dê o fora!*" E então cumprimentou outro amigo, gabando-se de sua atitude.

Eu me empolguei um pouco ao falar de Nova York com Knox. Comentei que as pessoas são ríspidas, estão sempre com pressa e expressam sua irritação se você estiver no caminho, mas elas prestam atenção nos outros, e gostam de ajudar. Disse a ele que sentia que a única razão pela qual uma aglomeração de 10 milhões de pessoas não se transforma em um caos é a pequena quantidade de esforço despendido por cada pessoa diariamente. Contei a ele que com frequência via pessoas ajudando outras a carregar carrinhos de bebê ou malas. Relatei que quase toda vez que deixo cair alguma coisa, alguém pega e me devolve. O mesmo acontece com minha filha. Comentei que já escorreguei e caí nas calçadas cobertas de gelo pelo menos quatro vezes, e em todas elas estranhos se prontificaram a ajudar a me levantar. Não havia outras gentilezas nem agradecimentos efusivos, mas eles sempre o ajudam a se levantar e seguir seu caminho.

Nesse momento, a expressão no rosto de Knox poderia ser descrita como *educada*. Então parei e perguntei: "Isso não acontece com você?"

"Não", respondeu ele.

Era inverno e decidimos dar um passeio. Enquanto juntávamos nossas coisas, ele percebeu que havia deixado cair alguma coisa. Ele deu meia-volta e viu que seu lenço havia caído no chão e fora inadvertidamente chutado para longe. Ele o pegou do chão e o mostrou a mim. Parecia que estava dizendo: *Viu?*

Thomas Knox é um mestre em falar com estranhos — algo que espero me tornar também. Contudo, eu sou um cara branco, e ele é um homem negro, e estamos nos Estados Unidos, e os estranhos dele nem sempre agem como os meus.

Há outra grande ironia em relação à vida em uma cidade, que realmente se aplica a qualquer lugar que tenha um influxo de imigrantes ou níveis crescentes de diversidade. Em um cenário ideal, a vida entre tipos diferentes de pessoas nos dá a chance de crescer, aprender, expandir e ter acesso a novas ideias e redes sociais. Por exemplo, nas empresas, os pesquisadores conseguiram demonstrar uma conexão entre diversidade e criatividade. Porém, como nosso amigo Uli Beutter Cohen descobriu enquanto comandava a Subway Book Review, o mais importante é que o contato com membros de outros grupos também nos ajuda a entender a vida de modo recíproco, que as nossas realidades não são necessariamente as dos outros, o que é um requisito para uma democracia saudável em uma nação diversa, e o cerne da sabedoria. Como John Stuart Mill afirmou em 1848: "É impossível superestimar o valor... do contato entre pessoas diferentes. Tal comunicação sempre foi — especialmente na época atual — uma das fontes primárias de progresso."

No entanto, a psicologia e a cultura podem conspirar contra esse tipo de conexão — especialmente quando as fronteiras entre as pessoas são solidificadas devido a conflitos, segregação ou preconceito arraigado. Exemplos disso não são difíceis de encontrar. Todavia, vamos analisar a questão étnica dos Estados Unidos, a título de exemplo.

Um estudo de 2017 liderado por John Paul Wilson, da Montclair State University, pediu que participantes norte-americanos não negros comparassem fotos de jovens brancos e negros com a mesma estatura. De forma reiterada, os participantes perceberam os homens negros como sendo maiores, mais musculosos e mais ameaçadores do que os homens brancos. Como resultado, acreditavam que a polícia teria uma justificativa mais plausível para usar a força contra os negros do que contra os brancos. Esse estudo ocorreu após anos de pesquisas que geraram uma série de descobertas relacionadas. Os participantes brancos do estudo foram mais propensos a se lembrar equivocadamente de um homem negro portando uma arma, mais propensos a confundir um objeto comum com uma arma nas mãos de um homem negro. Pessoas brancas também demonstraram estar mais sensíveis a traços de raiva em rostos negros do que em rostos brancos. E são menos capazes de distinguir os rostos dos negros — a menos que exibam uma expressão de raiva.

Isso ajuda a explicar, por exemplo, por que os norte-americanos negros são baleados pela polícia em uma taxa significativamente maior do que os brancos. É por isso que posso dizer sem hesitar a minha filha para correr até um policial se estiver em apuros, embora saiba muito bem que, se meu filho fosse negro, especialmente um menino, eu não faria isso com tanta confiança. Talvez seja também por isso que, no café, ninguém quis pegar o cachecol de Thomas Knox para pendurar no cabideiro da entrada.

Não é surpresa que esse efeito seja intensificado em pessoas que apresentam níveis mais elevados de preconceito. Entretanto, mesmo aqueles que não acreditam ser preconceituosos são capazes de desumanizar estranhos de outros grupos, de percebê-los como pessoas de mentalidade inferior. O escritor negro norte-americano Hanif Abdurraqib descreve de forma brilhante como é esse sentimento: "Hoje, o que mais escuto é que sou bondoso. Ouvi isso com mais frequência de brancos do que de qualquer outra pessoa. Pessoas que não me conhecem muito bem dizem que podem ver uma bondade em meus olhos, ou sentir a bondade que tenho dentro de mim. Eu geralmente dou risada, encolho os ombros com certo desconforto e agradeço. Mas sei que, quando isso vem de pessoas que não estão familiarizadas comigo, o que eles estão realmente elogiando é a ausência do que costumam perceber e que talvez esperassem."

Não obstante, a desumanização vai além da etnia. A história do sexismo é um exercício milenar de desumanização, perfeitamente ilustrada na comédia romântica *Melhor É Impossível,* quando alguém pergunta a um famoso escritor, interpretado por Jack Nicholson, como ele cria personagens femininas tão boas, e ele responde: "Penso em um homem e tiro a razão e a responsabilidade." Isso é desumanização.

Também vemos isso com frequência entre pessoas urbanas e rurais, de modo recíproco. Uma conhecida minha judia do Nordeste dos EUA foi para a faculdade em Oklahoma e foi, sem brincadeira, questionada por uma amigável colega de classe onde estavam seus chifres.* Enquanto isso, qualquer sulista norte-americano que fez faculdade no Norte do país é capaz de dizer como os estudantes de lá ficaram surpresos ao descobrir que, sim, sulistas podem ser inteligentes. "Meu sotaque sulista agora é quase indetectável comparado com quando era criança", escreveu Whet Moser, um sulista nativo que mora em Chicago. "Depois de entrar no ensino su-

---

*Em uma das melhores réplicas que já ouvi, ela sorriu e respondeu: "Eles só aparecem quando estou com raiva".

perior, você aprende rapidamente a usar um sotaque genérico dos estados do Norte."

Novos imigrantes são constantemente submetidos a um tipo semelhante de medo, condescendência e desumanização — comparados a animais ou a vírus, considerados cognitivamente inferiores e incapazes de controlar impulsos primitivos. Em seu registro histórico do nativismo nos Estados Unidos, o historiador John Higham compilou um verdadeiro catálogo de impropérios ditos sobre os imigrantes: "invasão de répteis venenosos", "cabeludos, de olhos ferozes, malcheirosos, ateus, estrangeiros desgraçados e indolentes, que nunca trabalharam honestamente por uma hora de suas vidas", "escória dos infernos do Reno, do Danúbio, do Vístula e do Elba" e "lixo humano e não humano da Europa".

Naquela época, as pessoas se horrorizavam com as atitudes dos alemães. Hoje vemos o mesmo tipo de ataque em muitas nações que experimentaram um influxo de imigrantes e refugiados de fora da Europa. Muitas vezes penso no homem de San Diego que apareceu para protestar contra a chegada de um ônibus cheio de crianças refugiadas na Califórnia alguns anos atrás, expressando toda sua preocupação a um repórter: *"Que tipo de crimes teremos por aqui?"**

Então, sim, temos uma tendência a desumanizar pessoas de diferentes grupos, especialmente quando as culturas reforçam a crença de que elas são de alguma forma deficientes. Diante disso, faz todo sentido que a perspectiva de interagir com eles — especialmente se não tivemos nenhu-

---

* Existem ameaças reais no mundo que ativam essa resposta anti-imigrante, mas o medo, na verdade, não precisa ser atrelado à realidade. Na verdade, ele é mais forte se não for. A historiadora e cientista política Ariane Chebel d'Appollonia demonstrou que o sentimento anti-imigrante não está vinculado ao estado da economia de uma nação, como se poderia pensar, mas é muito mais provável que seja uma resposta a uma ameaça *simbólica* — uma crença de que *elas* representam uma ameaça ao nosso modo de vida, por assim dizer. Isso é causado em parte por uma superestimação crônica da escala da imigração. Os números indicam que em 2006, por exemplo, 12% da população dos Estados Unidos havia nascido fora do país. Mesmo assim, 25% dos norte-americanos participantes da pesquisa acreditam que esse número está perto de 25%, e 28% dos participantes disseram que a taxa era mais alta. Segundo ela, essas "ameaças étnicas percebidas são indiferentes às realidades".

ma interação positiva no passado — possa nos deixar ansiosos. Existe um termo para isso: *ansiedade intergrupal*, e, de acordo com o psicólogo Walter Stephan, que estudou o fenômeno por anos: "[Isso se dá] porque tais interações são frequentemente mais complicadas e difíceis do que as interações com membros do grupo."

Quase todo mundo está sujeito à ansiedade intergrupal em um determinado grau, mas ela é especialmente evidente em pessoas que são preconceituosas, que se identificam fortemente com os próprios grupos, que tiveram pouco contato ou, pior, contato negativo com o outro grupo, e em situações em que há competição ou desequilíbrio em termos de número ou status. Essa ansiedade não se manifesta apenas em um nível psicológico e emocional, mas também físico — descobriu-se que essas interações resultam em hipertensão e níveis altos de cortisol, o hormônio do estresse.

Nesse ponto, sabemos muito sobre o que pode nos impedir de falar com estranhos — desde normas sociais até a velocidade com que caminhamos. Stephan acrescenta mais quatro medos a essa lista: receamos que eles nos machuquem, nos assediem, mintam para nós ou nos contaminem com alguma doença; nos preocupamos em "ser envergonhados, incompreendidos, nos sentir amedrontados, confusos, irritados, frustrados ou incompetentes"; receamos que não gostem de nós, zombem ou nos rejeitem; e receamos que o nosso próprio grupo desaprove essa aproximação. Estudos adicionais ao longo dos anos mostraram que as pessoas relutam em falar com membros de outros grupos porque acreditam que suas diferenças serão intransponíveis, ou porque tudo o que os caracteriza são estereótipos negativos ou, como vimos no Capítulo 2, pensam que o interlocutor simplesmente não está interessado em falar com elas. Essas crenças podem ocorrer independentemente de a pessoa ser membro de um grupo majoritário ou minoritário. Pessoas heterossexuais podem ficar ansiosas em falar com homossexuais e vice-versa; estudos descobriram que o mesmo ocorre entre pessoas brancas e negras e entre norte-americanos e estrangeiros.

É óbvio que pessoas mais preconceituosas evitariam falar com estranhos de grupos dos quais não gostam ou com os quais estão em conflito. Mas, como a perspectiva de falar além dessas fronteiras induz ansiedade mesmo em indivíduos menos abertamente preconceituosos, a ansiedade intergrupal pode fazer com que as pessoas simplesmente evitem umas às outras e prefiram o convívio com o próprio grupo. Vemos isso, certamente, na política. O jornalista Bill Bishop argumentou de forma convincente que a crescente autossegregação nos EUA, algo que ele chama *a grande classificação,* é o principal fator por trás da polarização política. Quando evitamos outros grupos, nunca desenvolvemos uma percepção mais complexa — ou seja, mais precisa — uns dos outros. Nunca chegamos a entender a vida alheia. Isso permite que os estereótipos permaneçam incontestados e o preconceito se prolifere, o que cria um obstáculo significativo para o que os psicólogos chamam de *contato intergrupos,* que é a maneira mais eficaz que conhecemos de aliviar as tensões entre os diferentes grupos. (Voltaremos a isso em breve.)

O que é ainda mais estranho e traiçoeiro, no entanto, é que, embora os níveis históricos de imigração tornem as sociedades mais amistosas e emocionalmente expressivas, um influxo de estranhos de diferentes grupos pode de fato impedir as pessoas de se envolverem até mesmo *com membros de seus próprios grupos.* Pelo menos em curto prazo. Essa foi a infeliz descoberta do grande cientista político Robert Putnam, que constatou, em 2007, que, quando os lugares se tornam mais diversos, as pessoas tendem a se afastar, não apenas dos estranhos, mas também do próprio grupo. Depois de observar que a imigração e a diversidade em longo prazo "provavelmente terão importantes benefícios culturais, econômicos, fiscais e de desenvolvimento", Putnam demonstrou que a diversidade pode fazer com que as pessoas "se retraiam", levando a declínios na confiança, no altruísmo, no envolvimento da comunidade e na quantidade de amigos.

"A diversidade, pelo menos em curto prazo, parece trazer à tona a tartaruga que habita em todos nós", escreveu ele, prosseguindo:

> Nossas descobertas sugerem que a diversidade *não* produz "relações raciais ruins" ou hostilidade de grupo etnicamente definida. Em vez disso, os habitantes de diversas comunidades tendem a se afastar da vida coletiva, a desconfiar dos vizinhos, independentemente da cor de sua pele, a se afastar até mesmo de amigos íntimos, a esperar o pior de sua comunidade e de seus líderes, a se voluntariar menos, a doar menos para a caridade e a trabalhar em projetos comunitários com menos

frequência, a se registrar menos para votar, a incitar por *mais* reformas sociais, mas ter menos fé de que podem realmente fazer a diferença e se amontoar tristemente em frente à televisão... A diversidade parece afetar homens e mulheres na mesma medida, embora haja uma pequena variação entre os diferentes indicadores de sociabilidade. O impacto da diversidade na sociabilidade parece um pouco maior entre os conservadores, mas também é significativo entre os liberais. Esse impacto é definitivamente maior entre os brancos, mas também é visível entre os não brancos.

Nenhum grupo detém o monopólio dessa tendência. Parece afetar homens e mulheres igualmente e, embora os conservadores tenham maior probabilidade de se retrair em meio a níveis maiores de diversidade, os liberais também o fazem.

No entanto, o cientista político Eric Uslaner foi contrário à conclusão de Putnam. Não é a diversidade em si que leva à desconfiança e à alienação, afirmou Uslaner. É a segregação. "Quando as pessoas vivem separadas umas das outras, é improvável que se desenvolvam [os contatos significativos] essenciais para construir confiança e tolerância", escreveu. Essa falta de contato pode diminuir a confiança social não apenas entre os grupos, mas também entre as sociedades. As grandes cidades, e cada vez mais as pequenas cidades, podem ser diversas, mas, se os residentes forem mantidos separados — seja por escolha própria, seja por obrigação de se segregar —, serão capazes de passar grande parte de suas vidas sem encontros significativos com membros de outros grupos. Isso significa que eles permanecerão ansiosos com a perspectiva de falar com eles, então não o farão, suas visões estereotipadas permanecerão intactas, e esses estereótipos serão usados para reforçar a separação. Eles permanecerão estranhos um ao outro e sofrerão, assim como suas sociedades.

Isso parece sombrio, porque, bem, é mesmo. É um problema excepcionalmente complexo. No entanto, a boa notícia (que deve ser compreendida com cautela) é que, caso façamos um esforço para interagir com esses estranhos do grupo externo — positivamente, em vez de "interagir" no contexto de uma gritaria ou guerra civil —, provavelmente será melhor do que esperamos. Vimos no Capítulo 2 como as pessoas tendem a ser extraordinariamente pessimistas quanto à perspectiva de falar com estranhos. Elas têm medo de fazer isso porque acreditam que não dará certo e ficam chocadas e felizes quando tudo corre bem. As pessoas ficam ainda mais pessimistas em relação a falar com um estranho de um grupo diferente.

A psicóloga Robyn Mallett conduziu uma série de experimentos em 2008 para verificar se esses medos se embasavam na realidade. Primeiro, os pesquisadores pediram aos participantes brancos que se imaginassem sentados em um avião ao lado de uma pessoa negra ou branca, e pediram que estimassem "a probabilidade de se sentirem irritados, ressentidos, nervosos, enraivecidos, temerosos, entusiasmados, relaxados, felizes, animados e alegres ao interagir com essa pessoa". Os participantes expressaram muito mais ansiedade em interagir com o companheiro de assento negro. No estudo seguinte, os participantes — a maioria brancos, mas também asiáticos, negros e latinos — foram divididos em dois grupos. Foi solicitado a um grupo, os *analistas,* a imaginar como eles esperavam que uma interação com um membro de um grupo diferente — gênero, raça, orientação sexual, classe etc. — ocorresse em alguns contextos diferentes. À outra metade, os *experimentadores,* foi solicitado falar com os membros do outro grupo e relatar como terminou essa interação. Tudo correu de forma positiva. "Como previsto, os analistas anteciparam que sentiriam mais emoções negativas durante as interações entre os grupos do que os experimentadores relataram sentir", escreveram os autores. Esse resultado foi observado independentemente do sexo ou da raça da pessoa.

O próximo estudo focou as diferenças percebidas e descobriu que tanto os participantes negros quanto os brancos — analistas e experimentadores — esperavam ter pouco em comum com os membros do outro grupo. Uma vez que os participantes realmente conversaram com alguém do outro grupo, no entanto, relataram que tinham coisas em comum e que gostaram da conversa mais do que esperavam. Além disso, os participantes relataram que tinham tanto em comum com a pessoa do outro grupo quanto com um parceiro de conversa do mesmo grupo. "Em muitos casos, as pessoas que se encontram em um avião, sentadas ao lado de um estranho de outro grupo social, imaginam uma viagem longa e incômoda. Nossos dados sugerem que, se eles iniciarem uma conversa com o estranho, a interação será mais agradável do que o previsto", concluem os autores.

Robert Putnam, autor de *Bowling Alone* ["Jogando Boliche Sozinho", em tradução livre], livro extremamente influente, argumentou que, a fim de aliviar os conflitos raciais e étnicos nos Estados Unidos, "a tolerância para com a diferença é apenas o primeiro passo. Para fortalecer identidades compartilhadas, precisamos de mais oportunidades de interação significativa entre as linhas étnicas em locais onde os norte-americanos (novos e velhos) trabalham, aprendem, se divertem e vivem". Em outras palavras, precisamos aprender a falar com esses estranhos, antes que o afastamento e o isolamento se transformem em ódio e violência.

Nos Estados Unidos, um pequeno, mas dedicado grupo de pessoas está tentando corrigir isso, construir pontes entre os grupos. Uma delas é uma brilhante pensadora chamada Danielle Allen.

Danielle Allen é introvertida, mas costuma falar com estranhos. Ela aprendeu isso com os pais. "Fui, de maneiras significativas, criada por pessoas que veem o bem em outros seres humanos e estão sempre abertas para descobrir o que os outros seres humanos têm a oferecer", revelou. E a intelectual aprendeu isso no lugar onde foi criada, no sul da Califórnia. Em suas palavras: "Na cidade em que cresci, você tinha que dizer olá para as pessoas por quem passava na rua, independentemente de conhecê-las ou não. E então fui para a faculdade na Costa Leste, em Princeton, e foi um choque enorme para mim. Lembro que no primeiro ano eu andava pelo campus acenando para todo mundo, cumprimentando a todos e ninguém retribuía. E eu simplesmente não conseguia entender. Que lugar era esse em que fui parar — onde as pessoas nem mesmo reconheciam a presença umas das outras? Tudo começou aí."

Allen é negra, e, quando ela estava em Princeton, havia muito polêmica acerca de questões étnicas. A falta de sociabilidade e o estresse racial a fizeram pensar sobre como funciona a confiança — o que faz as pessoas confiarem nos outros em suas comunidades e o que gera desconfiança? Ela passou a acreditar que o motivo pelo qual a Costa Leste era menos amigável do que a Costa Oeste estava relacionado à idade: a Leste era historicamente mais rígida em questões de cor da pele e classe do que a Califórnia, mais hierárquica. Ela passou a chamar isso de "limites fossilizados de diferença". Isso mantinha as pessoas separadas umas das outras, estranhas. Como Allen lidou com essa frieza social? "Admito que me retraí."

Algumas coisas mudaram isso. Primeiro, ela estudou na Inglaterra. Apesar do que os londrinos acreditam sobre si mesmos, ela achava fácil conversar com todos. "O Reino Unido é uma cultura que gosta de conversar; é muito mais verbal, mais divertida, mais brincalhona. Foi maravilhoso ver um lugar que tem uma cultura longeva que mostra o que a conversa entre estranhos pode fazer", disse ela. E então desembarcou na Universidade de Chicago e começou a estudar as cisões entre a comunidade dentro da universidade e a comunidade ao redor dela: o South Side de Chicago. Segundo ela: "Eu estava literalmente recebendo ordens das pessoas, *não ande aqui, não dirija ali*. E pude sentir algumas de minhas capacidades essenciais se retraindo. Eu podia sentir a atrofia do meu conhecimento social e da minha habilidade de navegar no universo ao meu redor. Então comecei a pensar sobre como o medo [que meus colegas tinham] em relação ao mundo fora da universidade estava na verdade diminuindo suas capacidades intelectuais." O contato com estranhos, como sabemos, pode nos expandir. Eles estavam perdendo isso.

Allen então começou a pensar em "como tirar as pessoas dessa armadilha na qual o medo de estranhos dilapidava suas capacidades intelectuais e também sociais. Isso chamou muito minha atenção para o valor dessas conexões sociais de ponte. O valor é intelectual, humano e emocional. Não que não haja perigo algum em estranhos, mas a questão é que você pode realmente aprender como se preparar, administrar, mitigar e reduzir isso". Essas percepções levaram a um estudo amplamente reconhecido do South Side de Chicago e, em seguida, a um formidável corpo de estudos que lhe rendeu uma cátedra na Universidade de Harvard, uma bolsa MacArthur *genius grant* e renome internacional como uma das maiores pensadoras dos Estados Unidos.

Em seu livro de 2004 *Talking to Strangers: Anxieties of citizenship since Brown v. Board of Education* ["Falar com Estranhos: Ansiedades cidadãs desde o caso Brown v. Comitê de Educação", em tradução livre], Allen abriu um caminho para a diminuição da desconfiança racial nos Estados

Unidos, que estava enraizada na história norte-americana e na filosofia grega e estabelecida em uma estrutura de aprendizagem para falar com estranhos. Ela escreveu: "Converse com um estranho de outro grupo racial, étnico ou de classe e obterá não apenas uma visão melhor, mas também a capacidade de enxergar e compreender partes do mundo que são invisíveis para si mesmo. O conhecimento real do que está além de seu jardim cura o medo, mas só conversando com estranhos podemos obter tal conhecimento." Allen prossegue dizendo que:

> A maioria de nós sente um prazer positivo em viver entre estranhos. Eles são, na maioria das vezes, uma fonte de admiração para nós, e o deslumbramento é (segundo Aristóteles) o início da filosofia. Os estranhos ajudam a alimentar o desejo humano de aprender. A sabedoria sobre o mundo que habitamos hoje normalmente não pode ser obtida por meio de livros, porque eles não podem ser escritos nem lidos em velocidade suficiente. Estranhos são a melhor fonte. Veja o exemplo de Sócrates. Ele deu forma viva à injunção "conhece-te a ti mesmo" ao falar livremente com todos que encontrou, fossem atenienses, fossem estrangeiros. Uma abordagem direta para curar o medo de estranhos seria tentar conversar especialmente com estranhos que vêm de mundos e lugares temidos.

Ela também tem o hábito de falar com estranhos, o que a faz se sentir mais segura em sua vida cotidiana. "Não estou livre de ataques pessoais assustadores, mas agora os estranhos são uma fonte notável de prazer para mim, não de medo. Além disso, são uma fonte de conhecimento empoderadora, que me permite me movimentar livremente pelo mundo e vagar com amplitude. Essa autoconfiança pessoal é uma das grandes recompensas de assumir uma política predominante de falar com estranhos."

Pergunto a Allen o que ela aprendeu com essas interações, qual é sua abordagem e como aumentar a chance de uma conversa ser frutífera, especialmente uma que supere as fronteiras raciais, que, como sabemos, podem ser tensas. "Acho que uma das coisas que aprendi é que conversar com estranhos envolve oferecer um presente. E eu acho que dar um presente significa compartilhar algo sobre você que a pessoa não saberia de outra forma", explicou ela.

Quando ela era criança, tentando se livrar da introversão, Allen pensava que a maneira de iniciar uma conversa era fazendo perguntas. "Eu literalmente criava uma lista de perguntas que poderia tentar usar para falar com as pessoas. Claro, isso apenas faz as pessoas sentirem que estão sendo interrogadas." Ela dá uma risada. "Passei a entender que a questão toda é sobre reciprocidade. Sim, você pergunta às pessoas como elas são e escuta suas respostas, mas também precisa dar algo em troca, precisa compartilhar um pedaço da própria vida, da própria perspectiva ou algo do tipo. E quanto mais confortável você estiver em compartilhar, mais confortável as outras pessoas estarão em compartilhar. Existe uma espécie de relação entre essa prática de oferecer um presente e a aceitação de certo grau de vulnerabilidade mútua. Esse é o ponto de partida para uma interação." Allen disse que, atualmente, falar com estranhos é mais fácil para ela, embora, por ser introvertida, ainda precise de algum tempo sozinha depois de praticar muito essa conduta. Entretanto, o mais importante é que isso a ajudou a se sentir melhor em relação ao mundo, o que não é fácil para alguém que passou a carreira estudando divergências sociais, raciais e políticas. "Gosto mais da humanidade como um todo porque converso com estranhos. Aprendo coisas e fico surpresa com as coisas que recebo das pessoas por causa da minha abertura para elas. Os aspectos positivos superam amplamente os negativos", contou. Tanto que ela espera aumentar a escala disso.

Em 2018, Allen assumiu a copresidência da Commission on the Practice of Democratic Citizenship [Comissão sobre a Prática da Cidadania Democrática, em tradução livre], um grupo bipartidário convocado pela Academia Americana de Artes e Ciências que consiste em algumas das melhores mentes da academia: negócios, direito, setores sem fins lucrativos, tecnologia e política. Seu objetivo é abordar e, se possível, ajudar a reverter, a rápida desintegração da vida cívica norte-americana. Em 2020, a comissão divulgou um relatório ambicioso chamado *Our Common Purpose* ["Nosso Propósito Comum", em tradução livre], que continha um plano de ação de 31 tópicos para reformar nosso sistema de governo, revigorando a participação cívica e unindo os norte-americanos que, no momento, prefeririam viver em planetas diferentes (ou pelo menos preferem que o outro lado viva em um planeta diferente). A comissão realizou cerca de cinquenta eventos de escuta em todo o país e constatou por diversas vezes que, mesmo "nesta era de profunda polarização, os norte-americanos estão famintos por oportunidades de se reunir, deliberar e conversar uns com os outros".

É difícil não ouvir, nessa afirmação, ecos do que encontramos ao longo de nossa pequena busca. As pessoas querem conversar, mas não sabem como. Não sabem aonde ir para fazer isso, talvez. Possivelmente não acham que as outras pessoas estão tão interessadas em falar com estranhos quanto elas. Talvez estejam com medo, ou preocupadas em dizerem algo errado ou de serem rejeitadas ou desprezadas pelo próprio grupo ao confraternizar com o inimigo. De qualquer forma, a comissão propôs a criação de um National Trust for Civic Infrastructure [Fundo Nacional para a Infraestrutura Cívica, em tradução livre], que apoiaria os esforços para reunir pessoas de diferentes origens e convicções, por meio de espaços públicos, programas e eventos. Em essência, estão propondo um esforço nacional para ajudar a aprender de novo a falar com estranhos.

Agora, digamos, hipoteticamente, que eles consigam colocar essas pessoas juntas em um espaço confinado. O que fariam? Que tipo de habilidade lhes ensinariam que permitiria interações de fato, em vez de permanecerem em lados opostos de uma porta de acrílico gritando um com o outro? Como fariam esses ferrenhos sectários se sentirem confortáveis com a mera visão um do outro para que, quando a porta fosse aberta, eles não corressem e dilacerassem uns aos outros, mas em vez disso se tocassem e pulassem alegremente antes de compartilhar uma banana? Ok, posso estar exagerando na metáfora. Porém, como podemos fazer com que estranhos que se odeiam conversem? Para isso, peço a você que se junte a mim em uma última viagem, a St. Louis, Missouri, onde centenas de partidários políticos estão à nossa espera.

Capítulo 19

Como Falar com Estranhos Hostis

Aprendemos como colocar uma camisa de força em nossos chimpanzés e recrutar nossos bonobos internos para começar a conversar com nossos inimigos, em um esforço para curar nossas nações antes que tudo vá de vez para o inferno.

Holly é professora particular para alunos que estudam em casa. Esse não é seu nome verdadeiro. Concordei em não identificá-la porque ela acredita que isso poderia fazê-la perder seu sustento. Ela é uma republicana em uma pequena cidade predominantemente democrata no Sul dos Estados Unidos. No entanto, sua experiência é mais incomum do que o típico caso de deslocamento ideológico, porque metade de seus alunos vem de famílias republicanas e a outra metade, de famílias democratas. "Claro, mantenho a neutralidade total, algo que todo professor deve fazer. Minhas bases políticas, filosóficas ou religiosas são inadequadas para uma sala de aula", disse ela. Mesmo assim, se as famílias democratas descobrirem que Holly é republicana, ela acredita que perderá metade de sua clientela. Algumas das famílias batistas republicanas já a observam com cautela, possivelmente devido à sua recusa em revelar sua filiação partidária. Alguns perguntaram educadamente se ela estaria envolvida com bruxaria, por exemplo (para deixar claro, ela não está).

Tudo isso significa que Holly tem que caminhar em uma linha muito tênue, dia após dia, semana após semana, mês após mês e ano após ano. Sua neutralidade a ajuda a manter a confiança de ambos os lados, o que não é pouca coisa, porque, nos últimos cinco ou seis anos, a professora assistiu consternada enquanto as relações entre os alunos começaram a se desfazer nas trincheiras partidárias. "Percebi uma fusão peculiar entre duas tribos diferentes", contou ela. Segundo ela, durante o horário de aula, os alunos podem ser cordiais, cooperar e dividir o espaço juntos sem incidentes. Porém, fora da escola, não há mais tanto contato. Ela afirmou que esses alunos são amigos desde crianças e estão prestes a se tornar estranhos uns para os outros.

A redução do contato social permitiu que os estereótipos se arraigassem. Os estudantes republicanos pensam que os estudantes democratas são agentes da decadência moral, e os jovens democratas pensam que os republicanos são idiotas e fanáticos por Jesus. Holly me fala sobre um "jovem brilhante" de uma família democrata. Ela estava dando uma aula em uma igreja que alugara, e o garoto não quis pôr os pés no local. "Ele ficou do lado de fora, parecendo desconfortável. E eu o chamei e disse: 'O que está fazendo aí? Você está atrasado. E ele respondeu: 'Não me sinto confortável entrando em uma igreja batista' — como se lá dentro fosse sofrer alguma espécie de possessão, passar por rituais de impostura de mãos e começar a falar em línguas. Ele estava apavorado", relatou.

Holly vê esse distanciamento como o início de um caminho sem volta. Ela se preocupa "com o fato de que, uma vez que consolidarem e solidificarem sua autoidentidade política, não haverá mais mistura ideológica. Haverá *julgamento*". Eles se conhecem há anos, mas estão se distanciando. Ela acredita que os pais são os responsáveis. "Eles são pessoas maravilhosas, em ambos os lados, mas não se misturam. É muito raro ver uma amizade que cruze essas fronteiras ou uma aliança familiar. E eu quero isso para essas crianças. Lamento o fato de elas não vislumbrarem uma vida inteira de alianças", disse ela.

"Então eu vim para a Braver Angels em busca disso", emendou.

Nesse ponto, é flagrantemente óbvio que a polarização política transforma concidadãos em estranhos — tanto no sentido de não se falarem, como da impossibilidade de criarem uma imagem precisa uns dos outros. Uma pesquisa de 2018 publicada no *Journal of Politics* constatou que os republicanos superestimaram em muito a quantidade democratas homossexuais, negros e ateus, e os democratas também superestimaram o número de republicanos idosos, ricos, evangélicos e sulistas. A guerra ideológica oblitera nossa compreensão da complexidade humana, especialmente no momento atual, em que a divergência é tão ampla e os rancores são tão profundos que cada lado não apenas abomina o outro, mas transformou a recusa em interagir com o outro lado em virtude moral, até mesmo um imperativo. Com isso, a polarização começa a se tornar algo muito mais perigoso — o sectarismo. A civilidade passa a ser percebida como condescendência, e a disposição de falar com o outro lado é vista como uma traição aos seus. É o estresse parasita em grande escala. Arriscar o contato com um membro do grupo externo é se expor a uma infecção e disseminá-la para a própria espécie.

Braver Angels é uma organização que visa ensinar republicanos e democratas a literalmente se sentarem na mesma sala e dialogarem. É um atestado deprimente de que, por estarmos tão afastados, a mais básica das nossas capacidades — falar com outro humano — de repente tornou-se difícil de uma forma tão severa que uma organização é obrigada a ensiná-la aos adultos. Mas essa é a situação em que nos encontramos. E agora sabemos por quê. Os humanos costumam ser ambivalentes em relação a estranhos, porém, quando estão sob ameaça, ou mesmo levados a uma simples sensação de ameaça, podemos cerrar fileiras de modo obstinado, anular o contato e desumanizar o outro lado. É a ação da ocitocina. Todavia, lembre-se de que, embora a ocitocina nos ajude a erguer muros, ela também nos ajuda a construir pontes. Quando nos sentimos razoavelmente confortáveis, podemos expandir o *nós*. Criamos maneiras de nos conectarmos com estranhos e ganhamos o poder de cooperar, inovar e compartilhar ideias — o que é, repito, a base da civilização humana.

Essa é a missão dos Braver Angels. Eles tentam ensinar uma habilidade social totalmente rudimentar para o maior número possível de adultos, na esperança de que, uma vez que esses adultos se tornem mais confortáveis na companhia de estranhos políticos, desenvolvam uma compreensão com mais nuances do outro lado, o que pode ajudá-los a encontrar pontos em comum, possivelmente levando a alguns projetos cooperativos de pequeno porte, que esperamos que com o tempo possam pôr em ordem esse cenário sem sentido dos Estados Unidos. Essa meta é, ao mesmo tempo, ridiculamente pequena e impossivelmente ambiciosa. Mas não é a primeira vez que vimos pessoas tentarem algo assim. Seja com rituais de saudação, hospitalidade ou o surgimento da cultura ou religião, os humanos há muito buscam maneiras de conciliar o medo de estranhos e a oportunidade que eles representam e, quando conseguiram fazer isso, eliminaram a estranheza e abriram caminho para a cooperação e o pertencimento em uma escala muito maior.

A Braver Angels é fruto da mente de três homens: dois agentes políticos veteranos, David Blankenhorn e David Lapp, e um renomado terapeuta familiar chamado Bill Doherty. Pouco depois da eleição de 2016, Blankenhorn ligou para Lapp para saber se eles conseguiriam reunir um grupo de dez apoiadores de Hillary Clinton e dez apoiadores de Donald Trump, em uma sala em Ohio, e ver se conseguiriam fazê-los dialogar. Blankenhorn ligou para seu velho amigo Doherty e contou o que tinham em mente, dizendo que queriam que ele descobrisse uma maneira de estruturar a reunião para maximizar a chance de que algo produtivo pudesse ser gerado nela e minimizar a possibilidade de as pessoas gritarem umas com as outras, tal como é a moda atual. Doherty concordou, pensando que a ideia tinha um toque de coragem, e esses homens tentaram encontrar um grupo de guerrilheiros que pudesse se interessar.

O primeiro grupo foi convocado em South Lebanon, Ohio, em dezembro de 2016, para dois dias de workshops. O objetivo não era mudar as opiniões políticas de ninguém — apenas saber se era possível que tivessem uma conversa produtiva. O programa que Doherty havia criado para o encontro consistia em algumas partes. Primeiro, os participantes se revezaram dizendo por que vieram. "A maioria deles disse: 'Temos que gerir uma comunidade aqui — temos que administrar hospitais, construir estradas e fazer as escolas funcionarem. E temos que achar uma maneira de fazer isso, apesar de nossas diferenças'", lembrou Doherty. Em outras palavras, eles estavam sob pressão e precisavam encontrar uma maneira de cooperar.

Depois que isso foi estabelecido, eles tiveram que superar o primeiro grande obstáculo: os estereótipos negativos. Sabemos que os estereótipos podem agravar a ansiedade entre os grupos e impedir que as pessoas falem umas com as outras. Então Doherty separou o que ele chamou de "vermelhos" (republicanos) e "azuis" (democratas) em duas salas e os solicitou que fizessem uma lista dos quatro estereótipos principais que o outro lado imaginava sobre eles. Os republicanos citaram a acusação de que são todos racistas, por exemplo, e os democratas listaram a crítica de que querem que um grande governo resolva todos os problemas. Em seguida, um facilitador fez duas perguntas aos participantes: Primeira: *Qual é a verdade, então?*; segunda: *Existe um fundo de verdade no estereótipo?*

O objetivo desse exercício era confrontar estereótipos negativos imediatamente, mas fazer isso de uma forma que não matasse a conversa antes de ela começar. Se fosse pedido a cada lado que listassem os quatro principais estereótipos sobre o *outro* lado, então pareceria um ataque e muros seriam erguidos. No entanto, ao listar os estereótipos de seus próprios lados, com ambos refutando os pontos e reconhecendo que pode haver alguma verdade ali, os participantes foram capazes de mostrar autoconsciência, moderação, humildade, inteligência e boa-fé. O exercício funcionou como um ritual de saudação. Ambos os lados estavam inicialmente cautelosos, mas, uma vez que esse processo aconteceu, criou-se a confiança de uma humanidade comum e um caminho se abriu. Esse era um passo crucial. "Se as pessoas identificarem os fundos de verdade, bang, o workshop decola", afirmou Doherty.

A dinâmica seguinte foi o "aquário".* Para isso, um grupo sentou-se no meio e o outro sentou-se em círculo ao redor dele. O grupo interno recebeu duas perguntas: *Por que os valores e políticas do seu lado são bons para o país?* e *Quais são suas reservas ou preocupações sobre seu próprio lado?* Eles discutiram as questões entre si, enquanto o grupo externo ouvia, e as posições se inverteram. Ambos os lados foram proibidos de falar sobre o outro ou caracterizar suas crenças. "Não se deve dizer: 'Ao contrário deles, acredi-

---

★ N. da T.: Nos Estados Unidos é comum dizer que o agente político vive em um aquário esférico, observado o tempo todo, sem privacidade. Foi esse sentimento que a dinâmica quis transmitir.

tamos em um governo responsável', porque muitas das falhas que ocorrem na comunicação entre grupos diferentes ocorrem quando as pessoas caracterizam o posicionamento do outro grupo", disse Doherty. À medida que essas discussões aconteciam, cada lado era capaz de observar o outro exibir inteligência, introspecção, autocrítica, dúvida, sinceridade e assim por diante: muitas das características humanas complexas que podemos relutar em atribuir a grupos dos quais não gostamos. Após a sessão, as pessoas formaram pares e perguntaram o que aprenderam sobre o outro lado e se tinham algo em comum com elas.

Em seguida, cada lado teve a chance de fazer perguntas ao outro. Sabemos como as perguntas podem ser importantes ao falar com estranhos. Fazer boas perguntas pode mostrar às pessoas que estamos engajados, fazer com que gostem mais de nós, e ajuda o outro a pensar com mais clareza. Mas, nesse caso, ambos os lados se mostraram péssimos nisso. Eles haviam passado tanto tempo desinteressados quanto ao lado oposto que se esqueceram de como ser curiosos — a *curiosidade* é o primeiro cadáver a ser jogado no rabecão durante os tempos de polarização.

"Não foi bom. As pessoas não sabem fazer essas perguntas", apontou Doherty. De acordo com ele, os participantes estavam mais acostumados a "fazer afirmações". Eles diziam: "O Obamacare é um desastre", ou "Casamento só pode ser entre um homem e uma mulher", o que não estimula um diálogo; ou um vermelho teceria um argumento sobre política ou um azul os chamaria de sexistas ou xenófobos. "Isso simplesmente encerrava a conversa", relatou Doherty.

Então ele separou os grupos novamente e pediu que cada um trabalhasse com um facilitador para apresentar quatro boas perguntas que os ajudariam a compreender a maneira de pensar do outro lado. Em essência, isso os forçou a demonstrar curiosidade sobre os demais. Depois de criarem perguntas melhores, e fazê-las, os participantes foram autorizados a apenas complementá-las com questões pertinentes, que esclarecessem ainda mais sua compreensão da postura do outro lado.

Doherty contou que o exercício das perguntas teve alguns efeitos indesejados. Os entrevistados, tendo recebido boas perguntas sobre os motivos de suas crenças, às vezes percebiam que não tinham um domínio tão sólido do assunto, como pensavam antes. Eles haviam passado muito tempo conversando com quem concordava com eles, e uma preguiça intelectual se abateu sobre essas pessoas. Para eles, os argumentos não serviam para mudar de opinião ou esclarecer pontos, mas para sinalizar a adesão ao grupo. Outros participantes simplesmente perceberam como estavam ineptos até para refletir sobre os posicionamentos dos oponentes. Mas todos praticaram a escuta e a reflexão, e melhoraram nisso.

Doherty estava preocupado com a possibilidade de a primeira sessão sair voando dos trilhos. Todavia, enquanto ele observava, conversas reais ocorreram e amizades foram além das linhas partidárias. Uma dessas amizades envolveu um homem chamado Kouhyar Mostashfi, um engenheiro de software que veio do Irã para os Estados Unidos em 1994 e mora na região de Dayton, Ohio. Mostashfi havia se envolvido na política durante o governo George W. Bush, mas se revoltou com a eleição de Donald Trump. "Isso me fez perder a fé nos republicanos. Eu os via como inimigos do Estado. Essa era minha linha de raciocínio: eu os odeio. Odeio todos eles! Odeio todos os republicanos na minha vizinhança, no meu trabalho. Eu não quero nenhum vínculo com essas pessoas", revelou ele. No entanto, quando um democrata distribuiu um panfleto com um anúncio, que foi a primeira reunião dos Braver Angels (inicialmente chamados de Better Angels), ele ficou intrigado. Mostashfi achava que não havia nada que pudessem fazer para mudar sua mente e não esperava que qualquer coisa que dissessem fizesse o mínimo sentido. Mesmo assim, ficou curioso. "Eu quis de fato conhecer essas pessoas. É como quando você está assistindo a filmes de ficção científica, vê o alienígena e fica interessado em observar como eles se comportaram na tela. Essa foi a minha motivação real", contou ele.

Essa reunião inicial trouxe algumas surpresas para Mostashfi. Os guerrilheiros do outro lado eram mais complexos do que ele pensava. Um dos vermelhos era um cristão evangélico que acreditava que a homossexualidade era um pecado, mas que também cuidou de seu irmão gay em estado terminal. O homem disse ao grupo que não permitiria que suas crenças religiosas arruinassem a relação entre os irmãos. Outro reconheceu que os republicanos estavam errados em criticar tanto Barack Obama quando ele era presidente. Outro, ainda, era Greg Smith, um ex-policial e cristão devoto que votou com entusiasmo em Trump. Durante a sessão, Smith

— um homem robusto, gregário e emotivo — abordou Mostashfi e perguntou-lhe sobre o Estado Islâmico, uma linha de questionamento que Mostashfi já estava bastante cansado de responder. Ele disse a Smith que o islã tem seus extremistas, assim como outras religiões. Contudo, eles conversaram mais e ficaram amigos. Em um breve documentário feito sobre a primeira reunião, Smith sorri após a sessão, chamando-o de "meu amigo muçulmano".

Por causa do ambiente — as regras, a estrutura, o moderador, que mantinham a hostilidade e a defesa sob controle —, os grupos tinham permissão para ter curiosidade sobre o outro lado sem medo de que isso se voltasse contra eles. Foi como um passe livre, uma trégua temporária das hostilidades, e o efeito que teve sobre seus participantes foi transformador. "Você sabe como é, temos tendência a colocar essas pessoas na mesma caixa, e isso realmente não aconteceu aqui. Esse exercício me ajudou de verdade a tentar vê-los como seres humanos, em vez de apenas membros de uma seita." Ele e Smith se encontraram para almoçar depois da reunião e conversaram por três horas sobre religião. Isso se transformou em uma amizade que perdura até hoje. Juntos, eles formaram a Braver Angels of Southwest Ohio, uma ramificação local. Smith tornou-se presidente da Braver Angels por um ano. (Quando o conheci na convenção anual da Braver Angels em St. Louis em 2019, ele me disse posteriormente que acreditava que Deus o levara para aquela primeira reunião. E também me disse: "Eu sou o engraçado e Kouhyar é o inteligente.")

Doherty disse que aquele primeiro encontro "foi um sucesso além de nossas expectativas e decidimos que tínhamos que continuar trabalhando nisso". Em dezembro de 2020, a Braver Angels tinha 13 mil membros e capítulos em todos os cinquenta estados. É um número modesto, mas quase dobrou entre 2019 e 2020, proporcionando aos seus membros uma fonte de esperança em uma época em que pensamos pouco no próximo. "É algo muito nobre. Nem todo dia é fácil. Eu tenho meus dias ruins. Tenho os dias em que fico tão saturado com as notícias que volto para casa e desabafo com minha esposa: 'O que Greg tem na cabeça? Como é que podem amar esse cara?' Mesmo assim, ainda vou às reuniões. Ainda quero conversar. Porque a outra opção, como você bem sabe, é o caos."

Certamente, podemos debater os méritos de longo prazo da abordagem da Braver Angels. Tenho certeza de que muitos partidários radicais pensarão que isso é idiota ou alguma espécie de tentativa secreta de doutrinação. Admito que, quando fiz contato com eles pela primeira vez, não acreditava que isso pudesse funcionar em uma escala grande o bastante para fazer a diferença. Eu temia que os piores infratores, as pessoas mais divergentes, nunca chegassem perto de algo assim. Doherty admitiu. "Os *haters* de verdade estão além do nosso alcance."

Para ser honesto, eu mesmo não estava livre desse ódio. Como muitos, eu havia me tornado profundamente desdenhoso a respeito do outro lado — a ponto de haver dias em que estou convencido de que a república acabou, e não tenho certeza nem se ligo para isso, contanto que não tenha que dividir um lar com essas pessoas. Mas também fiquei frustrado e desapontado com os liberais do meu lado, e acho que isso me torna um péssimo partidário. Logo, talvez haja esperança. O projeto certamente me atraiu em um certo grau porque, embora eu lute contra um cinismo profundo e permanente, descobri que, muitas vezes, ele é contido por uma abundância de experiências pessoais que me diz que as pessoas, quando tomadas pelo espírito adequado, quase sempre irão surpreendê-lo. E me perguntei se grande parte da recusa em falar um com o outro vem do fato de que simplesmente esquecemos como fazer isso — o que vimos repetidamente neste livro. Doherty disse algo semelhante: "Acho que, se isso fosse perguntado a algumas pessoas, elas diriam que gostariam de conseguir se comunicar. Mas elas não têm as habilidades para isso."

Apesar das aspirações nobres do grupo, meu principal interesse na Braver Angels residia nas técnicas que utilizava. Eu queria observar como ela neutralizava a hostilidade e a desconfiança entre grupos beligerantes, como era capaz de persuadir as pessoas a superar uma barreira que parecia intransponível. Como sabemos, as conversas com estranhos podem ser difíceis. Podem ser intimidantes, mesmo em cenários ideais. Eu queria encontrar a versão mais difícil dentre essas conversas e ver se havia maneiras de lidar melhor com elas. E eu queria ver se os benefícios já estabelecidos do diálogo com estranhos — felicidade, pertencimento, confiança — se traduziriam no cenário infernal e inóspito que é a política norte-americana, ou se tal esforço estava fadado ao fracasso, como peônias plantadas em um balde de sal. Então, voei até St. Louis para participar da convenção anual da Braver Angels, quando imediatamente me vi em um grande salão de universidade cercado por centenas de republicanos e democratas de todos os cinquenta estados usando cordões vermelhos ou azuis, cantando o hino nacional em uma exibição de como se sentiam fazendo algo secreto e subversivo, preparando-se para passar alguns dias conversando com as pessoas que odiavam.

Dito isso, o início da convenção de 2019 foi esquisito, mesmo para os padrões das convenções, que sempre são meio desconfortáveis. Havia 300 delegados circulando — 150 azuis e 150 vermelhos — e eles estavam ansiosos, talvez um pouco tímidos e com certeza cautelosos. Cada delegado foi obrigado a usar um cordão anunciando seu lado, o que, segundo alguns, os fez sentirem-se expostos e vulneráveis, como se tivessem um alvo pintado no peito. Os recém-chegados estavam céticos de que isso poderia causar qualquer coisa. Alguns deles me disseram que seus amigos achavam uma má ideia confraternizar com o outro lado. Uma equipe de reportagem televisiva estava lá, e alguns dos delegados se abaixavam sempre que uma câmera aparecia. Se as lâmpadas do local funcionassem à base de ansiedade intergrupal, elas teriam cegado a todos.

O desafio para a Braver Angels era superar essa ansiedade e desconfiança a fim de criar maneiras de fazer esses participantes se sentirem seguros e confortáveis o suficiente para começarem a falar uns com os outros e, sobretudo, começarem a ouvir. O aparato que construiu para fazer isso é uma versão da porta do olá para políticos: gradativamente acostumando estranhos à visão dos demais, curiosos uns pelos outros, reduzindo o instinto ofensivo e, lentamente, com cuidado e sob estreita supervisão de especialistas, colocá-los juntos para verificar se uma aliança funcional poderia se formar. Isso é o que a convenção precisava realizar, e a Braver Angels tentaria fazê-lo por meio de workshops, debates parlamentares, discursos, partidos e mediadores.

Os debates são recentes, uma tentativa de atrair conservadores, que, compondo cerca de 30% do quadro geral de membros, estão menos entusiasmados com essa empreitada. Os liberais tendem a gostar mais das conversas pessoais, e os conservadores, a gostar mais dos debates, o que se alinha com a pesquisa em ciência política. De modo geral, os liberais tendem a ter o que é chamado de motivação para a abordagem, o que significa que gostam de construir pontes e de se conectar, enquanto os conservadores apresentam motivação para a evasão, o que significa que valorizam a estrutura, veem outros grupos com cautela e se concentram em proteger os seus. Em outras palavras, um grupo gosta de se conectar, o outro gosta de se defender. Ou seja, não deve ser nenhuma surpresa que alguns conservadores possam suspeitar que esse elemento paz e amor da Better Angels seja uma armadilha de uma congregação de bruxas socialistas.*

Para nossos propósitos, o aspecto mais relevante da convenção são as conversas individuais. Ela traz um modelo que podemos utilizar em conversas difíceis com estranhos de grupos com os quais divergimos. Funciona assim: um vermelho e um azul sentam-se um de frente para o outro. Eles se revezam falando sobre suas vidas e suas crenças. Cada um deles tenta entender o histórico do outro e, ao fazer isso, eles tentam encontrar pontos em comum. Como estamos essencialmente de volta às instalações de pesquisa de chimpanzés, existem inúmeras regras para minimizar o potencial de interrupção do diálogo ou coisa pior.

Os participantes são informados de que estão aqui como indivíduos, não como representantes de um partido, e não devem presumir que a outra pessoa tenha quaisquer pontos de vista em particular — a menos que digam explicitamente que sim. Eles devem descrever apenas os próprios pontos de vista, e não os pontos de vista do outro. São orientados a se guiarem pelo espírito das atividades projetadas para cada fase da conversa — portanto, se a pergunta for: *O que cada um de nós aprendeu ouvindo o outro?,* isso é tudo que podem discutir, mesmo que isso signifique resistir ao impulso de corrigir o interlocutor. E, durante todo o tempo, eles devem se revezar, ser

---

* Também vale ressaltar que os cientistas políticos Ronnie Janoff-Bulman e Nate Carnes descobriram que as sociedades que funcionam melhor são aquelas que se situam diretamente no meio das orientações conservadora e liberal. Em tais sociedades, segundo eles, uma mentalidade conservadora "pode minimizar os riscos associados ao *freeriding* e à ociosidade social", enquanto uma mentalidade liberal pode maximizar os benefícios sociais de conexão e cooperação para além das fronteiras do grupo.

respeitosos, dividir o tempo de maneira uniforme e não fazer interrupções. O fato de os participantes precisarem de tantas regras e de supervisão para terem uma interação humana tão básica é realmente deprimente, mas as regras são indispensáveis. São como rodinhas de bicicletas ou, talvez, muletas. Elas ajudam os participantes a desenvolver a musculatura necessária e aprimorar a coordenação sem arriscar sofrer um ferimento na cabeça.

A própria conversa é dividida em várias partes. Os delegados devem primeiro explicar por que decidiram participar. Isso mostra que eles têm boa vontade, querem resolver esse caos, sentem que há uma causa comum. Em seguida, são convidados a compartilhar algo pessoal sobre eles mesmos — sua família, onde moram e por quanto tempo vivem ali, e quaisquer hobbies ou interesses que possam ter. Esse é o tipo de revelação pessoal que estimula outras e aumenta o apreço e a confiança, como vimos. É também o que Danielle Allen falou no capítulo anterior: um presente. Você dá um presente e recebe outro em troca. Depois que ele é aceito e uma conexão se cria — e *somente* após isso —, os delegados devem descrever seus valores políticos, mas de forma pessoal, relatando quais experiências de vida os levaram a essas visões e explicando por que pensam que são bons para o seu país. Finalmente, devem expressar quaisquer reservas que tenham sobre o próprio lado.

A genialidade dessa abordagem é que ela força os participantes a inverter a maneira como tendemos a tratar uns aos outros em uma discussão política. Normalmente, lidamos com os problemas mais urgentes. Se a discussão está acontecendo online, muitas vezes pegamos as opiniões de uma pessoa e, em seguida, fazemos engenharia reversa até uma ideia convenientemente simplista de quem é essa pessoa, baseada por inteiro nesse ponto de vista. Então, destruímos esse espantalho que montamos, para deleite de nossos aliados. Isso cria um ciclo: quanto mais os desprezamos, ridicularizamos ou rejeitamos, mais nos convencemos de que são inimigos subumanos unidimensionais. Quanto mais nos convencemos de que são inimigos subumanos unidimensionais, menos inclinados estamos a tentar entendê-los ou a falar com eles. Pensamos: *De que adianta tentar?* É como se quiséssemos que a opinião de um mosquito fizesse sentido. Melhor esmagá-lo ou evitá-lo. E eles pensam o mesmo de nós. Nour Kteily, da

Northwestern University, constatou, em 2016, que o maior fator por trás da desumanização é a crença de que o outro lado está nos desumanizando.

No entanto, com a Braver Angels, já que as conversas se iniciam com uma biografia, os participantes são imediatamente confrontados com toda a complexidade e humanidade do estranho sentado diante deles. Enquanto conversam, inevitavelmente encontrarão algo em comum, porque é assim que os humanos dialogam — pelo menos quando estão confortáveis. Talvez ambos tenham um cachorro. Talvez ambos tenham feito um cruzeiro. Não importa, não é preciso muito. Apenas uma pontezinha, uma semelhança incidental, algo que estabeleça um rapport, um sentimento mútuo de afeição entre dois indivíduos, que pode servir para manter a conversa nos trilhos quando ela for parar em um território mais contencioso. Sem essa conexão, a conversa está condenada. Você não pode colocar um estranho liberal e um estranho conservador em um espaço fechado e gritar: "Aborto: falem sobre isso!", porque um diria: "Você é um assassino" e o outro diria: "Você odeia mulheres", e seria o fim.

Contudo, uma vez que um pequeno vínculo se estabelece, você pode abrir uma fresta da porta do olá. Quando os participantes se reconhecem como pessoas — com vidas externas à política partidária, crenças enraizadas na experiência real, um senso de autoconsciência e uma capacidade de autocrítica —, a conversa pode então passar para questões mais espinhosas. Nesse estágio, pede-se a uma pessoa que fale sobre sua visão de um assunto que considera importante. E então a outra pessoa faz o mesmo, de preferência tratando de quaisquer áreas em que se possa chegar a um acordo. Em seguida, a ordem é invertida e o exercício se repete. Se houver tempo, podem fazer duas perguntas a mais: "Quais são suas esperanças e aspirações para o país?" e "Quando você ouviu a outra pessoa falar sobre suas esperanças e aspirações, percebeu algo em comum com você?" Disseram-nos que o objetivo disso não é vencer uma discussão ou mudar o pensamento da outra pessoa. Como Doherty afirmou, o objetivo é ter a capacidade de resumir o argumento da outra pessoa de uma forma que a faça dizer: "Sim, isso está certo."

Observei enquanto os vermelhos e os azuis passavam por esse processo. No início, as pessoas estavam um pouco inquietas e polidas, de um jeito tenso. Entretanto, à medida que passavam pelas etapas e seguiam as regras, era possível vê-las relaxar. Eles ficaram mais animados. Não inflamados, mas comprometidos. Ouviam-se algumas risadas. Depois de dez minutos, o lugar parecia um bar. Quando o moderador pediu que conversassem posteriormente com o grupo sobre suas conversas, todos disseram que gostaram. Todos disseram que gostavam de verdade de seus parceiros.

Há um corpo substancial de pesquisas que ressalta o que está acontecendo nessas conversas, com base em uma ideia chamada *contato*. Em 1954, um psicólogo chamado Gordon Allport formulou o que é conhecido como sua hipótese de contato. O pesquisador foi inspirado pelas descobertas de que membros de unidades militares integradas e residentes de projetos habitacionais integrados frequentemente apresentavam níveis mais baixos de preconceito do que pessoas que não se misturavam rotineiramente com outros grupos. Allport formulou a hipótese de que, quando pessoas de grupos diferentes se encontram sob certas condições, isso pode reduzir o preconceito e cultivar "a percepção de interesses e de humanidade comuns". Lembre-se de como Theodore Zeldin comparou conversar com estranhos a "levar minhas roupas para a lavanderia, limpando minha mente de preconceitos". A ideia é a mesma: o contato nos imuniza contra o preconceito. Todavia, os requisitos de Allport eram muito específicos. Idealmente, as pessoas deveriam ter status igual, objetivos comuns, uma tarefa compartilhada e o apoio de algum poder sancionador — como um grupo, uma lei ou uma norma social que regule a conduta —, para que o contato funcione. Conforme você perceberá, a Braver Angels atende a todos os requisitos.

Contudo, outros pesquisadores descobriram que o contato, mesmo em condições menos ideais, ainda pode causar um impacto. Thomas Pettigrew e Linda Tropp, dois importantes especialistas em hipótese de contato, conduziram uma análise abrangente de centenas de estudos. Noventa e quatro por cento das amostras em seu trabalho mostraram que o contato reduz o preconceito. Eles descobriram que é ideal que existam todas as condições de Allport em vigor para que haja progresso. Mas eles também descobriram que o contato, de qualquer duração, pode aumentar o apreço e "tornar-se geral", para além dos indivíduos que encontramos. Isso significa que o norte-americano branco, por exemplo, pode sair de um contato positivo com um imigrante iraniano não apenas com sentimentos mais afetuosos em relação a esse indivíduo, mas em relação aos imigrantes iranianos como um grupo, por exemplo. E a maneira mais eficaz que conhecemos de reduzir o preconceito é se eles se tornarem amigos de verdade — e isso não se resume aos amigos, mas também envolve amigos de amigos. Em outras palavras, digamos que o amigo do meu bom amigo seja um cristão evangélico. Isso não me fará concordar com os cristãos evangélicos e não me fará aceitá-los incondicionalmente como grupo, mas suavizará e tornará mais complexa a minha visão deles. Isso me ajudará a vê-los como indivíduos, o que ajudará a diminuir o preconceito. E terei a certeza de que o contato com seu grupo é possível observando meu amigo. Para mim, ele será um modelo de como esse processo ocorre.

Uma vez que o contato é estabelecido na Braver Angels, as opiniões desses estranhos são apresentadas de forma verbal e pessoal. Isso também é fundamental. Juliana Schroeder e Nicholas Epley, os psicólogos que conduziram aquele estudo no metrô em Chicago, realizaram uma série de experimentos com o psicólogo Michael Kardas, nos quais apresentaram aos participantes uma série de pontos de vista sobre temas tabu. Alguns desses pontos de vista foram apresentados como uma transcrição, outros foram transmitidos por meio de uma gravação de voz e outros foram apresentados em vídeo. Os pesquisadores, então, fizeram aos destinatários dessas mensagens uma série de perguntas sobre como eles percebiam as pessoas que ofereciam essas opiniões. Acreditavam que elas eram refinadas? Tinham mente aberta? Eram responsivas? Afáveis? Ou seriam superficiais, frias, robóticas, "mais parecidas com um objeto do que com um ser humano?". Em outras palavras, qual grau de humanidade eles atribuíam a essas pessoas?

Schroeder e seus colegas constataram que, em geral, as pessoas classificam quem tem pontos de vista opostos como menos humanos — o que é deprimente. Contudo, eles também descobriram que, quando essas opiniões eram transmitidas de modo verbal ou visual — por meio da gravação ou do vídeo —, os participantes percebiam as pessoas nesses meios como mais humanos do que na transcrição, mesmo que discordassem de suas opiniões. Os autores concluíram que o motivo era a presença de indicadores paralinguísticos — tom e altura da voz, articulação. Quando vemos um estranho falar, é mais difícil o convencimento de que ele não é totalmente humano. É um teste contra mentes inferiores.

Juliana Schroeder repetiu essa experiência em um momento posterior, primeiro com os eleitores expressando suas preferências por candidatos nas primárias presidenciais de 2016 e depois com os indicados. Ela obteve o mesmo efeito, só que dessa vez mais extremo. Participantes *lendo* as opiniões de alguém que apoiou um candidato ao qual se opuseram recusaram-se a atribuir qualquer humanidade ao orador. Porém, quando eles viram e ouviram as opiniões expressas, responderam muito mais calorosamente à pessoa que os defendia.

Novamente, esse é um mundo à parte do discurso político online, onde é muito mais fácil desumanizar a pessoa do outro lado, porque você não a vê. Não vê seu rosto, não ouve sua voz, não conhece sua história. Para você, são uma visão política encarnada, nada mais. No entanto, isso é muito diferente no contato pessoal.

Falei com um dos participantes desse workshop, Pat Thomas, um republicano da Geórgia com um maravilhoso sotaque arrastado. Ele contou que seu parceiro no exercício era transgênero, e ele sempre acreditou que só é possível ser homem ou mulher, de acordo com a regra biológica antiga. "Ela é uma mulher muito agradável; tivemos uma conversa adorável. Isso me fez pensar que as pessoas têm experiências com as quais não consigo me identificar, mas devo ter mente aberta em relação a isso", admitiu ele. Da mesma forma, Pat acha que pode ter ajudado a formar uma opinião sobre seu grande problema: "O papel adequado do governo."

Esses workshops têm como objetivo reensinar pessoas a conversar — desenvolver disciplina e atenção, aprender a ouvir para entender e falar para serem compreendidas. Uma vez que elas se sentem confortáveis, podem tentar tirar as rodinhas de treinamento e potencialmente conversar fora da segurança do workshop estruturado. Quando estavam prontas para dar esse salto e começarem a procurar esse tipo de conversa em campo aberto, a Braver Angels realizou outro workshop mostrando-lhes como.

Foi dito aos participantes que o truque é definir imediatamente o tom da conversa, para não desencadear uma reação defensiva ou hostil. Para fazer isso, devemos expressar curiosidade honesta sobre a outra pessoa; temos que mencionar nossa filiação partidária desde o início, para que não pareça que está se armando uma emboscada; e, quando fazemos perguntas, devemos primeiro pedir permissão — "Posso perguntar uma coisa?" — para demonstrar autocontrole e autoconsciência e para que não pareça um interrogatório. É um pré-frame, como aprendemos com Georgie Nightingall. Ele estabelece a natureza da troca que está prestes a ocorrer. Depois disso, como vimos na escuta livre, devemos fazer perguntas esclarecedoras, algo como: "Por que você se sente assim?", que abre portas, ao contrário de "Como você consegue dizer uma coisa dessas?"

E, quando nossos parceiros respondem às nossas perguntas, somos orientados a ouvir com atenção, a assentir, a fazer contato visual, a espelhar e a parafrasear o que dizem, a fim de que possam ver que estamos tentando entender — exatamente como Georgie nos ensinou, certo? Ouvir é fundamental para a abordagem da Braver Angels, e um crescente corpo de pesquisas em psicologia mostra como isso pode ser poderoso no contexto da política partidária — para a pessoa que ouve e para a pessoa que está sendo ouvida — quando bem feito.

Guy Itzchakov, professor de negócios e psicólogo israelense, cujo trabalho discutimos anteriormente, percebeu que, quando as pessoas sentem que estão sendo ouvidas, relaxam e são mais propensas a compartilhar seus verdadeiros pensamentos e sentimentos. Itzchakov chama isso de "estado seguro" e argumenta que "permite que os falantes mergulhem mais profundamente em sua consciência e descubram novos insights sobre si mesmos — mesmo aqueles que podem desafiar crenças e percepções anteriormente estabelecidas". Em outras palavras, quando você não sente que está sendo atacado, é mais provável que reflita, em vez de simplesmente evitar ou repelir o outro lado. Todos nós já passamos por isso, esses momentos em que se está falando com um bom ouvinte e há uma súbita epifania sobre o que você acredita. É disso que Itzchakov está falando. Ouvindo bem, ajudamos uns aos outros a pensar.

Ouvir atentamente, o que é ainda mais promissor, também pode reduzir as crenças mais extremas do falante. Itzchakov descobriu que, quando os falantes estavam ansiosos, ficavam mais propensos a experimentar o que os psicólogos chamam de *processamento defensivo*. Basicamente, é quando bloqueamos qualquer informação que contradiga nossas crenças existentes. Todos nós fazemos isso — quando estamos estressados ou sobrecarregados, por exemplo —, mas, se essa conduta for recorrente, isso pode bloquear todas as novas informações e continuar amplificando as crenças que temos. Ser ouvido com atenção, no entanto, reduz a ansiedade e, portanto, reduz o processamento defensivo. E, quando esse processamento é reduzido, uma coisa curiosa acontece. Os palestrantes ficam cientes das inconsistências em suas próprias posições e desenvolvem uma compreensão mais sutil de ambos os lados do argumento, algo chamado *complexidade de atitude*.

Em um artigo de 2018, Itzchakov e seus colegas "descobriram que palestrantes que conversaram com bons ouvintes relataram atitudes mais complexas e menos radicais". Em outras palavras, *simplesmente ser ouvido*, em vez de questionado ou apresentado a dados mais precisos, esclarece crenças, aprimora a compreensão das nuances de uma questão específica e reduz limites. Em 2020, Itzchakov publicou os resultados de outro estudo sobre escuta de alta qualidade, dessa vez para saber se isso poderia aliviar o preconceito. Ele fez com que centenas de participantes israelenses discutissem um preconceito pessoal. Alguns foram tratados com uma escuta de alta qualidade — com apoio, empatia e compreensão —, outros foram tratados com uma escuta de baixa qualidade. Itzchakov percebeu que aqueles que foram ouvidos de forma adequada apresentaram uma queda na intensidade de seu preconceito; quem não foi, manteve os mesmos níveis. O pesquisador concluiu que isso acontecia porque as pessoas que realmente eram ouvidas se sentiam menos na defensiva, e isso permitia que explorassem suas crenças de maneira mais completa e fossem menos reativas do que aquelas que não eram ouvidas de fato.

De volta à Braver Angels, fomos informados de que, quando chegar nossa vez de falar em uma conversa — depois de expressar curiosidade, fazer boas perguntas e ouvir as respostas —, devemos tentar personalizar nossa resposta. Podemos fazer isso usando "afirmações eu" em vez de outras, mais abrangentes. Podemos dizer "Eu tenho medo de que estejamos nos aproximando de um ponto crítico no aquecimento global", em oposição a "Estamos nos aproximando de um ponto crítico no aquecimento global". Podemos oferecer algo crítico sobre nosso próprio lado para demonstrar que não somos autômatos partidários. Devemos apontar quaisquer pontos em comum, mas, quando discordarmos, primeiramente, diga algo no sentido de "Eu ouço você", para demonstrar que você de fato entende. E podemos chamar a atenção dos outros contando histórias, porque elas fazem as pessoas ouvirem de uma forma que os fatos não conseguem.

Guy Itzchakov também estudou isso. Ele realizou outro experimento, no qual os palestrantes contavam histórias significativas ou estritamente informativas sobre edifícios aos ouvintes. Quem contou histórias significativas foi ouvido com mais atenção. "Concluímos que, quando os falantes compartilham histórias significativas, eles fazem seus parceiros ouvirem bem e, consequentemente, sentem maior segurança psicológica e menos sentimentos de ansiedade social."

A insegurança e a ansiedade social, como sabemos, são o combustível para a polarização. Somente se você puder encontrar uma forma de reduzi--los, poderá ter esperança de ter uma conversa ou debate de verdade. Isso é o que muitas das técnicas da Braver Angels visam. Quando bem-sucedidas, elas podem reduzir a desconfiança, os estereótipos e a hostilidade, semear um cerne de boa-fé e nos colocar no caminho para a compreensão de algo que é ao mesmo tempo extremamente óbvio e totalmente oculto, mas que costuma surgir quando falamos com estranhos: que eles não são apenas drones insensíveis ou babacas estúpidos. Que são, de fato, complexos. Eles desafiam os rótulos. Eles têm algo a nos oferecer — percepções, ideias, surpresas —, e nós a eles. É extremamente difícil nos convencermos de que isso é verdade, porque cada partícula de nossa política, bem como de nossos ecossistemas informacionais, se arma contra isso. No entanto, como vimos ao longo deste livro, a melhor maneira de fazer isso é correr o risco, criar coragem e conversar com esses estranhos.

E eu admito, eles conseguiram me tocar. Passei quatro dias conversando com pessoas — vermelhos e azuis de todo o país. Um jovem liberal tímido me disse que sentiu que aprendeu a ter uma conversa nesse fim de semana. Em uma das interações, ele disse que estava "chocado" com a profundidade da outra pessoa. "Foi como exercitar um novo músculo", disse ele. Uma psiquiatra republicana de Washington D.C. me disse que nunca revela publicamente sua filiação partidária, porque isso acabaria com seu empreendimento, mas também que viver com um segredo que poderia afetar sua vida a tornava uma terapeuta muito mais empática para seus clientes transgêneros.

Presenciei Bill Doherty dizer a uma sala cheia de pessoas: "Nenhum lado vai derrotar o outro; precisamos encontrar uma maneira de nos entender", e me peguei concordando com a cabeça. Ouvi David Blankenhorn, cofundador, fazer objeções à ideia de que promover essas discussões é uma admissão de fraqueza ou de falta de resolução. "E se essa for a maneira mais fraca de pensar?", disse ele. Afinal, "existe algo mais exigente, firme ou sério do que amar o próximo?" Vi John Wood Jr., um republicano negro do centro-sul de Los Angeles, clamar por "empatia patriótica", que é a ideia de que temos a obrigação para com nosso país de sufocar nosso ódio e ter empatia por nossos oponentes políticos. Que temos que ficar curiosos sobre suas vidas e investir em seu destino. Pensei naquela virtude norte-americana cafona de que falei antes, que aparece em tantos obituários: *para ele, não havia estranhos,* e pela primeira vez parecia que, com trabalho suficiente, poderia ser aplicável a linhas que agora aparentam ser intransponíveis.

Ao fim da convenção, perguntei a Pat Thomas, o republicano da Geórgia, como foi a experiência. Ele deu uma tragada no cigarro e disse que nunca foi do tipo que evita conflitos — "Eu sou irlandês" —, então não era como se ele precisasse de um senso de segurança para se expressar. Mesmo assim, a convenção o surpreendeu. "Achei que haveria mais aspereza dos lados, mas todos aqui são sensatos. Somos todos norte-americanos, somos todos norte-americanos *sensatos*. Podemos nos autogovernar. Podemos falar um com o outro. Todos nós vivenciamos isso neste fim de semana."

Eu disse a ele que assistir a isso como alguém de fora foi interessante para mim, porque vi todos de início um pouco ansiosos, mas, depois que se sentiram mais confortáveis, ficou quase inebriante. Era como um acampamento de verão. A hora do almoço no refeitório era praticamente ensurdecedora, e os azuis estavam procurando pessoas com cordões vermelhos para conversar, e vice-versa. Contei a ele minha ideia sobre o alívio, sobre como sempre parece que estou aliviado quando tenho uma boa interação com um estranho. Perguntei-me se isso fazia parte dessa sensação inebriante. "Todos aqui sentem esse alívio, inclusive eu. É muito revigorante", disse ele. "Estamos todos aliviados por podermos falar de fato uns com os outros. E podemos realmente convencer o outro lado a olhar para algo de maneira diferente em alguns assuntos."

Ele se recostou, deu outra tragada no cigarro e disse: "Este é um fenômeno que pode se espalhar como um incêndio. Eu acho que esse movimento, Braver Angels, pode ser uma coisa grande."

E eu também senti uma mudança, no âmbito pessoal. Como morador de uma cidade do Nordeste dos EUA, provavelmente tenho mais em comum com as pessoas em Tóquio do que com as pessoas que vivem 160 quilômetros ao norte de mim. Os maiores estranhos para mim — quase ao ponto de serem incompreensíveis — são os republicanos rurais. Minha exposição a eles quase sempre é filtrada pela mídia e pelas redes sociais, e nunca é lisonjeira. Sim, a internet traz a promessa de me conectar a uma ampla gama de visualizações inteligentes, mas os algoritmos que regem o Twitter garantem que eu continue recebendo mais daquilo com que já concordo, e o Facebook, antes da minha saída dessa rede, parecia ser em grande parte um motor que fabricou confrontos bizarramente inflamados com o colega de trabalho furioso de um amigo de infância que, de alguma forma, viu minha postagem. Nada disso me deixou com uma percepção complexa sobre quem estava do outro lado.

Passei um tempo com essas pessoas em St. Louis. E, embora discordássemos veementemente em muitas coisas, o fato de podermos sentar e conversar, fazer um ao outro rir e pensar, contar histórias e desfrutar da companhia uns dos outros foi uma revelação e um alívio. Agora, no calor da batalha partidária, sempre que surge a vontade de afastar todo esse coletivo de perto de mim, penso nessas conversas e nesses indivíduos. Eles agem como um amortecedor natural contra o preconceito nutrido há muito tempo contra pessoas como eles. É a hipótese de contato em ação: quando você encontra membros de um grupo como indivíduos, pessoalmente, como pares, e se imagina parte de um projeto comum, é mais difícil classificá-los como partes substituíveis de um monólito. Você os inclui no eu; você se expande. E, no pior momento de um péssimo 2020, me peguei pensando neles com frequência. As pessoas caracterizariam uma região inteira de forma negativa e eu pensaria: "Sim, mas conheci um cara em St. Louis que me contou algo interessante."

É claro que não estou dizendo que a abordagem da Braver Angels pode ou irá resolver tudo. Os organizadores certamente nunca fariam essa afirmação. Muitas das coisas que precisam ser abordadas para ajudar os Estados Unidos a cumprir sua promessa de fundação para todos os seus cidadãos são questões de lei e de política. Elas são complicadas e difíceis de se ajustar e reformar em algo que beneficie a todos. Pode levar uma década, ou duas, ou mais, antes que possamos chegar a um ponto em que o país esteja totalmente funcional. Mas só porque é difícil não significa que não devamos tentar. Heráclito escreveu que a harmonia vem da tensão de ligar opostos, afinal, e aprender a falar com seus concidadãos — pessoas que se tornaram estranhas por causa de mudanças na cultura, na política e nas circunstâncias — é apenas um começo. Mas, em uma época sem esperança, um começo parece importante. Parece ser tudo. Parece ser a única possibilidade.

Poucos dias depois da convenção, liguei para Holly, a professora que conhecemos no início deste capítulo, para ver o que ela aprendeu. Holly disse: "Ainda estou em uma onda total de dopamina por causa dessa experiência — que foi realmente uma das melhores da minha vida. Ter aquela confluência de pessoas e intenções foi transformador. Eu me tornei uma fanática. Só queria ter tido isso toda a minha vida." Ela já havia começado a entrar em contato com entidades locais sobre a organização de debates da Braver Angels, e até agora as pessoas estavam receptivas. Ela quer ensinar as habilidades que aprendeu aos alunos e realizar debates em sala de aula com base no modelo. Holly inveja os jovens que podem ser expostos a esse modelo. "Eles precisam desenvolver esses músculos intelectuais desde cedo e ter coragem e resistência para saber que esse é um jeito de ser poderoso", comentou ela.

Indo além, disse que seu marido estava cético. "Ele definitivamente pertence à tribo dos vermelhos que se preocupam em ser reprimidos, insultados e maltratados pela extrema esquerda. E tachado de estúpido. É uma situação humilhante e irritante." Quando ela disse que queria ir, ele pensou que seria um bom evento social, mas no final não adiantaria.

Porém, ela havia passado vários dias tendo conversas profundas com estranhos sobre filosofia, religião e política, sem medo de que isso se transformasse em xingamentos, desprezo e rejeição. Ela havia visto como os workshops e debates ajudaram a moldar o comportamento das pessoas e levaram a melhores discussões e pensamentos mais claros. A professora contou que aprendeu que havia muito mais nuances não apenas no lado azul, mas também no lado vermelho.

"Sei que pareço uma convertida maluca, mas é uma alegria — é uma alegria convidar alguém para fazer isso. Com 7 mil pessoas, talvez não tenha tanta força assim, mas qual é a alternativa? Ceder ao desespero?" Ela não tem medo das probabilidades. "Os primeiros cristãos também eram muito poucos", ela riu, "mas parece que causaram um impacto bem grande".

Um ano e meio depois, em dezembro, após as eleições de 2020, conversei com um porta-voz da Braver Angels. Ele contou que tiveram que cancelar a convenção, mas eles têm realizado mais conversas em plataformas digitais. Ele revelou que o comparecimento tem sido forte e que estava animado com a maneira como a tecnologia poderia facilmente superar as distâncias físicas entre vermelhos e azuis. Contou que, em novembro, 1.300 novos membros pagantes se inscreveram — o que foi um recorde. Isso representou 10% do total de membros — que somavam 13 mil — em um único mês. E disse que eles têm alcançado muito mais pessoas não brancas, mais gente da classe trabalhadora e, claro, mais conservadores — que eles começaram a alcançar por meio de parcerias com organizações cívicas e igrejas. Segundo ele, foi difícil, mas foi um progresso.

Também mandei um e-mail para Holly para saber como ela estava. Usando a linguagem da Braver Angels — republicanos são vermelhos, moderados são roxos —, ela relatou o seguinte: "Não estou mais participando da Braver Angels. Nenhum dos meus amigos vermelhos participa, e os autoproclamados 'roxos' em nosso grupo local tomaram a pílula vermelha [isto é, voltaram-se bastante para a direita]. Eu fiquei saturada e alternei entre a negação, o desespero e a fúria. Nós, norte-americanos, agora somos todos estranhos."

O que significa que temos trabalho pela frente.

Capítulo 20

Ao Encontrar um Estranho

*Vamos imaginar o primeiro dia do resto de
sua vida como xenófilo.*

Você sai de sua casa pela manhã e entra em um mundo de estranhos. Aonde você vai? Pegar um trem ou um ônibus? Em caso afirmativo, olhe para o mundo ao seu redor. Absorva-o. Perceba-o. Mantenha o celular no bolso. Retire os fones de ouvido.

Existem outras pessoas por perto? Olhe para elas e lembre-se de que não são instrumentos, não são obstáculos, não têm mentes inferiores. Pergunte-se sobre elas. O que estão fazendo? Para onde estão indo? Não seja um esquisitão. Apenas seja curioso. Quando uma pessoa chegar a mais ou menos quatro metros de distância de você, faça contato visual. Preste atenção. Ela retribuiu o olhar? Sim? Bem, então sorria. Deseje-lhe um bom dia. Algumas delas podem nem perceber o gesto, mas um número surpreendente irá, sorrindo e retribuindo o cumprimento. Repare em como você se sente e continue caminhando.

O que vem depois? Um café? Claro, café. Que pergunta idiota, não? Lembre-se de que, em situações como essas, as normas sociais e o nosso desejo de eficiência conspiram contra fazer conexões. Lembre-se de que o atrito pode nos tornar sociais. Após esperar na fila, chegou sua vez, e o atendente pergunta como você está. Lembre-se de que ele está seguindo um script. Quebre o roteiro. Seja inteligente e autêntico. Dê de ombros e diga: "Olhe, eu diria que estou em 6,5 em uma escala de 10"; pergunte como ele está. Observe que ele segue sua deixa. Ele diz que talvez esteja em 7,5. Desenvolva o assunto com base no que ele fala. Diga: "Cara, gostaria de chegar a 7,5 hoje. Você tem algum conselho para mim?" A maneira como ele responder a essa pergunta lhe dará uma ideia sobre quem ele é e como é ser essa pessoa. E você pediu conselhos; isso é um elogio. Isso demonstra que acha que ele é mais do que um mecanismo que serve café. Se houver outras pessoas na fila, agradeça, pegue seu café e vá embora. Se não, continue falando, caso dê vontade. Se você está preocupado com a maneira adequada de encerrar a conversa, seja franco. Use o infalível "Eu tenho que ir — foi bom falar com você".

Como você vai para o trabalho? Se vai de carro, desculpe, suas opções serão limitadas. Mas, se pega ônibus ou trem, está com sorte — embora a perspectiva de falar com alguém o assuste demais. Você está receoso de que o rejeitem, ou que não seja bom nisso, ou que não tenha o que falar. Está preocupado em violar uma norma social. Esses medos são naturais e perfeitamente compreensíveis. Agarre-os e afogue-os em um balde.

Você entra no ônibus ou no trem. Olha em volta. Há um assento vago? Você ficará de pé? Seja como for, tente falar com pessoas que estão na mesma altura que você. Falar com alguém que está sentado enquanto se está de pé pode fazer com que essa pessoa se sinta oprimida ou encurralada. Embora possa acontecer, você deve estar ciente da dinâmica estranha que pode se criar. O ideal é falar com a pessoa que está sentada ou de pé ao seu lado. Então, quem está perto de você? É nessa hora que você segue sua curiosidade. Há algo interessante acontecendo? Alguém está usando um casaco do qual você gosta? Alguém está lendo um livro sobre o qual já ouviu falar? Aí está seu assunto de abertura. Esteja atento à ignorância pluralística: só porque parece que não querem falar, não significa que não queiram. No entanto, leia os sinais enquanto isso. Se eles estiverem usando fones de ouvido com cancelamento de ruído e os olhos fechados, deixe-os em paz.

Porém, se perceber que podem estar abertos — e você desenvolverá um radar muito apurado para isso depois de praticar algumas vezes —, abra com seu pré-frame. Esse é o seu ritual de saudação, sua maneira de mostrar que é um ser humano controlado, de mente sã, e não um agente do caos. Diga: "Desculpe, sei que não devemos falar com as pessoas no trem, mas gostei muito do seu casaco." Eles podem não estar esperando por isso, então você terá que repetir. Se forem responsivos, siga com a afirmação: "Estou querendo comprar um casaco novo. Que mal lhe pergunte, onde você comprou o seu?", ou algo nesse sentido. E talvez vocês acabem conversando sobre casacos. Que ótimo. Você criou uma pequena conexão. Que sensação isso transmite? Você se sente seguro? Relaxado? Mais feliz? Mais conectado? Correu melhor do que esperava?

Talvez vocês conversem mais. Lembre-se de que bater papo é uma porta, uma forma de se sentir confortável com alguém e descobrir como vocês se encaixam, enquanto procuram algum tipo de comunhão, algum sinal de simples pertencimento. Talvez eles gostem de algo de que você também goste. Talvez, ao falar sobre o casaco, transmitam uma ideia de quem são. Se for esse o caso, assuma uma atitude engajada. Sorria, acene com a cabeça, parafraseie o que dizem ou ecoe, e, talvez, tente fazer uma pergunta genérica: *Por quê? Quando você percebeu isso?* Lembre-se de que as pessoas têm um modo de fazer as pequenas coisas, e é assim que fazem as grandes. Você pode conseguir muito a partir de um pequeno detalhe. Talvez aprenda algo ou obtenha um insight que talvez não conseguiria ter sozinho. Talvez haja algo que fique gravado em você, uma imagem, uma afirmação ou uma perspectiva que possa carregar consigo. Algo que o expanda um pouco, que torne o mundo um pouco mais compreensível, um pouco mais administrável, que diminua o tamanho imenso e assustador do mundo.

Ou talvez eles simplesmente não queiram conversar. E tudo bem também. Podem estar cansados, distraídos, ter preconceitos ou apenas são introspectivos. Está tudo bem. Seguimos.

Talvez mais tarde, durante o almoço, você vá a um pequeno parque com boas mesas, sombra e talvez um chafariz: um lugar público aonde uma mistura de tipos diversos de pessoas vai para relaxar. Não é um rio de gente, como uma rua urbana. Parece mais como uma poça de maré onde as pessoas se reúnem. Aqui você não precisa usar o pré-frame, porque a norma contra falar com estranhos é amenizada em lugares como esse. Todos vocês ocupam o mesmo espaço e todos têm direitos iguais a ele. Você acaba ao lado de uma pessoa que é de um grupo diferente: talvez ela tenha a cor de pele diferente, ou seja mais velha, ou seja uma pessoa com deficiência. Seja como for, você se sente um pouco ansioso. Está preocupado com a possibilidade de que dê errado, que você diga algo errado ou que o rejeitem de alguma forma. Esses temores também são completamente naturais também. No entanto, afogue-os no balde e prossiga.

Lembre-se da ideia de triangulação. Se vocês dois estão observando ou vivenciando a mesma coisa, isso cria um pequeno *nós,* um pequeno vínculo. Talvez as crianças estejam jogando basquete e você se volte para a pessoa e diga: "Eu adorava jogar basquete." Isso pode levar a uma conversa sobre sua infância, ou sobre exercícios, ou sobre qualquer outra coisa. Ou então apenas comente como está o clima, à moda inglesa. Basta ser específico e afirmar algo. Não diga "bom-dia", diga: "Bom-dia. Graças a Deus é outono." Esta não é uma afirmação científica, mas, quando você menciona uma preferência pelo clima em relação a um estranho, logo estarão discutindo as origens de ambos. Isso pode levar a conversa a algum lugar interessante.

Lembre-se de que, quando você oferece algo um pouco mais pessoal, eles provavelmente responderão contando algo pessoal, e isso — contanto que vocês estejam no mesmo compasso e não digam nada desagradável ou esquisito — fará com que você goste e confie no outro um pouco mais. Ouça com atenção. Não interrompa nem fique inquieto. Faça contato visual. Preste atenção aos sinais não verbais. Observe a linguagem corporal de seu parceiro para obter indicativos de aprovação ou satisfação. Saiba que provavelmente ambos estão subestimando o seu desempenho e o quanto a outra pessoa está gostando da conversa. Pense na tradição de hospitalidade. Tudo fica bom depois que vocês dois se sentirem confortáveis. Deixe a conversa fluir. Permita que ela o surpreenda. Se parecer que se formou um rapport especialmente bom, talvez você possa pedir conselhos sobre alguma coisa. Isso lhe dará outro vislumbre de quem é essa pessoa e pode até mesmo resolver um problema qualquer que você esteja passando. Em todo caso, ao pedir um conselho, você ficou um pouco vulnerável. Correu um risco. Essa é a chave para essa empreitada, porque as pessoas tendem a reagir a isso.

Por fim: "Bem, eu tenho que ir, foi muito bom conversar com você." Pense em como você esperava que a interação aconteceria e compare com a realidade. Isso o ajudará a recalibrar suas expectativas, normalmente ruins, sobre esses encontros. Quem sabe você se sinta menos ansioso estando com outros membros desse grupo no futuro, agora que tem essa interação no currículo. Talvez o efeito se generalize e o deixe com uma percepção mais positiva desse grupo — ou pelo menos demonstre que você é capaz de falar com os outros — como indivíduos e como membros de seus grupos, e isso é uma vitória para você e para a sociedade. Ambos aprenderam um pouco sobre como é a vida alheia, e suas próprias vidas se enriquecem com isso.

Como você se sente? Está cansado? Aliviado? Mais seguro? Todos os três? Perfeitamente natural. Faça uma pausa. Recarregue as baterias. Essas conversas demandam esforço; se você estiver cansado, elas não serão boas. Se precisar de um tempo a sós, vá em frente. É mais difícil fazer isso se estiver cansado.

Vou dar uma opção para a próxima etapa. Você vai a um bar, a uma reunião na prefeitura ou a um coquetel na casa de um amigo. Qualquer coisa que o faça sentir mais confortável. Enquanto você está lá, algum estranho faz uma observação e você se irrita. Você pode ignorá-los ou reagir. Respire fundo. Sabe que partir para o ataque provavelmente resultará no espetáculo em geral sem sentido e exaustivamente comum; duas pessoas conversando com raiva recíproca, deixando ambas com mais raiva ainda e mais convencidas de que estão certas e de que o outro lado é uma merda. Isso às vezes é divertido, mas, no fim, você não consegue fugir da sensação de que está entalado com alguma comida gordurosa.

Então você decide correr um risco real dessa vez. Sufoca o desejo de atacar. O que é difícil, porque atacar é o que fazemos. Você respira e começa. Diz logo de cara de que lado está, mas talvez amenize com o reconhecimento de um estereótipo que o outro lado tem sobre o seu: "Veja, eu sou apenas um funcionário de baixo escalão do Partido Comunista, então não leve isso ao pé da letra." Você não ataca o argumento da outra pessoa. Não questiona suas motivações e não presume nada. Em vez disso, você afirma sua própria crença. Não a toma como um fato inquestionável, trazido aos homens por Deus ou pela natureza ou por quem quer que esteja cuidando de tudo lá em cima. Você a enquadra como uma afirmação eu: "Eu descobri que..." E então elabora um pouco mais sua história: como você chegou a essa crença. Lembre-se de que, ainda que cuspir fatos nas pessoas tenda a afastá-las, histórias atraem — elas o tornam real e dificultam que o outro mantenha a crença de que você não está totalmente dedicado àquele momento. Mostre que você não tem todas as respostas, que está tentando entender as coisas e que esse é o seu melhor esforço. Mostre que também tem algumas críticas sobre o seu lado. Ao fazer isso, você conduz os termos da interação.

Passe o microfone de volta para a outra pessoa. Como ela chegou a essa crença? Quem é ela enquanto indivíduo? Saiba que o que ela disser vai disparar o alarme. Você terá vontade de atacar. Não faça isso. Aguente firme. Seja curioso. Faça perguntas abertas. Não se irrite. Não diga: "Uma pessoa que pensa assim não devia nem andar na rua, muito menos votar." Diga: "Por que isso é tão importante para você?" ou "Politicamente, como eram seus pais?" O objetivo é compreender melhor a pessoa e ser capaz de articular sua posição de uma forma que soe verdadeira. Assim, você está oferecendo hospitalidade. Dê espaço, deixe-a falar. Por quais lugares ela passou? Quais são as notícias das terras distantes?

À medida que a conversa avança, observe como você se sente mais calmo do que quando começou. Observe como pensa de maneira diferente quando se sente confortável. Você está revisando sua posição, nem que seja um pouco? A outra pessoa está fazendo concessões? Você não tem que mudar a opinião do outro. Essa é uma expectativa irracional em um encontro breve. O que você quer é entender com reciprocidade, aproximar nem que seja meio centímetro facções aparentemente irreconciliáveis. Para, então, talvez encontrar algo com o que você concorde, mesmo que seja pouco e irrelevante. Mas, se não encontrar, tudo bem. Pelo menos você viu em primeira mão que, com prática e certa disciplina, é possível ter uma conversa racional. Afinal, você já tem confiança. Contemplou a imensidão de outras vidas e, embora isso seja assustador, você não fraquejou. É um explorador, um viajante sem destino e está fazendo contato. Isso é o suficiente por enquanto.

Capítulo 21

Um Novo Renascimento Social

Como você provavelmente já percebeu a esta altura, tenho apreço pelas histórias antigas. Então, vamos terminar o nosso tempo juntos com uma delas.

No início, havia um homem e seu deus em um lugar bonito. Nesse lugar bonito havia uma árvore proibida do conhecimento, e o homem, Adão, ficou curioso sobre ela. É compreensível. Afinal, ele era um ser humano, e os humanos estão à mercê da curiosidade. É estranho que Deus tenha projetado o homem para ser curioso e, então, tornado a satisfação de sua curiosidade um pecado, mas vamos deixar isso de lado por enquanto.

Por um tempo, Adão foi capaz de se manter afastado da árvore proibida, e tudo estava bem. Mas então ele se sentiu solitário. Também é estranho que Deus tenha posto o homem no paraíso e o tornado suscetível à solidão, mas esse é o mesmo Deus que criou toda uma raça de macacos hipercooperativos e os puniu por serem cooperativos *demais* na construção da Torre de Babel. Também vamos deixar isso de lado por enquanto.

Deus criou uma companheira para Adão: Eva — a primeira mulher, o que significa que ela também foi a primeira mulher a levar a culpa de tudo (vide Pandora). Eva também estava curiosa sobre a árvore, mas foi persuadida a ceder à curiosidade por uma serpente trapaceira que Deus colocou no jardim por razões obscuras que dificilmente se sustentariam em um tribunal.

Eva pressionou Adão a comer a maçã. Adão cedeu. Talvez porque começar uma briga tão cedo no relacionamento provavelmente resultaria em uma restrição imediata das possibilidades eróticas recém-descobertas. Talvez Eva tenha apresentado o melhor argumento.

E deu no que deu. As luzes se apagaram. Adão e Eva tornaram-se estranhos para si mesmos — envergonhados de seus próprios corpos — e estranhos para este mundo, expulsos da única casa que conheciam. Se você é cristão, a decisão deles de satisfazer a curiosidade foi o pecado original, e a mácula continuou se espalhando mundo afora, manchando nossas almas e as almas de nossos filhos. Você acredita que essa é a razão de todos nós termos sido condenados a viver neste vale de estranhos; é por isso que parecemos programados para precisar de todas essas coisas intangíveis que o mundo não nos dá de mão beijada, como pertencimento, significado, atenção e segurança; que, citando o grande filósofo Immanuel Kant, é a razão pela qual todos somos madeira torta, a partir da qual não se pode construir nada verdadeiramente reto; essa é a razão, citando outro grande filósofo, pela qual não temos mais um lar neste mundo.

Estamos vivendo em tempos estranhos. O mundo mudou, está mudando, e continuará mudando. Sempre foi assim. Sabemos que fomos feitos para nos mover e para nos misturar e somos extraordinariamente capazes de nos adaptar. E sabemos que a mudança pode ser boa. Pode nos ajudar a melhorar nossa situação e pode nos ajudar a sobreviver (e tem feito isso). Porém, ela também nos enlouquece. Muitas pessoas testemunharam forças sociais, culturais, econômicas e tecnológicas se combinarem para virar o mundo que conheciam de cabeça para baixo, para tornar estranho o que antes era familiar, deixando-as assustadas e sozinhas em meio a uma cascata de emergências sociais.

Nos Estados Unidos (mas não somente lá), a polarização política se tornou tão arraigada que é quase impossível para os concidadãos imaginarem um futuro unidos. Podemos compartilhar um país, mas nos tornamos estranhos um para o outro. A desigualdade tornou-se tão severa que a percepção das classes dominantes sobre a vida das pessoas abaixo delas é informada quase inteiramente por preconceitos, conjecturas ou absurdos, mas raramente por experiência pessoal. São estranhos entre si, mas apenas um grupo detém o controle. Milhões que foram historicamente marginalizados agora exigem ser incluídos e reconhecidos e os mesmos direitos que seus concidadãos há muito desfrutam. Eles têm sido estranhos e desejam ser conhecidos. Guerra, pobreza e instabilidade climática estão causando enormes migrações de imigrantes e refugiados para terras estranhas. Eles também são estranhos. Estranhos e peregrinos em exílio, muito longe de casa.

Em meio a todas essas mudanças, é fácil se sentir desorientado. Os humanos há muito têm sua identidade ligada aos contextos de onde viveram e ao grupo a que pertenciam. Mas, à medida que esses lugares mudam e esses conjuntos de pessoas se hibridizam ou se dissolvem e novos grupos aparecem, oferecendo novas inovações e maneiras de ser, podemos nos sentir desamparados, nervosos. Se quem eu sou se baseia no mundo ao meu redor, o que acontece comigo quando esse mundo muda? Quem sou eu, então?

Essa é uma grande pergunta. James Baldwin escreveu em 1976: "Uma identidade é questionada apenas quando ameaçada, como quando os poderosos começam a cair, quando os miseráveis começam a subir, ou quando o estranho entra pelos portões, para nunca mais sê-lo, depois disso: a presença do estranho faz de *você* o estranho, menos para o estranho e mais para você mesmo." Quando você se enraíza no mundo e ele muda, é possível que se torne um estranho entre estranhos.

Quando nos esforçamos para entender como nos relacionamos uns com os outros e como nos encaixamos, essa incerteza pode se transformar em ansiedade, e ela, por sua vez, em sentimentos de ameaça ou abandono. Isso pode fazer com que nos retiremos da sociedade ou ataquemos esses novos estranhos e essas novas mudanças na esperança de restaurar uma ordem perdida e, com ela, nossos velhos sentimentos de conforto e pertencimento. Mas isso é um jogo de tolos. Você não pode restaurar a sociedade para sua forma anterior, assim como não pode retornar à própria infância. Se pensar que pode, terá a garantia de uma decepção esmagadora. Quando as sociedades pensam que podem, praticamente garantem que haverá uma guerra.

No entanto, eu entendo isso. Entendo o que é ser um estranho em uma terra estranha, até certo ponto. No passado, pertencimento e identidade eram coisas muito simples para mim. Eu era um escritor católico irlandês branco, do sexo masculino, de Boston, Massachusetts. Eu sabia o que um homem era e o que fazia, sabia o que um católico era e o que fazia, sabia o que um escritor era e o que fazia, e nunca pensei muito sobre o que era ser branco, para ser honesto. Eu tinha raízes profundas em um lugar específico com um caráter específico que ressoava em mim. Estava cercado por irmãos, dois pais bastante tradicionais que foram criados perto de onde fomos criados e um elenco rotativo de pessoas conhecidas ao redor. Embora eu me irritasse com isso de vez em quando, também foi uma fonte de grande conforto e estabilidade, e a raiz de como passei a me ver. E continua sendo.

Então, o que houve nos últimos vinte anos? Boston se transformou em algo que mal reconheço. O catolicismo implodiu em uma nuvem de escândalos lúgubres. A internet destruiu grande parte da mídia impressa e redefiniu o lugar do escritor na sociedade. Os papéis tradicionais de gênero foram embaralhados, revisados e descartados. Tornei-me pai e, ao contrário das gerações anteriores, que exigiam muito menos dos homens, hoje se espera de mim a dedicação de muito mais tempo e energia, ao mesmo tempo que ainda trabalho em tempo integral. E me mudei para a cidade de Nova York: a capital dos estranhos dos Estados Unidos. Então, quem sou eu nessa confusão de revoluções? A que eu pertenço?

Por falar nisso, quem é você? A qual clã pertence? É uma grande questão. Talvez a maior. Mas não é impossível de responder.

O mundo é estranho e está nos deixando solitários. A epidemia de Covid-19 levou nosso isolamento a novos extremos, mas já estávamos sofrendo de uma epidemia de solidão antes da chegada do coronavírus. Desde a década de 1970, os norte-americanos, assim como as pessoas em todo o Ocidente, se afastaram da vida pública e uns dos outros. Robert Putnam chama isso de encasulamento. Atividades que antes eram realizadas com outras pessoas no mundo — dança, clubes e organizações cívicas, ir à igreja — foram substituídas por atividades feitas em casa, sozinho ou com um pequeno número de pessoas. Segundo o psicólogo Oscar Ybarra: "Nossa sociedade parece estar em um estado de declínio social, não aquela em que o ambiente é caótico e as pessoas temem por suas vidas, mas em que as pessoas têm menos interações e relações com os outros."

Essa tendência se sobrepõe a um declínio acentuado da confiança social e a um aumento da solidão e da depressão. Isso pode criar um loop. Os psicólogos descobriram que, em algumas ocasiões, pessoas solitárias podem se afastar ainda mais da sociedade como resultado da dor de sua solidão. Talvez a perspectiva de interagir se torne insuportavelmente estressante depois que se passa muito tempo sozinho. Talvez suas habilidades sociais sejam tão afetadas que elas simplesmente se esquecem de como ser sociais. Talvez se esqueçam até mesmo de que precisam ser sociais. Sabemos que relacionamentos saudáveis são essenciais para nosso bem-estar físico e mental, mas não estamos obtendo o que precisamos e estamos nos debatendo, e isso está causando estragos.

Estamos sozinhos, mas isso não quer dizer que somos independentes. Sabemos que nossos ancestrais caçadores-coletores tornaram-se seres sociais porque reconheceram que dependiam uns dos outros para sobreviver, e bandos e tribos se reuniam regularmente para manter relações sustentáveis. Socializar era sobrevivência, e sobrevivência era socializar. Foi assim que evoluímos e que viemos a florescer como uma espécie ultracooperativa. A ironia para nós é que, embora tenhamos nos afastado socialmente, dependemos muito mais dos outros do que nossos ancestrais distantes.*

Veja o meu caso, por exemplo. Sou irremediavelmente dependente de outros. Não sei tecer. Não sei caçar. Não sei pescar. Na única vez em que plantei tomates, eles pareciam uma ofensa à natureza. Eu nem sei ao certo se consigo trocar um pneu. Sou funcionalmente inútil em quase todas as formas imagináveis. Mas a maioria dos estranhos em quem confio para me manter vivo no mundo são invisíveis para mim. Eu peço pelo telefone e aparece comida à minha porta. Eu clico em meu celular e uma passagem de avião chega na minha caixa de entrada. Não preciso olhar para nin-

---

* Sobre isso, vale a pena citar George Bernard Shaw: "Independência? Isso é blasfêmia da classe média. Todos nós, cada alma viva na terra, somos dependentes uns dos outros."

guém nem falar com eles. E não estou sozinho nessa. Temos toda a dependência e praticamente nenhum contato social, e agora estamos estressados com a perspectiva de ligar para outro humano e pedir uma pizza. Essa é uma guinada e tanto para uma espécie hipersocial.

Enquanto isso, as legiões de estranhos que atendem às nossas necessidades, que a tecnologia fez ficarem invisíveis, tornam-se pouco mais do que instrumentos, condenados a serem permanentemente estranhos. Michael Tomasello, o psicólogo do desenvolvimento cujo trabalho sobre a evolução da moralidade examinamos no Capítulo 4, faz uma conexão entre interdependência e moralidade. "Não pode haver imparcialidade ou justiça entre indivíduos que são totalmente autossuficientes em adquirir tudo o que precisam por conta própria", afirma ele, parafraseando o filósofo escocês David Hume. "Para se preocupar com equidade e justiça, os indivíduos devem ter um certo senso de sua dependência dos outros." Estamos tão dependentes como sempre estivemos, mas muitos de nós também descobriram uma forma de eliminar o desagrado de ter que ver os rostos ou aprender os nomes dos diversos estranhos que nos mantêm vivos. Essa é uma receita para o desastre social e moral.

Isso também terá custos no nosso âmbito pessoal. Existe uma ideia em economia de que interagir nas economias de mercado ensina as pessoas a se comportar perto de estranhos — que aprimora nossas habilidades sociais e nos treina para confiar neles. O antropólogo Joe Henrich, de quem ouvimos falar antes, descobriu que as pessoas que vivem em culturas com economias de mercado fortes têm maior probabilidade de confiar em estranhos — mesmo se tratando de pessoas de diferentes etnias. Isso acontece a partir da interação presencial com eles e de ter sua confiança retribuída tantas vezes que você simplesmente a internaliza. Quando todas as transações são conduzidas de modo virtual, entretanto, podemos ganhar eficiência, mas o que perdemos? Perdemos contato. Isso tem um preço alto. Quanto mais raras essas interações se tornam, mais nossas habilidades sociais se desgastam. Quanto mais nossas habilidades sociais se desgastam, mais ansiosos ficamos ao falarmos com estranhos; quanto mais ansiosos ficamos, menos provável é que falemos com estranhos; quanto menos falamos com estranhos, mais difícil será compreender que eles são humanos, assim como nós.

Esses são tempos estranhos. Comecei este projeto quando meu próprio país parecia estar à beira do colapso. Estou finalizando-o no meio de uma pandemia. A primeira circunstância acelerou nosso distanciamento político. A segunda, nosso afastamento do mundo físico — pelo menos para aqueles que puderam se dar ao luxo perverso da quarentena. Para muitas pessoas durante a crise da Covid-19, quase todas as interações foram conduzidas digitalmente; a maioria das compras era feita pela internet e terminava com uma "entrega sem contato" na porta de casa; o ensino foi praticado por meio de plataformas de comunicação online. O que havia sido uma progressão gradual em direção à vida digital tornou-se uma substituição chocante de todo contato pessoal pelo remoto.

A quarentena foi traumática para muitas pessoas. As pessoas foram isoladas da maior parte do contato humano, vivendo sob estresse. De acordo com um estudo, as taxas de depressão triplicaram, e psicólogos começaram a temer que a experiência alterasse permanentemente as crianças que a viveram, dando origem ao que eles chamaram de "agorafobia geracional".

Contudo, a experiência também foi esclarecedora, na medida em que nos deu o gostinho de um futuro ao qual até então muitos de nós estavam apenas se deixando levar passivamente. Isso nos deu a chance de fazer uma pausa, pensar e nos perguntar: Nós gostamos disso? Gostamos de viver quase inteiramente online? Queremos continuar fazendo isso? Porque este, para mim, é o destino dessa estrada: uma nação de pessoas sozinhas em salas, de frente para telas, raramente ou nunca na companhia física de outras pessoas, todas as suas necessidades materiais entregues silenciosamente e sem tensão por pessoas cada vez mais vulneráveis que poderiam muito bem ser fantasmas. E é tolice pensar que acelerar tudo que estava nos deixando solitários vai de alguma forma nos fazer felizes.

Mas esse é só *um* futuro. Não *o* futuro.

Aqui vai outra história. Também antiga, embora não tanto quanto a do Jardim do Éden.

O povo tuaregue é composto de pastores nômades que vivem principalmente no Mali. Para os homens tuaregues, a maior parte da vida é passada no extenso vazio do deserto do Saara Ocidental, chamado por eles de *ténéré*. É assim que eles ganham a vida, e isso exige que frequentemente se afastem das pessoas que conhecem e amam. A vida no deserto, em toda a sua enormidade, infinidade e eternidade, causa um sentimento que eles chamam de *asuf*: uma palavra que pode ser traduzida como "saudade de casa", mas, como observam o estudioso do Mali Ibrahim ag Youssouf e colaboradores, uma definição mais precisa é "um esforço desesperado para suportar a ausência dos homens, para ignorar a própria insignificância humana e fragilidade na enorme e hostil Terra dos Djinn", ou povo do deserto.

O deserto é perigoso, e seus habitantes também podem ser. As tribos do deserto têm uma história de guerras e conflitos. Portanto, quando membros das tribos se encontram, ambos devem proceder com extrema cautela. Quando se avistam de longe, eles têm que reconhecer a presença um do outro. Ser visto e depois desaparecer levanta suspeitas de uma emboscada e é um convite à violência. Se estiverem atravessando um desfiladeiro ou caminhando em direções opostas, às vezes um grito é suficiente. Porém, se eles estão se movendo em direção um ao outro, eles terão que se encontrar.

Quando o fazem, é com profunda ambivalência, porque estão vivenciando o *asuf*, mas também estão perfeitamente cientes de que "a interação nem sempre é harmoniosa e sabem que a maior parte dos danos causados aos homens são causados por outros homens". Um ritual de saudação deve ser seguido. Para isso, um homem cumprimenta o outro — *Salaam* —, e depois disso eles são obrigados, pelo costume, a apertar as mãos. Essa é uma situação muito delicada, muito mais do que a forma como poderíamos apertar as mãos, precisamente por causa dessa sensação de ambivalência. Por um lado, os homens que sofrem de *asuf* estão desesperados por contato humano. Mas, por outro, esse tipo de contato físico pode resultar em serem arrancados de seus camelos e deixados para morrer no *ténéré*.

Portanto, eles têm que ter cuidado ao apertar as mãos. Tremer demais pode ser interpretado como uma expressão de desconfiança, de um prelúdio para um ataque. Ou um tuaregue solitário pode ficar ressentido por ter sido alvo de desconfiança quando tudo o que ele queria era ter contato com a mão de outro ser humano. Ambos devem ter cuidado para não parecer muito suspeitos ou arrogantes. Eles devem ser curiosos, mas não muito.

E devem ser educados o tempo todo, porque, assim como nas culturas de honra, insultar é um ato grave. E eles devem fazer isso montados em camelos. No entanto, uma vez que executem o aperto de mão, o resto do ritual de saudação pode ter continuidade. Eles podem trocar notícias, podem dar indicações ao outro de onde há água, ou comida, ou um acampamento. Eles são pessoas solitárias, vivendo em um lugar perigoso, lutando contra pensamentos de insignificância em meio a uma vastidão desorientadora. E, ao projetar uma forma de fazer contato com um estranho, a vida se torna mais fácil e menos solitária. Falamos muito sobre como o sucesso da espécie se baseia em nossa capacidade de conciliar nosso medo de estranhos com as oportunidades que eles apresentam, e como isso é o início da inovação social. Esse cenário é um microcosmo disso. À nossa maneira, estamos no ténéré, sofremos de *asuf,* e devemos, também, aprender a arte do aperto de mão tuaregue.

Estes são tempos estranhos, mas não inéditos. Como vimos, por repetidas vezes, os seres humanos responderam às ameaças existenciais e ao colapso da sociedade criando novas maneiras de cooperar com estranhos e novos modos de pertencer a um mundo em mudança. As capacidades do macaco hipercooperativo foram aumentadas exponencialmente, desde a ascensão da sociabilidade entre caçadores-coletores até o surgimento das cidades e das principais religiões, e ainda: a invenção da democracia, o surgimento do Iluminismo e os direitos civis e humanos. Vimos uma vasta expansão em nossa capacidade de atribuir humanidade a estranhos.

Sem dúvida, esses movimentos eram e são profundamente imperfeitos. Muitos deixaram de lado as mulheres ou rejeitaram a cidadania igual para todos. Alguns substituíram vários conflitos pequenos por poucos grandes demais. Sei que estou falando de um lugar privilegiado, não tendo sido atormentado ou morto por ser um estrangeiro, um pagão ou algum Outro — sei que nunca fui obrigado a compor fileiras militares nem usado como bucha de canhão em um confronto entre reinos ou civilizações.

Estou ciente dos horrores que os humanos podem causar uns aos outros. Eu penso neles. A humanidade para mim pode inspirar tanto terror quanto esperança. Mas estou esperançoso.

E acho que você também pode estar.

De acordo com a socióloga Lesley Harman: "O estranho não é mais a exceção, é a regra. Se antes ele era relegado às margens, agora ele tomou a página inteira." Mas como vivemos neste novo mundo? O primeiro passo é reconhecer, paradoxalmente, que quanto mais nos afastamos um do outro, mais temos em comum. Vimos como os primeiros adeptos das religiões ocidentais eram estranhos e peregrinos em um mundo decaído. Longe de condená-los ao afastamento permanente, isso tornou-se uma fonte de força e solidariedade. O mundo se tornou estranho e eles responderam criando uma nova concepção de pertencimento e identidade que estava enraizada na experiência de ter sido um estranho. Em casos ideais, isso lhes conferia poderes empáticos amplificados. Eles sabiam o que era ser estranho, portanto, podiam imaginar como seria para os outros se sentirem da mesma forma. Quando todos são estranhos, ninguém é estranho, diz o ditado. O que foi a fonte de nossa separação também pode ser uma fonte de solidariedade.

Por milhares de anos, os vulneráveis, os escravos e os oprimidos têm sido estranhos. Eles sempre estiveram sujeitos a forças que os dispersam, atropelam sua humanidade e impõem destinos cruéis sobre eles, enquanto também adestram o resto da cultura para que se acredite que esses estranhos são subumanos, com quem não se pode falar e a quem não é possível compreender, que eles nunca podem de fato ser incorporados à cultura dominante. Agora, entretanto, uma versão bem menos severa, mas ainda traumática, desse distanciamento está afetando as pessoas que anteriormente representavam a maioria, a monoculturalidade. Eu sou uma dessas pessoas. Podemos tentar reverter as mudanças sociais e culturais que nos fizeram sentir assim. Porém, isso não vai funcionar. Nunca funciona. Em vez disso, se reconhecermos que nos sentimos desorientados, confusos, talvez com medo, podemos imaginar que outros também se sentem assim. Se nos sentirmos solitários, podemos começar a despertar para a solidão dos outros. Esse é o início da clareza moral, e acho que é o início da reação às nossas dificuldades atuais. "Encontrar a si mesmo é encontrar o outro. Se eu sei que minha alma treme, sei que a sua também: e se eu respeitar isso, nós dois podemos viver", escreveu James Baldwin.

Como viveremos? Quem seremos nós? Essa é a questão. Enquanto realizava as pesquisas para este livro, frequentemente tive a ideia de cosmopolitismo. Há muito tempo sou cético em relação ao cosmopolitismo que exige a eliminação de fronteiras, nações e identidades de grupo, defendendo a unificação de toda a humanidade como uma megatribo. Além de minhas reservas práticas sobre governar tal massa — quem chamarei para consertar esse buraco? —, não tenho certeza se um grupo novo e maior é o que realmente precisamos. Pelo menos não da maneira como normalmente pensamos em grupos. Durante meu tempo na convenção Braver Angels, uma republicana que foi criada por imigrantes colombianos estava falando sobre *e pluribus unum* — *de muitos, um.* Ela disse que entendeu a parte do *pluribus*, mas o que era o *unum*? Se todos nós fossemos um, quem decide qual conceito de um?

A cientista política Danielle Allen, que conhecemos anteriormente, argumentou que precisamos nos afastar do conceito de sermos *um* e irmos em direção ao conceito de sermos o *todo*, que, segundo ela, "pode permitir o desenvolvimento de formas de cidadania que se concentrem na integração, não na assimilação, e nas trocas e apropriações mútuas que já ocorreram entre grupos diferentes e que sempre continuarão ocorrendo". Acho que ela está certa. Acho que formar grupos cada vez maiores nos levou aonde estamos, mas não estou convencido de que eles nos levarão aonde precisamos ir. Colocando em termos tecnológicos, eu desconfio que precisamos de algo menos parecido com as redes de TV e mais similar ao blockchain. Em outras palavras, não precisamos de menos coisas que sejam maiores. Precisamos de mais coisas menores que possam funcionar em conjunto, com base na simples afirmação de que não somos todos um, mas estamos todos aqui.

É aí que o cosmopolitismo começa a se harmonizar com nosso projeto. Não como uma identidade de grupo — há uma presunção nessa palavra que precisaremos destacar —, mas como uma forma de pensar, uma maneira de se comportar como um indivíduo entre os indivíduos. Margaret

Jacob, historiadora da UCLA, tem uma definição de cosmopolitismo que capta isso muito bem. Ela o chama de "a capacidade de vivenciar pessoas de diferentes nações, credos e cores com prazer, curiosidade e interesse, e não com suspeita, desdém ou simplesmente desinteresse, que pode ocasionalmente se transformar em ódio". Esse tipo de cosmopolitismo representa a ideia de que a maneira de viver em um mundo diverso é treinar-se para ser curioso sobre os outros — não de um jeito mórbido, mas de uma forma que é baseada na crença em sua humanidade compartilhada, uma crença de que vocês são iguais, não importam os respectivos status. Isso não significa que você não pode se orgulhar de sua herança, nacionalidade, credo. Significa apenas que reconhece que existem outras maneiras de ser, de estar curioso sobre elas e as pessoas que os representam.

Isso é desafiador. De certa forma, vai contra nossa natureza — pelo menos aquela parte de nós que pode ser facilmente despertada pela mera presença de estranhos culturais. Na história profunda, esse tipo de cautela provavelmente era uma vantagem. "Um resultado da mentalidade da psicologia tribal é que as pessoas podem estar inclinadas a perceber ameaças onde elas não existem", argumenta Walter Stephan, o psicólogo que estuda a ansiedade intergrupal. "Perceber ameaças quando não existem pode ser um erro menos custoso do que não percebê-las quando de fato existem. Assim, por padrão, as pessoas podem estar predispostas a perceber ameaças de grupos externos."

Em um mundo hiperdiverso, no entanto, ver ameaças de grupos externos onde não existem não é mais o erro menos custoso. É um erro profundamente caro. É, potencialmente, um erro fatal. E é algo que pode ser evitado acumulando-se curiosidade sobre a vida de outras pessoas.

Como vimos, a curiosidade pode ser uma defesa contra o preconceito e a discórdia, porque ser curioso sobre um estranho é rejeitar a tendência a mentes inferiores, é acreditar que há mais neles do que se pode ver inicialmente, ou o que a cultura disse para ver e acreditar que sua curiosidade será, no final, recompensada. É por isso que os fanáticos abominam a curiosidade. O psicólogo vienense Alfred Adler afirmou: "É o indivíduo que não está interessado em seu próximo que tem as maiores dificuldades na vida e inflige o maior dano aos outros."

O tipo de cosmopolitismo que imagino é o antídoto para isso. É uma espécie de fé cívica renovada. Aquela que é praticada diariamente, conversando com estranhos, e enraizada nos ideais de hospitalidade, de escuta, de saudação, de indagação — tudo que vimos ao longo deste livro. Quanto mais você pratica, mais interage com estranhos, mais confortável e habilidoso se torna para cruzar os limites que separam as pessoas.

Esse tipo de fé é desafiador; requer um salto às cegas. Entretanto, como vimos no caso das religiões de massa, temos condições de aumentar a fé em estranhos. Além disso, conversar com estranhos não é tão difícil quanto pensamos. Quando você pratica — pessoalmente, mas também online, e se o faz com o espírito certo —, isso serve como um bálsamo para muitos dos problemas. Faz você se sentir melhor, mais feliz, mais conectado, menos solitário. Ajuda a pensar com mais clareza. Isso o tranquiliza sobre as pessoas com quem compartilha um mundo em um momento de confiança cada vez menor, e vice-versa. Isso o faz se lembrar da complexidade infinita desse mundo e, com isso, o instrui sobre como viver nele. Não quer dizer que somos todos iguais, porque não somos, e a vida seria entediante se fôssemos. No entanto, isso garante que, apesar de todas as evidências em contrário, temos a capacidade de nos comunicar e cooperar, apesar de nossas diferenças.

A fonte dessa fé, no entanto, não é uma presença misteriosa no éter. Não está vinculada a rituais, a objetos sagrados ou dogmas. Ela é extraída inteiramente das pessoas ao seu redor, e isso a torna infinitamente renovável, desde que você esteja disposto a trabalhar nisso. Se você fizer esse exercício, será mais feliz e mais saudável. Se um número suficiente de pessoas o faz, o mundo muda para melhor. Não resolve todos os nossos problemas; como eu disse antes, muitos sistemas também precisam ser reformados para cumprir a promessa da espécie. Os níveis de estresse impulsionados por ameaças reais e percebidas, conflitos e escassez precisam ser reduzidos, porque é isso que fomenta o medo de estranhos. E eu não me iludo; esse tipo de reforma é difícil. Mas também acredito que não chegaremos a lugar algum se continuarmos estranhos uns para os outros. Acredito que reconstruir a nós mesmos como criaturas sociais, aprendendo a falar com estranhos — iguais a nós ou não, um por um e dia a dia —, é onde tudo começa. Acredito que esse ato de engajamento — esse retorno mútuo — pode ser nosso próximo renascimento social.

Não acho que sejamos inadequados para esse desafio. Não acho que caímos de paraquedas em um mundo no qual não somos capazes de florescer. Pelo contrário, acho que tudo o que aconteceu antes nos preparou para isso. Immanuel Kant definiu o cosmopolitismo como o "fim último" da natureza, a culminação. E estou inclinado a concordar com ele. Há um processo em funcionamento há milhares de anos. Todas as inovações sociais que vimos foram motores para a confiança em estranhos em uma escala cada vez maior. Se conseguirmos mantê-lo e, de alguma forma, evitar que exterminemos a nós mesmos por meio de um desastre ecológico ou uma desventura nuclear, temos uma chance de continuar com esse projeto.

O sucesso dele cabe a nós, como indivíduos. As antigas inovações sociais envolviam controles externos para nos manter na linha, como os rituais, as tradições, a monoculturalidade, a crença em um deus que nos punirá se nos comportarmos mal ou a lei, mas muitos desses controles estão desaparecendo. Em certo sentido, isso faz parecer que o mundo está caindo irremediavelmente no caos. Contudo, em outro sentido, é possível encarar muitos desses métodos antigos pelo que realmente podem ser: rodinhas de treinamento para o que vem a seguir. E podemos perceber que temos arbítrio, como indivíduos. Afinal, a história da evolução humana não é apenas sobre natureza ou criação. Trata-se de ambos, trabalhando em conjunto. Durante todo o tempo aqui, os humanos desenvolveram uma forma de fazer as coisas. Se isso nos ajudou a prosperar, nós o consagramos como prática ou tradição e, com o tempo, tornou-se codificado em nossos genes. Tornou-se nossa natureza.

Essa natureza é, como sempre, um trabalho em progresso. O que resultará no fim disso dependerá de nós. Somos a única espécie com tanto controle sobre o próprio destino, por mais descuidados que tenhamos sido com o mundo e uns com os outros. Porém, tenho esperança de que possamos enfrentar os desafios do momento e prosperar em um tempo incerto. Em 1751, o filósofo francês Denis Diderot definiu cosmopolitas como "estranhos em lugar algum do mundo". Que isso seja um ideal para o que podemos nos tornar e o que os outros podem dizer sobre nós, e vamos adicionar a isso aquele velho clichê, que funciona como uma bem-aventurança e aponta o caminho a seguir: *não há estranhos para mim.*

Falávamos sobre o Jardim do Éden. Eu consigo vislumbrar a atratividade dele — a imagem de um lugar quente, seguro e tranquilo, povoado por um pequeno grupo de indivíduos conhecidos. Eu mesmo sou atraído por ele às vezes, quando as coisas estão difíceis. Mas também me entedio com facilidade. Gosto de novas pessoas e lugares, novas ideias e piadas, novas histórias, alimentos, bebidas, músicas, e gosto quando tudo isso se mistura e cria coisas novas e mais inesperadas. Eu senti pessoalmente a ideia de Theodore Zeldin sobre o ato procriativo de falar com estranhos — como isso criou conversas e percepções do nada, mas também como isso me mudou, como eu cresci com a exposição a suas vidas e suas histórias. Minhas suposições sobre o mundo foram desafiadas, mas estou tranquilo, mesmo que o mundo ao meu redor esteja muito agitado.

Portanto, tenho uma perspectiva diferente da história do Éden. Não acho que seja uma queda. Não acho que seja pecado. Acho que devemos construir monumentos para Eva, e talvez para a serpente. Acho que a falta de curiosidade é o verdadeiro pecado e a curiosidade é a cura para a solidão e as contendas. Acho que, sem a expulsão de Adão do Jardim, ele teria permanecido o que era: um homem analfabeto em um lugar bonito, com a cabeça vazia, em vez do que se tornou, ou seja, um estranho. Se fosse eu, também comeria a maçã. Eu vou ganhar o mundo. Vou lançar minha sorte aos estranhos.

ÍNDICE

 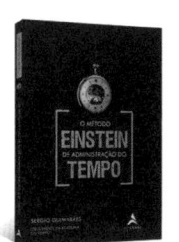

 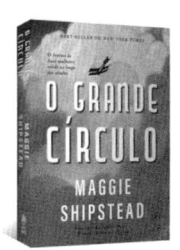